タトゥー・エイジ

TATTOO AGE

長吉秀夫

幻冬舎

Contents

Chapter 3

第三章　タトゥーを最初に入れたのは?

Chapter 4

第四章　新旧のアニミズムからシンボルを探そう

Chapter 5

第五章　星座を図案化するために

Chapter 6

第六章　神話の世界のワンポイント

Chapter 9

第九章　今、ポスト・ニュースクールの時代

プロローグ／胡蝶の夢としてのタトゥー

公園のベンチで、居眠りしていた。

歴史の本を読んでいたのだが、やがて眠くなってしまったのだ。夢を見た。足首にマッシュルームと色鮮やかな蝶《ちょう》のタトゥーを入れた女の子が歩いてきて、微笑《ほほえ》んでいる。

彼女の細い足首に、僕は見とれた。

すると、蝶がふわっと舞い上がり、黄金色の鱗粉《りんぷん》をまきながら女の子の周囲を飛び回っている。彼女が両手を広げ、覗《のぞ》き込むと足首にあったはずのマッシュルームがのせられている。

ああ、そういうことだったのか。

僕は静かに納得する。

マッシュルームとタトゥーは愛し合っているのだ。

少なくとも、根底ではとても深い関連があるはずだ。つまり、ドラッグとタトゥーの間には何か関係がある。

目の前の彼女はそういうことを教えにきてくれたのだろう。

そしてふと気がつくと、僕が蝶になっている。マッシュルームをエネルギーにする蝶で、羽を休める場所は彼女の足首と決まっている。すると、僕はタトゥーなのだ。

そこで、夢が覚めた。自分が肉体を抱えた一人の男であることに、違和感を覚えた。夢の中では、僕は男でも女でもない一匹の蝶、あるいはタトゥーだったというのに。

「胡蝶《こちょう》の夢」という中国の話を思い出した。

昔、荘周は夢で蝶になった。ひらひらとして、胡蝶そのものだった。

とても楽しくなり、気持ちがのびのびした。自分が荘周であることが分からなくなっていた。だが目覚めると、自分は荘周であった。

自分は荘周の夢の中で蝶になったのか、いま蝶の夢の中で荘周になっているのか分からない。

そういう話である。

ある種のドラッグには、人を「胡蝶の夢」のような幻覚に誘う力がある。そして、きっとタトゥーはそれを物質化したものなのだ。「胡蝶の夢」をここに、自分の肉体の上に留めておきたいという人々の強い願いが、長い歴史の流れの中でタトゥーを育《はぐく》んできたのではないだろうか。

ワンポイントのファッション・タトゥーにさえも、長い時間の中でバトンタッチされてきた、そんな願いが込められているのだと思う。この本では、そういうことを考えてみたいと思う。

第一章 タトゥーを入れるかどうか迷っているあなたへ

TATTOO AGE CHAPTER 1

タトゥーを入れた新しい自分になりたい

何かが弾けるような、タンポポの種子が風に吹かれて空に舞い上がるようなその瞬間は、ある静かな午後に訪れた。

僕はいつもの公園の脇に古いユーノスを停めて、かるくステアリングに手を添えていた。

普段と何も変わらないはずの車内が、奇妙な空間に感じられるのは、水面に反射した光のせいだろうか。2月には珍しい柔らかな日差しが、車窓を通して、池の畔《ほとり》に停めた車内の天井にゆらゆらと模様を浮かべている。

「タトゥーを入れようと思うの」

女友達が、独り言のようにそう言った。突然の言葉に驚いた僕は、助手席に座る彼女を振り向き、瞳を見つめた。彼女もまた、僕を見つめ、思い詰めたようにに僕の言葉を待っているようだった。だが、次の瞬間、彼女は声を立てて笑いながら言った。

「どうしたの？　そんなに思い詰めた顔をして」

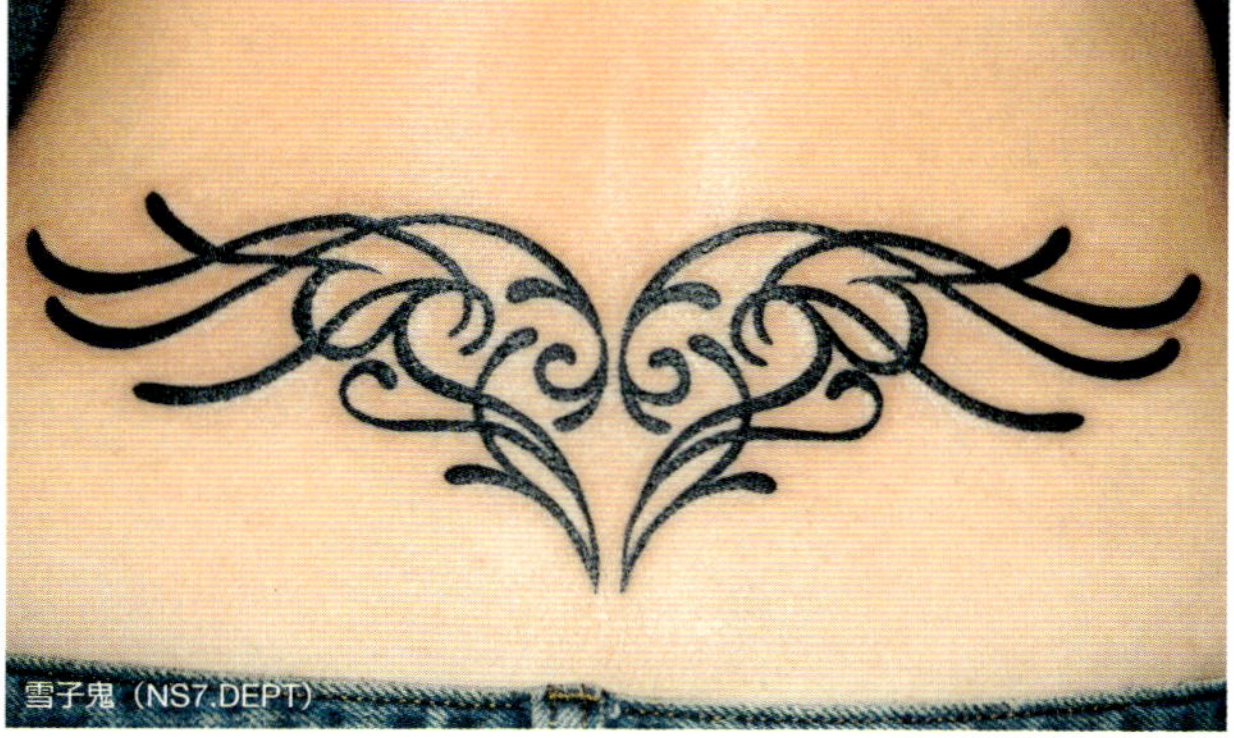

雪子鬼（NS7.DEPT）

チョット待ってくれよ、思い詰めているのは君のほうじゃなかったのか。

心の中でそうつぶやきながら、僕は煙草に火をつけ、努めて落ち着いた口調で言う。

「墨を入れるのか。**やめたほうがいいんじゃねえか**」

「あ〜あ、そう言うと思った」

「当たり前じゃんかよ、イレズミを入れるなんて言ったら誰だってそう言うよ」

「**古いなあ、意外に保守的なのね。**それに**イレズミじゃなくて、あたしが入れるのはタトゥー**だよ、タ・トゥ・ウ」

僕は、「意外に保守的」という言葉に内心傷つきながら、それに気づかれないように煙を深く吸い込んだ。

「**タトゥーもイレズミも同じだよ**、それに、**一生消えないんだぜ**、そんなもの入れなくたって、君は十分美しいんだからさ」

「あなたもそう言うんだ。彼氏と同じセリフ。あなた、いつも言ってるじゃない、人生にタブーはないんだって」

「それとこれとは別だよ、一生の問題なんだからさ。俺だって彼氏と同じことを言うよ。君は俺の友達なんだからさ。考え直したほうがいいんじゃないかなあ」

池の水面を、家鴨《あひる》の親子が一列に並んで泳いでいく。都会にもこんな時間が流れていることが、不思議に感じられる。

「で、彼氏とはその後どうなの」

「うん、仲良くやってるよ、だけど、タトゥーのことを言い出してからは、あたしが思い詰めてるのかとかいろいろ詮索するんだよね。ちょっとウザクなっ

ちゃってさ。だからあなたに相談しようと思ったんだよね」

「それは光栄だね。だけど彼氏の気持ちも分かるよ。大体、女が髪を切ったり、ましてや墨を入れるなんて、よっぽどのことだと思うぜ」

「それが古いのよ。男とか女とか、髪切るとどうとかさ、大体、今はエクステンションとかあるんだからさ。何するんでもこだわりすぎじゃないの？」

「こだわって何が悪いんだよ、どうせ俺は古いよ、昭和の男だよ」

煙を吐き出しながら、僕は灰皿に煙草を押しつけた。

「あっ、落ち込んだ？ ごめん。でもあるとき、突然思ったのよね。**タトゥーを入れたい**って。それとも、**タトゥーを入れた新しい自分になりたい**と思ったのかな」

彼女の言葉に、半ば呆《あき》れながらも、その屈託のない笑顔を見ると、やっぱりこのままでも十分に美しいな、と心の底から思ってしまう。

「分かったよ、君はもう決心してるわけだね。でも、どうせ入れるんだからさ、**じっくり調べてからでも遅くないんじゃないの？** 消せると言ったって、そんなに簡単なものじゃないと思うし、入れるんだったら今以上に美しくなってほしいからさ。調べてみようよ、タトゥーのこと。俺も協力するよ」

「ありがとう、そう言ってくれると思ってたんだ。いろいろ情報欲しいしね」

なんだ、やっぱりそういうことだったのか。

またしても僕は、彼女の作戦に見事にハマってしまったようだ。

涼しげな笑顔を浮かべ、まっすぐに前方を見つめる彼女を横目で見ながら、
僕は、ゆっくりとクルマを発進させた。

トオル

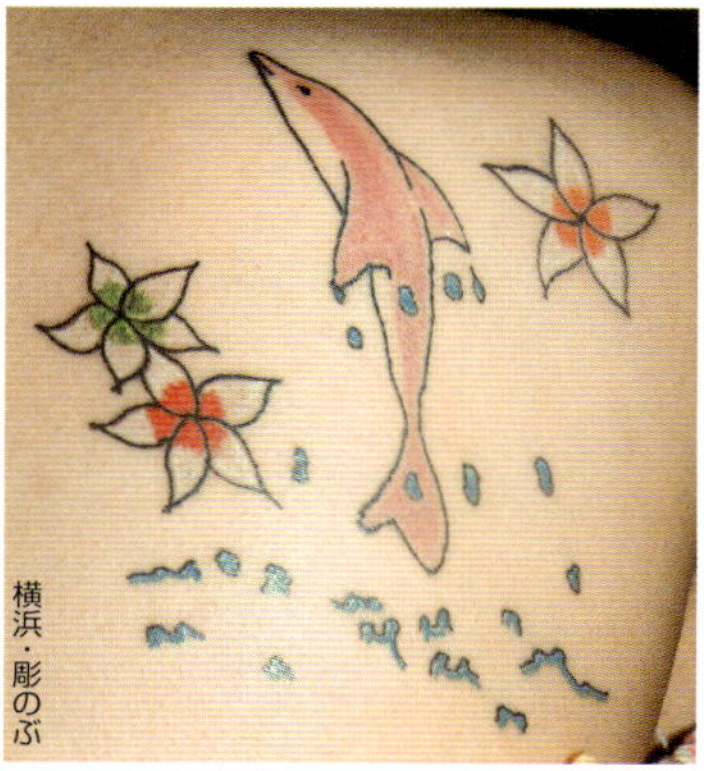
横浜・彫のぶ

イレズミとタトゥーはどこが違うのか

イレズミとタトゥーは、どう違うのだろうか。

日本特有のいわゆる「和彫」がイレズミで、西洋タイプの「洋彫」がタトゥーなのか。

あるいは、手彫りをイレズミ、機械彫りをタトゥーと呼ぶのか。腕七分の辺りまで入れるのがイレズミで、ワンポイントがタトゥーなのか。そのデザインで区別するのか……。

タトゥー専門雑誌『タトゥーバースト』の編集部によると、「イレズミ」とは、身体全体を覆い尽くすように仕上げられた日本伝統刺青の作品を指すという。そして、伝統刺青を学んだ彫師がその技術や様式を用いて彫るならば、それがワンポイント・サイズのものでも、将来、大きな作品の一部になる可能性があることから、「イレズミ」と呼んでいるそうだ。それ以外のものは、すべて「タトゥー」と総称され、日本の彫師の作品でも、海外のタトゥーのデザインや方法で仕上げられたものは、「タトゥー」と呼んでいるという。

それでも僕は、イレズミもタトゥーも同じものなのだと考えている。それらは、いずれも、己の身体に墨を入れていくという行為そのものであるからだ。

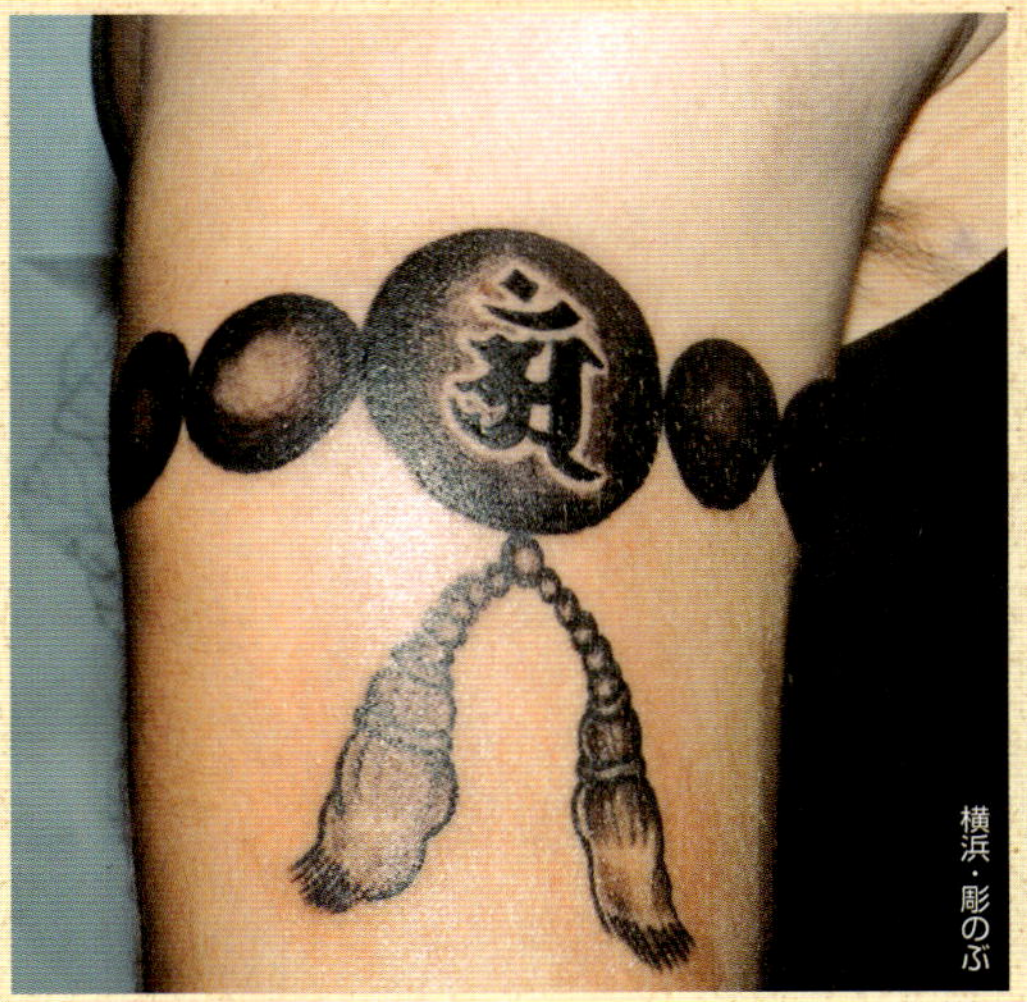

横浜・彫のぶ

トオル

それは、例えば、ロックも雅《が》楽《がく》も音楽であるのと同じことだ。

しかし、同じ音楽であっても、どのジャンルの音楽を聴くのかということで、全く違う景色と出会うことになるのだろう。

どんな音楽を聴くのか、どんな文学を愛し、どんなファッションを身につけるのかということは、人生において重要な選択でもある。

ファッションとしてのタトゥーも、心意気としてのイレズミも、同じだけの力を持って、入れる人間の生き方を左右するものではないだろうか。

僕に相談を持ちかけた彼女は、ファッションとしてタトゥーを入れたいと言っていた。

僕はそれを否定しない。

だが、実際に入れられたタトゥーに込められた力は、イレズミと同じだけあるはずだと信じている。

一般に、「ファッション」とは上辺だけの、意志の軽いものであり、「心意気」という言葉ほどの重厚さを、持ち合わせていないように受け取られがちである。しかし、「ファッション」と「心意気」は、同じだけの力を秘めているのではないだろうか。両者は同じように強い意志を持ち、同じように美しさを求め、同じように熱く、鋭く、ユーモアに満ちている。

人が、人生を豊かなものにしたいと願い続けた先に生まれてきたものが、「ファッション」であり「心意気」なのだろう。

イレズミを入れるとき、誰かがその訳を聞こうとするだろう。

その問いに明確な回答を持たないと、「やめたほうがいいんじゃないの?」と言われたりする。

横浜・彫のぶ

秀峰

そんなとき、あなたならどう答えるのだろうか。

僕の女友達のように、

「いや、そんなに重いものじゃないのよ。ファッションだから、タトゥーだから」

そう答えてしまうのだろうか。

そうだとしたら、僕は彼女に、タトゥーを入れることを考え直すように勧めるだろう。「ファッション」は、軽いだけのものでもないし、「心意気」が重厚で論理的だとはいえないのだから。それに、おかしな言い方かもしれないが、タトゥーから得られるはずの不思議な力も弱まってしまうような気がする。

もちろん僕は、例えば僕の女友達の想いを否定しようとは思っていない。むしろ、そんなことで、立ち止まってほしくはないのだ。

最初の想い。

タトゥーを入れたいという想い。

そのパッションこそ、大切にすべきものなのだと僕は考えている。

すべての行動は、パッションから始まる。そして、それを積み重ねていく中で、人は意志を持ち、哲学を学んでいく。最初からすべてを悟り行動に移していく者など、この世にはいない。

ファッション・タトゥーは、メイクアップの一つだという考え方もあるだろう。メイクアップそのものが、タトゥーと同じ源流にある。

シールのタトゥーやヘナ等も流行している。これは本来のタトゥーとは

雪子鬼（NS7.DEPT）

雪子鬼（NS7.DEPT）

違うという否定的な人たちもいるが、身体装飾という意味において、これもタトゥーの一種であると僕自身は考えている。これを入れることによって、気持ちが変わるし、行動も変わってくるからだ。

ヘナによるボディ・ペイントは、ハーブのヘナを使用し、一、二週間色残りさせるアジア伝統芸術の一種である。ヘナにいろいろな材料を混ぜてペースト状にしたものを専用コーンを使って直接肌に描いていく。ペイント後二、三時間ほど乾燥させ、ヘナを取ると色が定着する。

材料は主にインド・中近東などの国々で自生しているミソハギ科の植物「指甲花《しこうか》」の葉を乾燥させて粉末にしたハーブ「ヘナ」である。

現地でボディ・アートの他に、髪のトリートメントや染毛剤、やけどの治療などに日常的に使用されている。最近は日本でも美容院・雑貨屋さんなどでも毛染め、トリートメント用に販売されるようになっている。

インド・中近東では歴史も古く、４０００年以上も前から婚礼や儀式時に、ヘナ・タトゥーを行っている国もある。現在では世界中でファッションの一部やリラクゼーション手段として取り入れられているものだ。

今のワンポイント・タトゥーは、例えば背中一面に彫る従来の和彫よりは、ヘナ・タトゥーに近いという考え方もあるだろう。

結局は、自分自身のスタンスがいちばん大切なのだ。

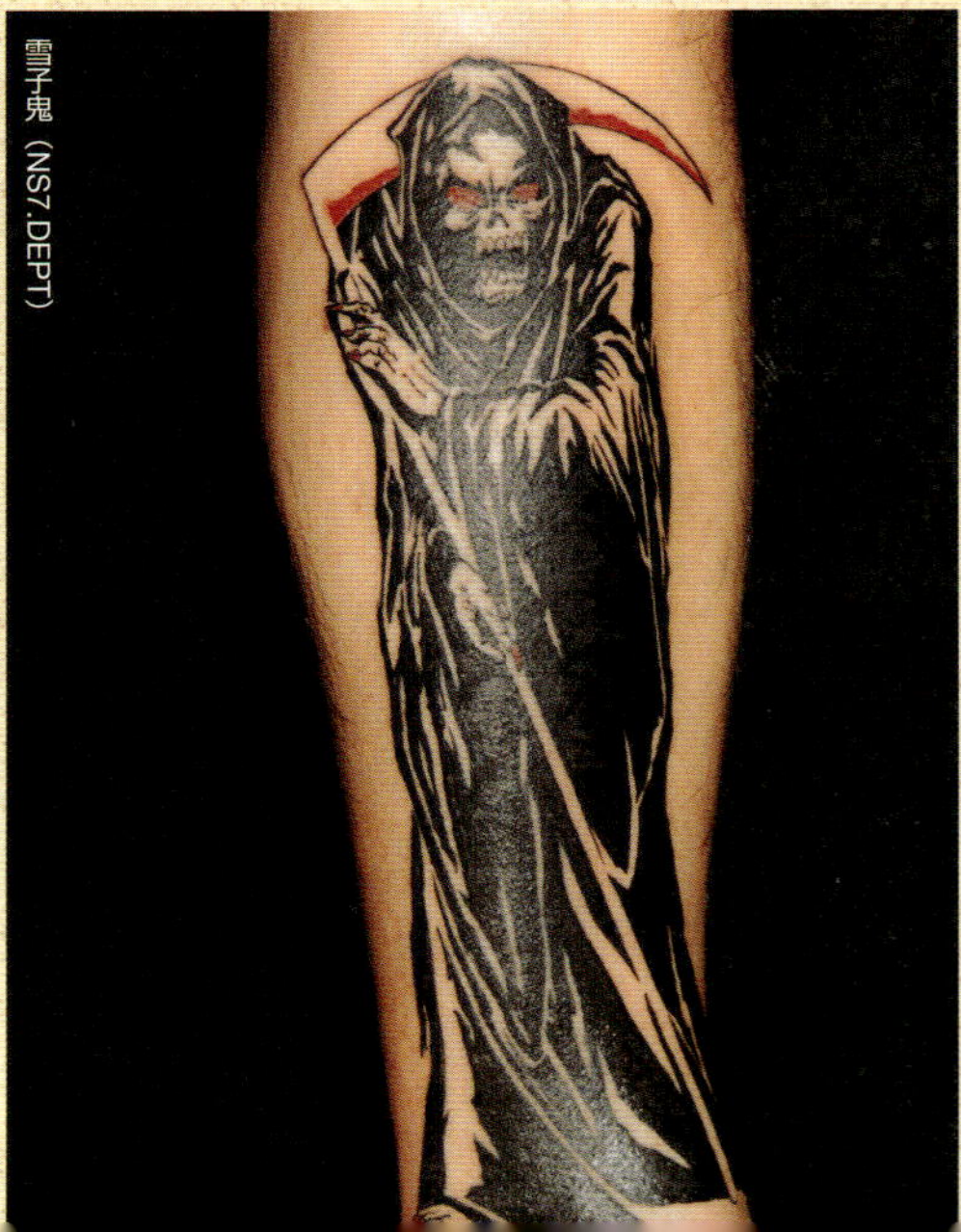
雪子鬼（NS7.DEPT）

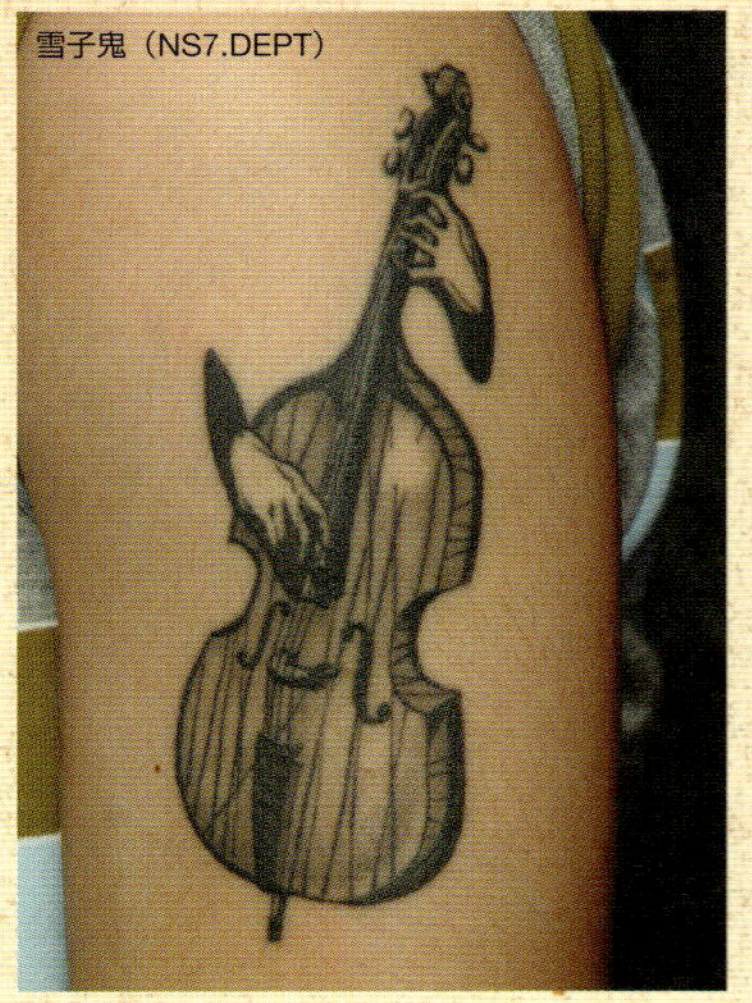
雪子鬼（NS7.DEPT）

一生を賭けて自分のものにしていく

少しだけ、僕のことを話してもいいだろうか。

僕はロックが好きだ。でも、その思想背景や歴史を知って、それを好きになったわけではない。中学生だった僕が好きだったロックは、ディストーションの効いたリードギターだったり、絶叫するボーカリストだったり、踊り出したくなるリズムセクションのビートだったりした。同時に僕は、祭囃子《まつりばやし》も好きだった。小学生の頃から祭が好きで、誰かに勧められたわけでもなく、地元の葛西囃子の連に参加し始めた。もちろん、祭の歴史や日本文化の背景に興味を持ったからではなく、笛や太鼓のビートや高揚感に導かれたからである。

三十数年経過した今でも、この二つを僕は愛している。

大人となった僕は、生業であるステージ・マネージャーとしてロック・コンサートの裏方やレコーディングに参加することもあるし、地元の祭では子供たちとともに、神輿《みこし》をサポートし、太鼓を叩いている。

僕にとって、そこで生み出されるパッションは、子供の頃と何ら変わりはない。しかし、時間を重ねるとともに、それらの行為の中に織り込まれた歴史を知り、それに注ぎ込まれてきた先人たちの意志を、知らず知らずのうちに授けられた。

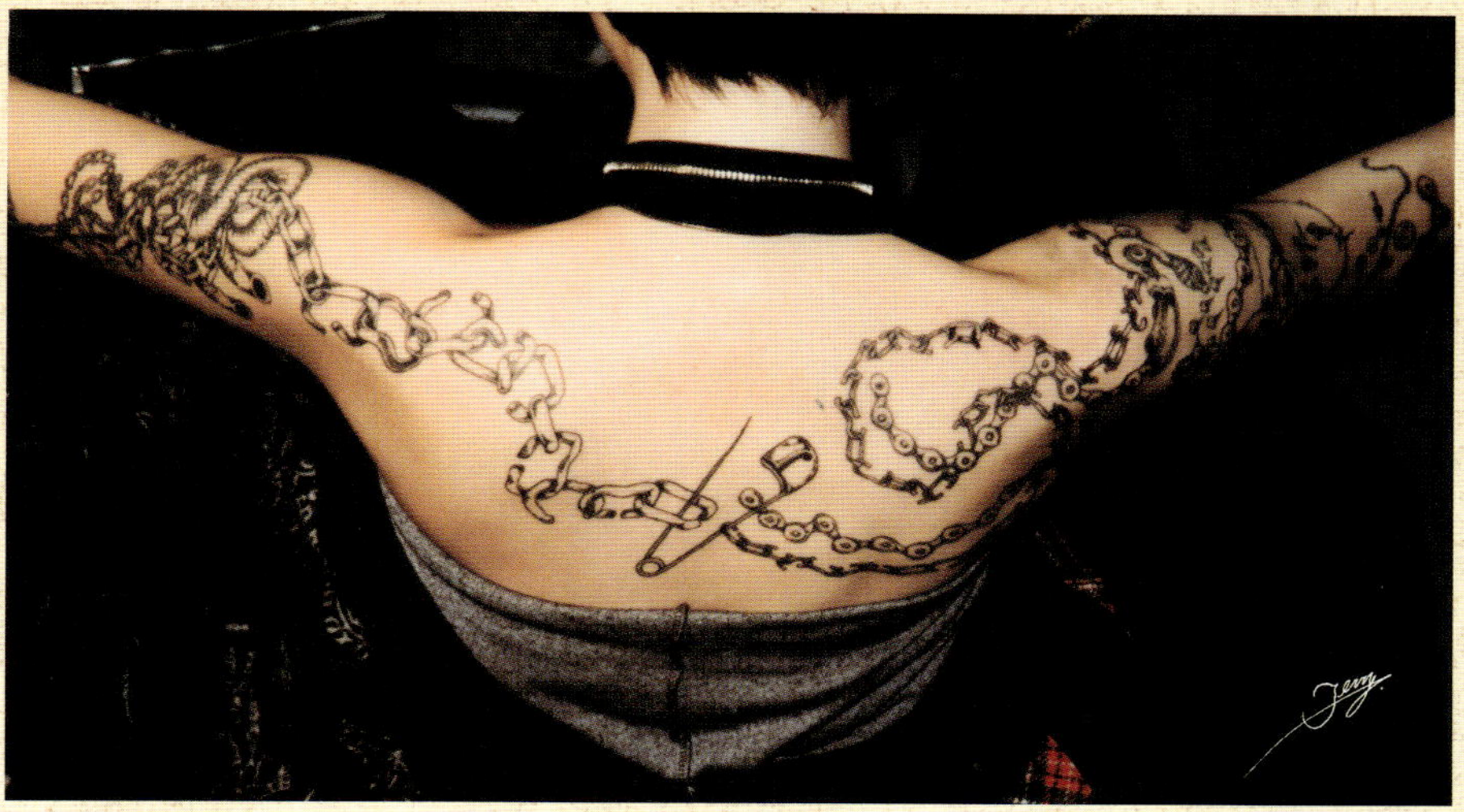

それらはともに潔く、ファッショナブルで厳しく、心意気に溢れている。

ロック・アーティストの多くがタトゥーを入れている。その中でも、僕が取り分け好きなのが、ギタリストのジョニー・ウィンターである。

ジョニー・ウィンターが、タトゥーの意味を考えてからそれを刻み込んだとは、到底考えられない。しかし、タトゥーとともに歩んできた彼の軌跡は十分に意志的であり、重厚でファッショナブルだ。

一方、祭で知り合った鳶《とび》の人たちの多くも、イレズミを入れている。彼らもまた、若い頃はヤンチャであったろう。しかし、彼らがイレズミとともに背負った心意気は、祭のようなときには、惚れ惚れするくらいに意志的で知性的だ。

タトゥーとイレズミは同じものだ、と僕は言った。それらは、入れ方や図柄の違いを越えたところで結ばれているのだろう、と僕は感じている。彫り物だからとか、タトゥーだからとか、そんなチマチマしたところで、自分の生き様を制限することはナンセンスだと思う。西洋のものだから所詮物真似だとか、日本人だから和彫だとか、そんな偏見を持つ必要もない。自分が惚れ込んだ図柄を、信頼の置ける彫師に彫ってもらい、それを一生をかけて己のものにしていくのがタトゥーなのだろう。

しかし、そうはいってもタトゥーは「一生もの」だ。ロックを演奏するにはブルース・コードを知らなければいけないし、囃子の太鼓を叩くには、「打ち込み」から覚えなくてはならない。

タトゥーを、イレズミを入れるのならば、その歴史を知るくらいの謙虚さがあってもいいのではないか、と僕は思う。

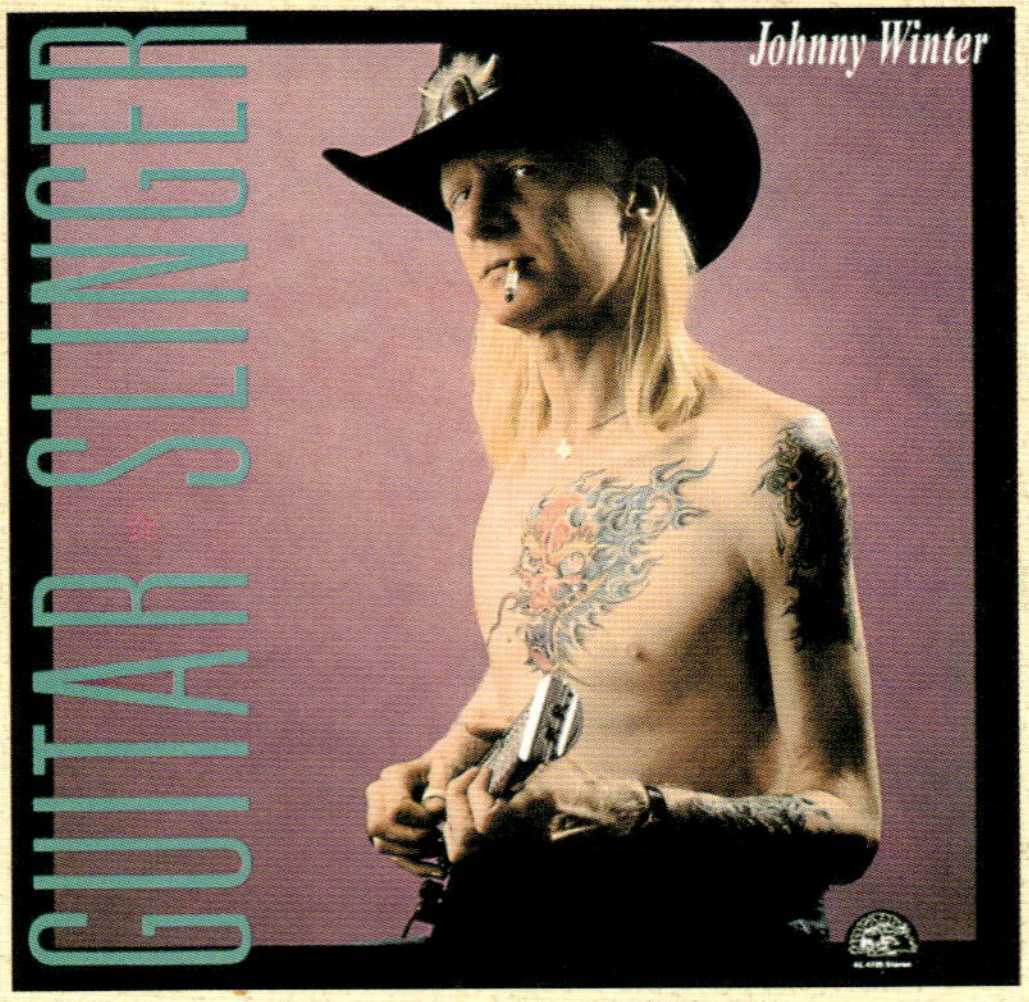

「GUITAR SLINGER」
Johnny Winter
￥2,415（税込）
P ヴァイン /PCD-23134

日本における禁止の歴史

本来、タトゥーとは、自らの存在の証《あかし》である。自分がどのように思い、どう生きていきたいのか、そんな願いを込めて入れるものである。法律も基本的に現時点において、何ら規制を設けてはいない。しかし、自治体によっては、十八歳未満の者への規制を設けている場所もある。この条例は、一般に「青少年健全育成条例」と呼ばれている。

僕も、前述の彼女からの相談を受けた際に、とっさに「やめたほうがよいのではないか」と答えてしまった。それは何故だろうか。どうも、日本人の潜在意識の中には、タトゥーやイレズミを入れることへの罪悪感が存在するようだ。

『日本伝統刺青』（コアマガジン刊）には、以下のことが書いてある。

日本語には、イレズミを意味するさまざまな呼び名がある。その代表的なものとして、「文身《ぶんしん》」「入墨《いれずみ》」「彫り物」「刺青《しせい》」が挙げられる。基本的にはこれらの言葉はすべて「イレズミ」を指し示した言葉だが、それぞれの言葉には若干の違いがある。

「文身」は四つの言葉の中で、最も歴史を持つ呼び名であり、部族への帰属や身分の識別、通過儀礼や呪術的な意味合いを強く持っている。「彫り物」や「刺青」には、同好の士が自ら好んで入れた装飾的、趣味的なものとし

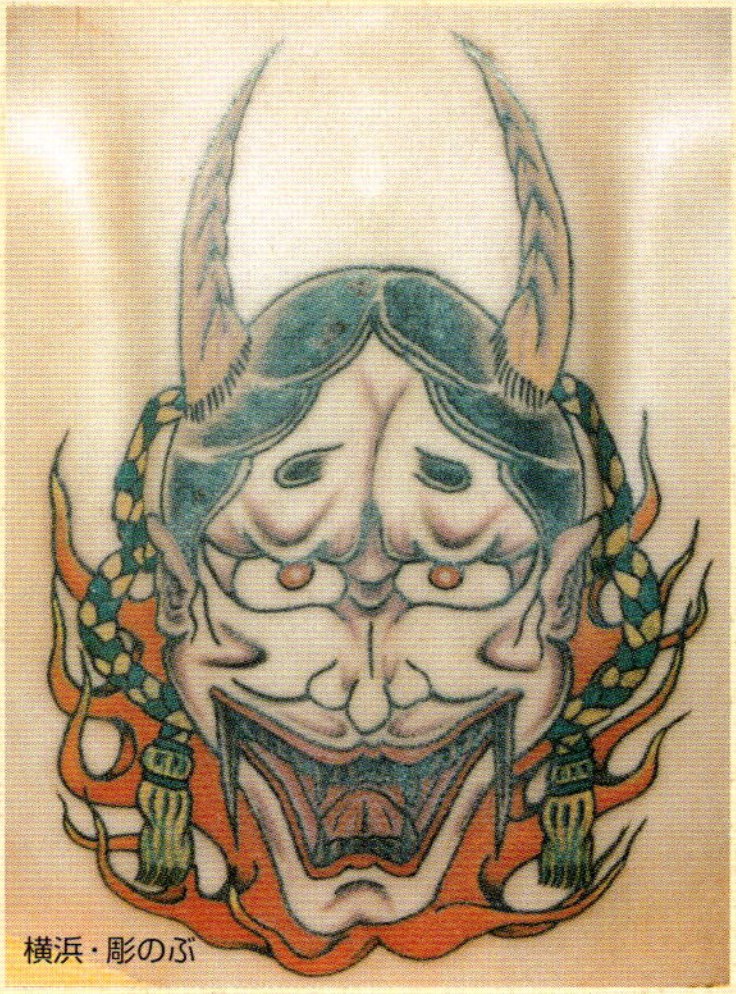

横浜・彫のぶ

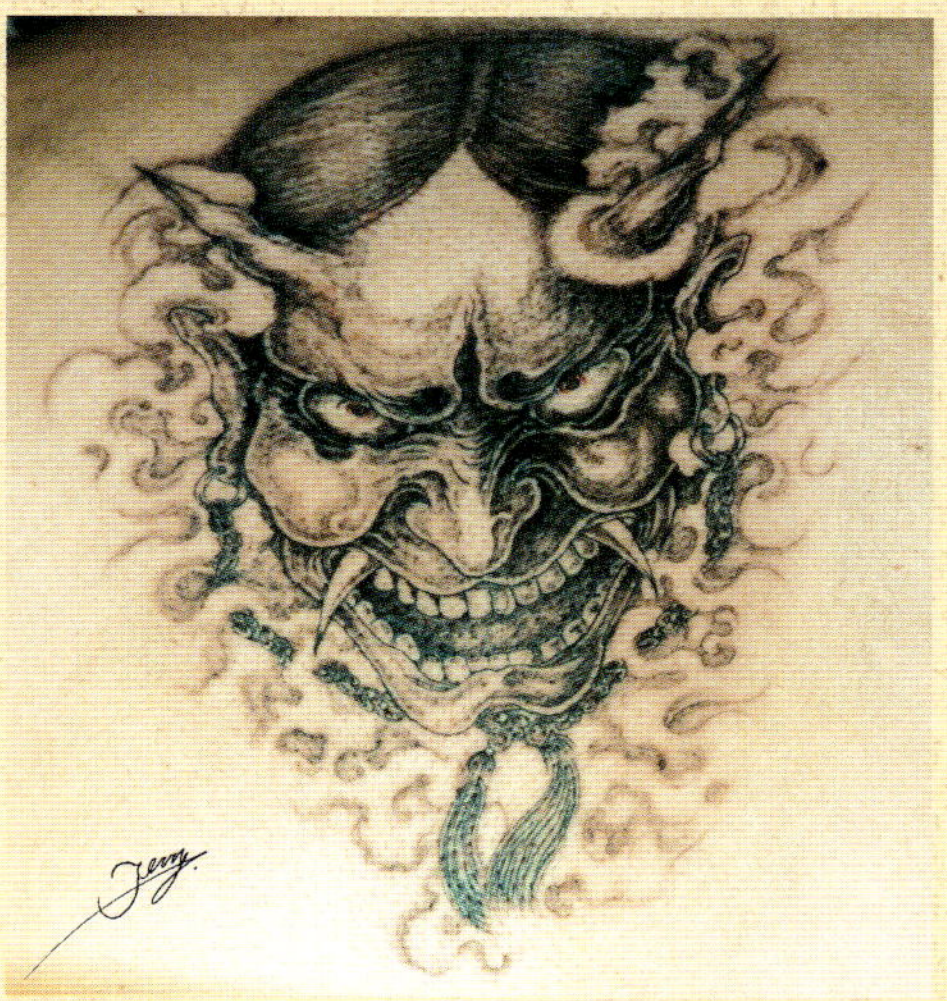

てのニュアンスが強い。特に、「刺青」という呼称は、明治になって登場した最も新しい言葉である。

それに対し、「入墨」は主に刑罰として罪人の肌に刻印されたもの、「墨《ぼっ》刑《けい》」というイメージを持っている。古代から中世、近世にかけて行われた、この「入墨」という言葉で呼ばれた「墨刑」は、勿論、現代では存在しない刑罰である。しかし、言葉には僕たちが思う以上に強い力が秘められている。日本人である僕たちの記憶のどこかに、「入墨＝刑罰」という、強い概念が存在しているのかもしれない。

現在の日本では、伝統的な日本のイレズミを「日本伝統刺青」と呼んでいる。

日本人がイレズミに、ネガティブなイメージを持ってしまう要因のもう一つに、過去にあった「刺青禁止令」の存在も挙げられる。

文化8（1811）年、『「刺青」を禁止する町触』が公布されてから、昭和23（1948）年に連合軍総司令部（GHQ）によって「刺青」の禁止解除の指示が出されるまで、実に140年にわたって、「刺青」は公的には禁じられた行為であった。しかし、その間は日本の刺青技術が飛躍的に進歩を遂げた時期でもあり、日本人にとって、「刺青」がいかに愛され続けてきたかを窺《うかが》うことができる。

言葉の中には、歴史が存在する。

刑罰としての「入墨」。アイデンティティとしての「刺青」「彫り物」。日本のイレズミには、呼び名の数だけ、各々の歴史があるのだ。しかし、日本人である以上、僕たちの社会には「肌に墨を入れる行為」に対して、

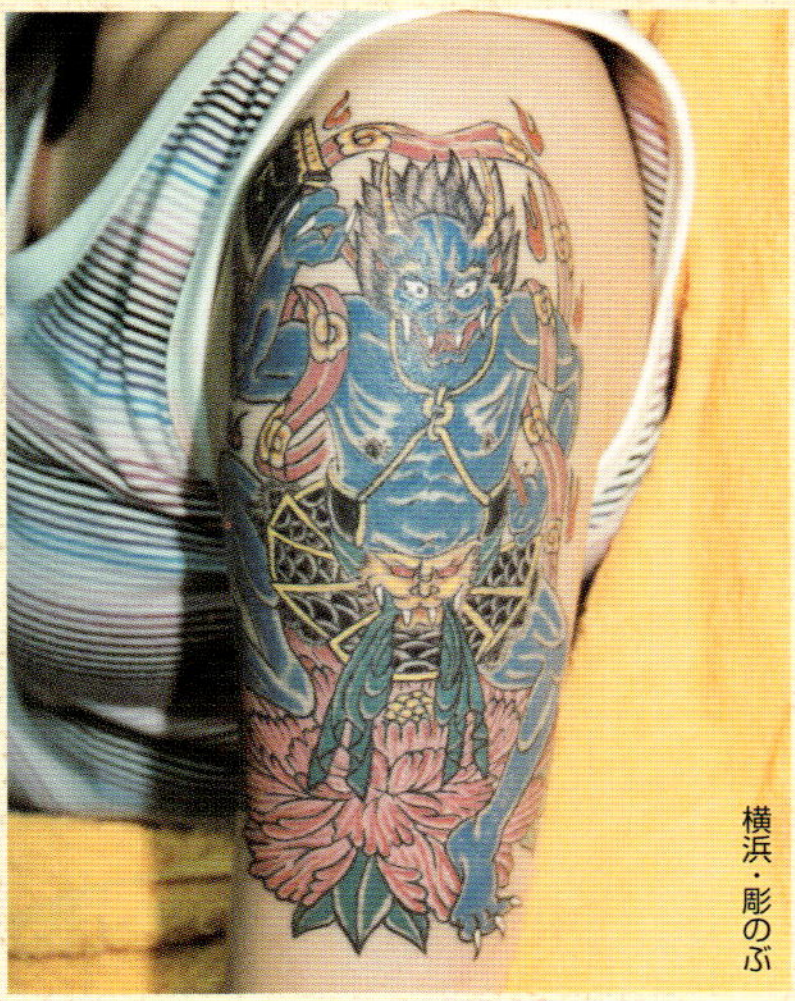

横浜・彫のぶ

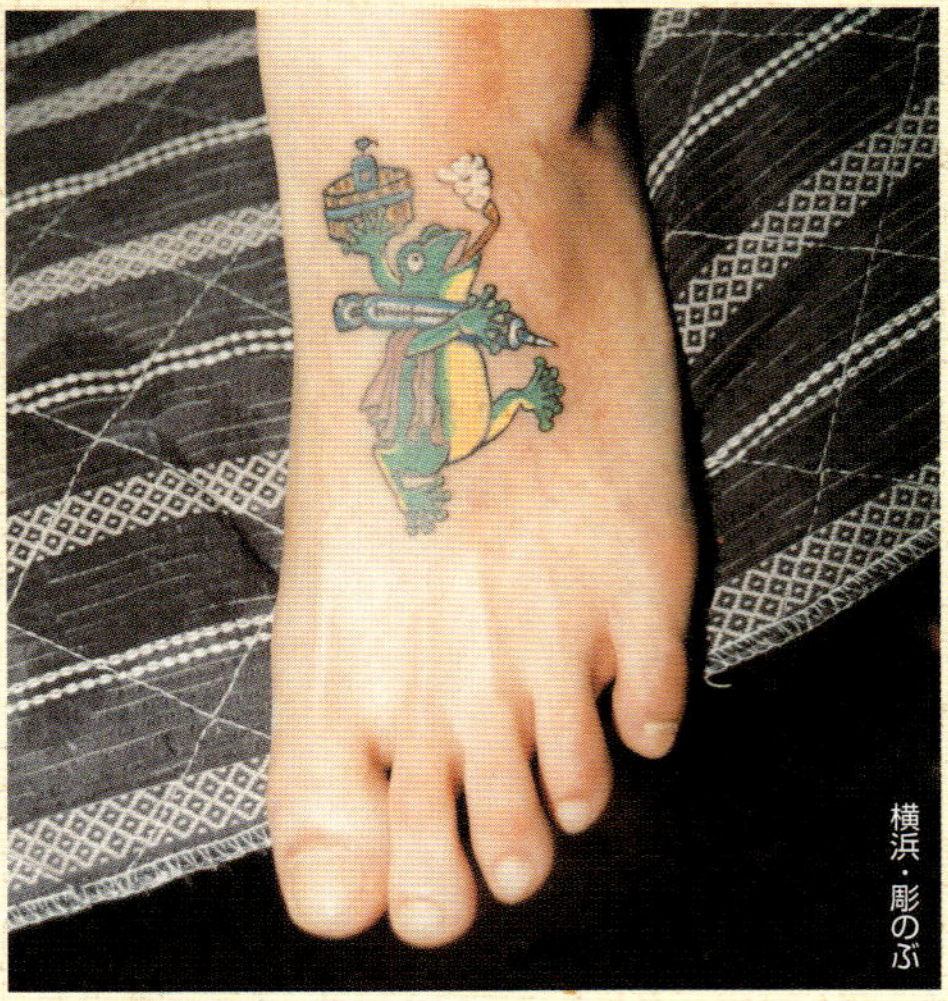

横浜・彫のぶ

感情的ともいえる意識下の罪悪感がいまだに存在していることも忘れてはならない。そして、これからタトゥーを入れようとしている人たちこそ、この「いわれなき罪意識」を払拭《ふっしょく》することができるのではないだろうか。

横浜・彫のぶ

横浜・彫のぶ

第二章 タトゥーのジャンルとカテゴリー

TATTOO AGE CHAPTER 2

タトゥーのルーツ、トライバル

タトゥーには、いったいどんなカテゴリーが存在するのかを、まず見ていこう。それが僕の友達のリクエストでもある。

ところで、フラッシュというものをご存じだろうか。簡単にいってしまえば、彫師が描いた下絵のことだ。ヨーロッパやアメリカでは、一つのデザインがいくらということで値段が決められた。

ショップに行くとデザインが並べられ、横にその値段がつけられていたわけだ。

彫師たちは他のショップの人気のあるフラッシュも集め、自分のショップに陳列した。やってきた客が数多くのフラッシュの中からデザインを選び、それを下絵として、そのまま写し取る仕事をしていた。

20世紀初頭に開発されたフラッシュが、現在のように世界的

1990年代のタトゥー・コンベンションの様子。

に広まっていった経緯の中に、現代の天才彫師であるエド・ハーディの存在がある。エド・ハーディは1970年代にハワイ在住の彫師、セーラー・ジェリーと、彼の使用していたフラッシュの存在を知る。19世紀から続く、アメリカン・タトゥーのデザイン的な美しさを、フラッシュの中に再認識したエド・ハーディは、フラッシュを再び世界へ紹介するとともに、その後の現代タトゥーのデザインに、強いインスピレーションを与え続けていった。

そして、現在のタトゥー・シーンは、ほとんどカスタム、つまりオリジナルが主流である。また、最近では大きな図柄に、フリーハンド（直描き）が奨励されているようだ。もちろん、トライバルのように対称形であったり、機械的なデザインの場合はステンシルが使用されている。

では、タトゥーのルーツともいうべきトライバルからスタートしよう。

ただし、ここで紹介する作品は、以下のカテゴライズに当てはまる最も典型的な作品を掲載する目的のため、各アーティストたちの最新作ではなく、１９９０年代半ばに彫られたものであることを付記しておく。

トライバル

トライバルというのは、「部族（tribe）的な」という意味だ。

タトゥーのカテゴリーとしてトライバルというときは、東南アジアや南アメリカ部族、あるいはオーストラリアのアボリジニなどのシンボルとして表されてきたデザインを指す。鯨の歯を針にして行う、サモアのタトゥーも有名である。ボルネオ、ニュージーランドなど、太平洋諸島に伝わる、黒一色の紋様タトゥーもよく知られている。

特徴的なのは、墨一色で幾何学的な模様を描くことだ。

身体全体のバランスからデザインするのも大きな特徴の一つで、身体をデザインするタトゥーともいえる。部族によって、模様が持つ意味はそれぞれ違う。基本的に古代文明の土着信仰であるアニミズムに根ざした図案が多い。

これらの図案を現代風にアレンジしたのが、今のトライバルだ。

北アメリカ大陸や中南米、東南アジア、オセアニア、北欧などの先住民族に伝わるデザインをヒントにしている。

このトライバルが、世界的なニューエイジ文化の潮流とともに大流行した。

ニューエイジというのは、1980年代に入って米国で生まれた哲学・思想・音楽・ヒーリングなどのジャンルをまたいだ潮流で、おもにヒッピー世代の自然回帰願望を持った都市生活者たちに支持された。神秘的な出来事や古代のアニミズムなどを非科学的だからと排除するのではなく、その中にある叡知《えいち》を発見しようという姿勢に貫かれている。

トライバルは、今では地球との共存、自然回帰や原始的な生命エネルギーに対する憧憬として定着したといっていいだろう。

Igor Mortis

Igor Mortis

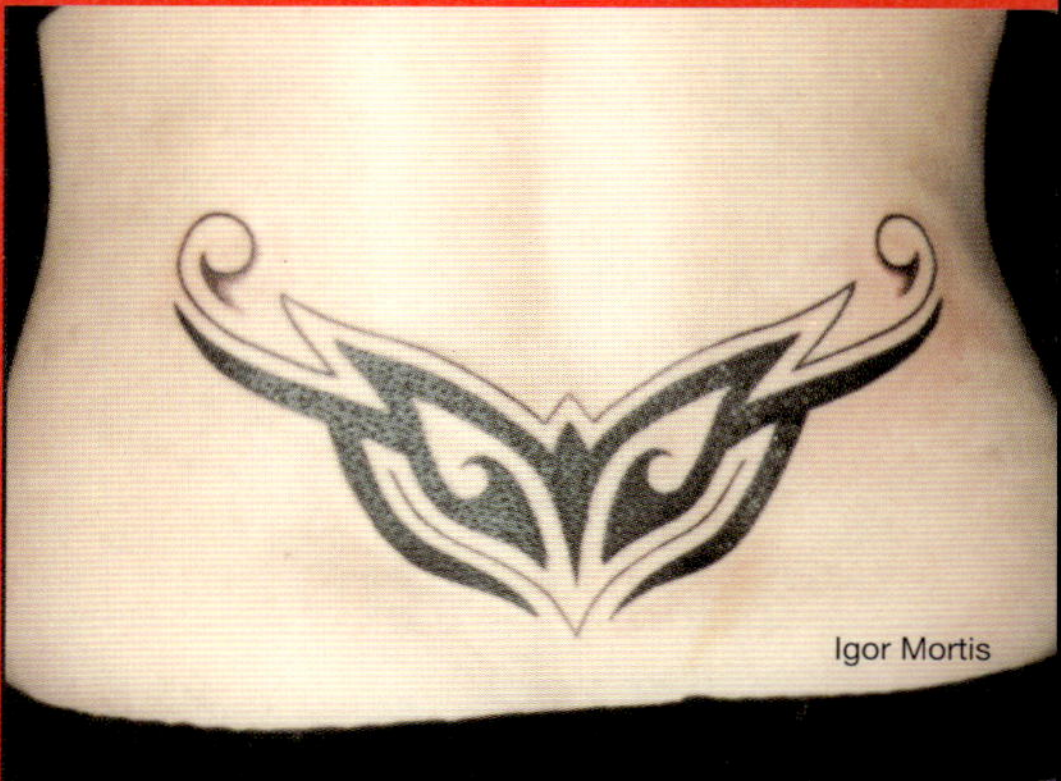
Igor Mortis

トーテム

ネオ・トライバルとともに発展しているデザインがこのトーテムだ。

トーテム（totem）というのはネイティブ・アメリカン（アメリカ・インディアン）が守護神の動物をかたどって表したものを指す。

こうした社会において、ある個人または集団は、それぞれ特定の動物や植物と超自然的関係で結ばれていると考えられている。

これらの動植物を、アメリカ・インディアンの言葉でトーテムと呼ぶ。

トーテムポールというのは、トーテムをかたどった彫刻柱のことで、北アメリカ北西沿岸のアメリカ・インディアンの部族の村などによく見られる。

これもまた、トライバルと同じようにニューエイジ系のデザインだ。タトゥーでは主に赤と黒、たまにターコイズブルーや黄色を使って表される。

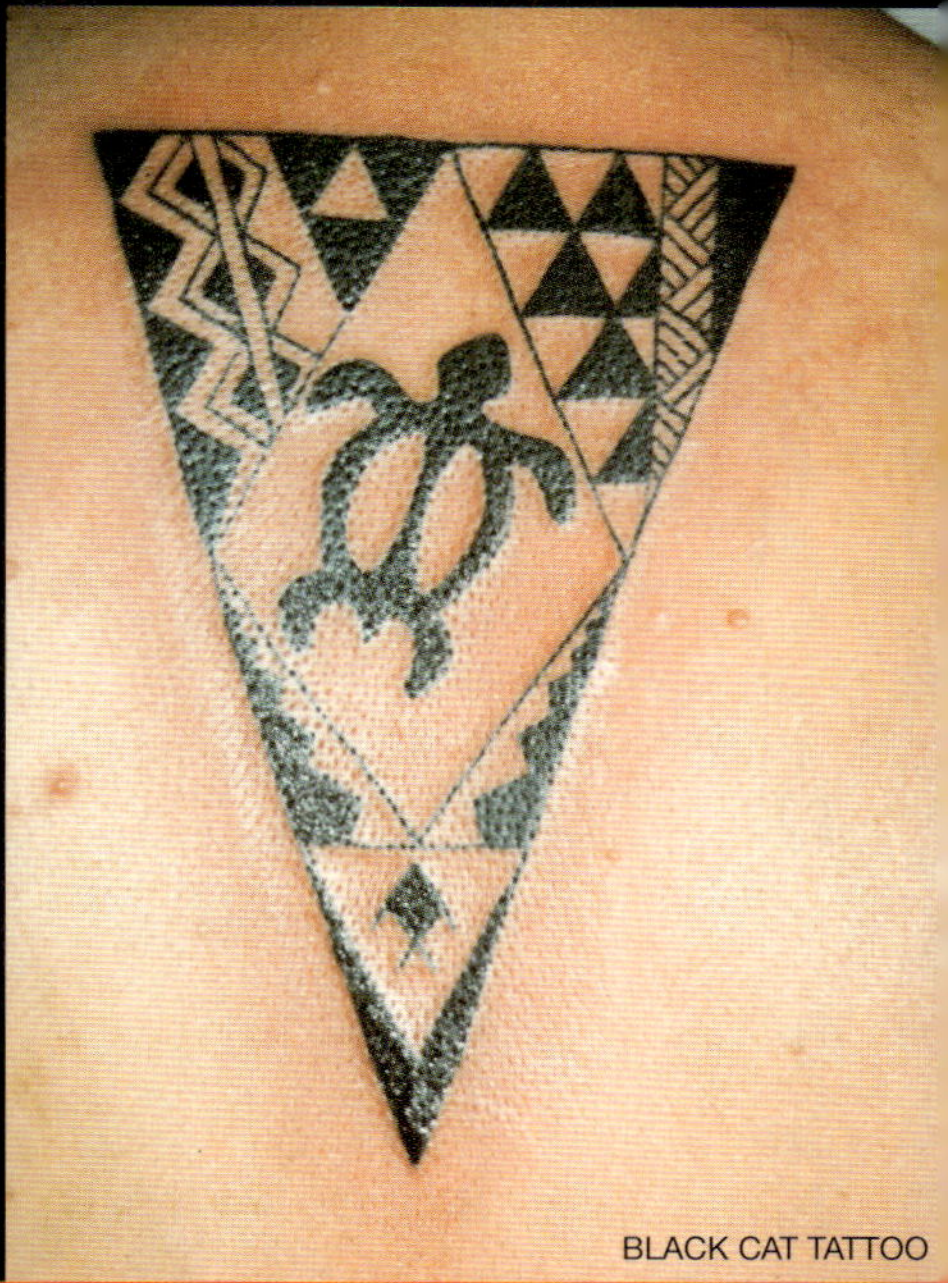

BLACK CAT TATTOO

G.COSMO

アステカ

G.COSMO

トライバルの一種。

中南米のアステカ文明、マヤそしてインカ文明からヒントを得たデザインだ。

アステカ王国は、メキシコ高原地方に住むチチメカと呼ばれる狩猟民族の一部だった。ナワトル語を使用するアステカ族は、12 世紀中期に高原中部に進出し、14 世紀半ばテノチチトランを建設した。今のメキシコ市だ。王国は高原一帯に及び、マヤ、トルテカの文明を継承して軍事的、政治的にすぐれた組織を持ち、巨大なピラミッドの頂上にある祭壇では、特異な多神教に基づく宗教行事が行われた。

独自の暦法、絵文字を持ち壮麗な文明を築いたが、16 世紀に、スペイン人コルテスに征服、破壊された。

白人たちの一極支配に嫌気が差した若い人々の間では、密《ひそ》かな人気がある。

タトゥーとしてのアステカは太陽や動物をかたどったもので、赤などの鮮やかな色を使用する。

マオリ

Jack MOSHER

ニュージーランドのマオリ族（Maori）のタトゥーをヒントにしたデザイン。

マオリ族は、タヒチ島やクック諸島方面から移動して定着したといわれる。ニュージーランドに住み、人口は約 30 万人。皮膚は褐色でポリネシア人種系。狩猟や漁業を生業としてきたが、今では一部が都市生活を送っている。見事な木彫りと編物、壮麗な集会所の建築等の文化を持っている。

タトゥーとしてのマオリは、顔に幾何学的な模様を彫る。

数年前、カンヌ映画祭でたくさんの賞を受賞したニュージーランドの映画『ワンス・ウォリアーズ』によって一気に注目された。ちなみに、この映画の登場人物は、全員がタトゥーを入れていた。

ケルティック

これもトライバルの一種と考えていいだろう。

北欧スカンジナビアやアイルランドの先住民族のデザインをかたどったもの。イギリスでは、ケルト民族の工芸デザインがタトゥーに転用され「ケルティック」と呼ばれている。

音楽の世界ではＵ２やエンヤ、アクセサリのガボールなど、ケルティック文化の影響を受け継いだアーティストは多い。ピンク・フロイドのデヴィッド・ギルモアや、ジョン・レノンとポール・マッカートニーなどもケルト系だといわれている。

ケルト文化は、さまざまなジャンルで今なお大きな影響を与え続けている。

ケルティックもまた 90 年代後半のニューエイジ系ファッションの一つであり、トーテムなどとともにニューエイジ・ハードコアと呼ばれる場合もある。

Lal HARDY

Lal HARDY

アメリカン・トラディショナル

現代までの、ワンポイントが主流だったタトゥーは、ここからスタートしたといっても過言ではない。もっとも、アメリカに限らず、西洋型クラシックデザインを総称してこう呼ぶことが多い。

基本的には 1800 ～ 1900 年代半ばまでのデザインだ。

海兵隊員などが赴任地で記念のタトゥーを入れることが多かったため、幸運のシンボル等のモチーフが目立つ。不吉だとされる数字の 13 や黒猫などのデザインが見られるのは、強さや勇気を誇示するためだろう。

他にも、ピンナップ・ガールなどの図案も多かった。そういう意味では、タトゥーは最初は男性的な文化だったのだ。

1970 年代以前のアメリカン・トラディショナルの時代は、プロといわれる彫師でさえ、何を彫っていくのかを試行錯誤していた時代だった。そのため、タトゥーに使えるデザイン絵として、「タトゥー・フラッシュ」を探していた。勿論、オリジナルのフラッシュを作っていた彫師も、ごく一部に存在したが、ほとんどの彫師の作品は、過去のフラッシュを描き直したものだった。それらの流れが、タトゥー・シーンに変化をもたらしていく。客が選んだタトゥー・フラッシュを肌へ転写し、タトゥー・マシーンで彫るという形態が出来上がり、「ビジネス」としてのタトゥーが始まり、タトゥー・ショップというものが成り立つようになった。

当時のデザインにはハートや鋲《びょう》、ツバメ、単純なドクロ等が目立つ。パンサーやダイスも代表的なデザインの一つである。

ちなみに、ポパイで有名な水夫のタトゥーの伝統を引き継いだものは、オールドスクールと呼ばれる。

BLACK CAT TATTOO

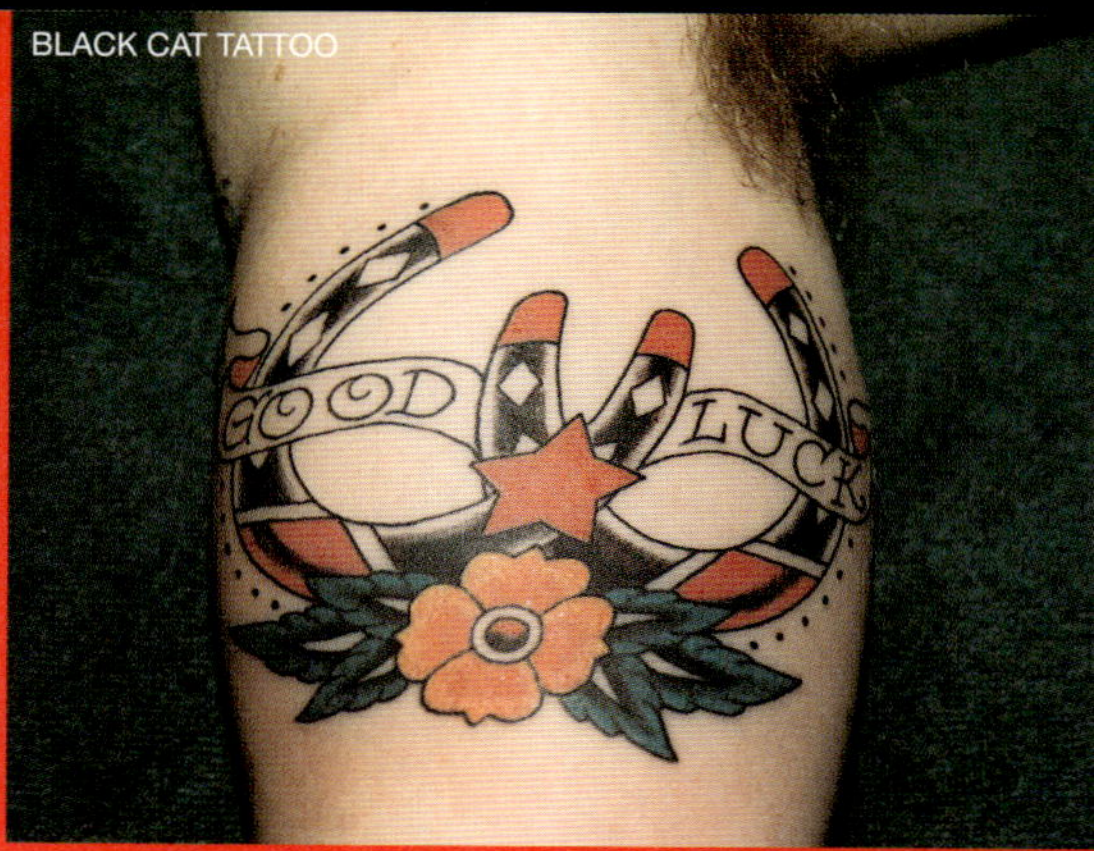

BLACK CAT TATTOO

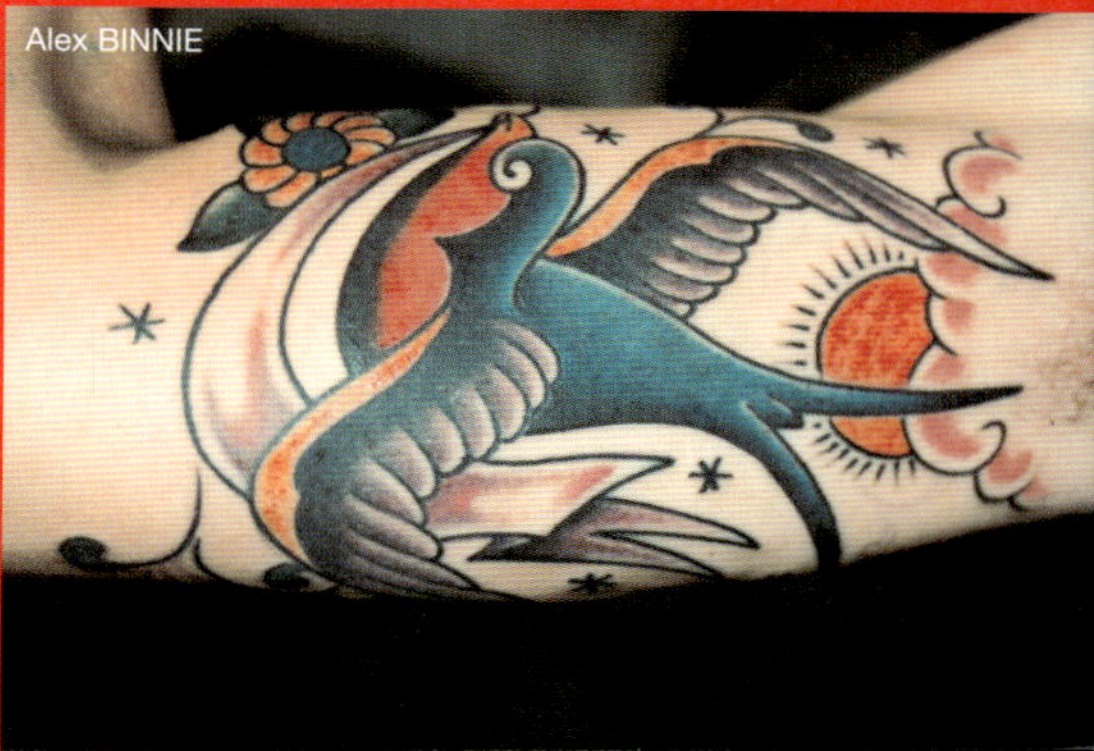
Alex BINNIE

バイカー

バイカーという言葉には、不良のオートバイ乗り、といったニュアンスがある。

すぐに思い起こせるのが、アメリカの代表的なバイカー・チームである、ヘルスエンジェルスだろう。バイカーというカテゴリーには、ヘルスエンジェルスのマークのようなものが多い。

他にはドクロや血といった、恐しいものをモチーフとする作品が目立っている。基本的に不良っぽくて強そうなデザインである。あまり色を使わないものが多い。

70年代のカウンター・カルチャーの時代に、若いロック・フリークを中心にアメリカでタトゥーが流行し始めた。そのきっかけは、ライル・タトゥルという彫師が、人気ロック・シンガー、ジャニス・ジョプリンにタトゥーを彫ったことだったという。この時期、タトゥーの流行に乗じて、ビジネスとしてのタトゥーに熱心だったのが、バイカーたちであった。彼らの中で人気を得ていたものが、このバイカー・タトゥーである。

しかし、当時のタトゥーの流行を本当に支えていたのは、第二次大戦中に兵士としてハワイや日本に駐留し、現地で本物のタトゥーやイレズミに接し、後に彫師となっていった職人肌の人たちであった。

Lal HARDY

ニュースクール

現在、最もポピュラーな分野が、このニュースクールだ。

80 年代に入り、フラッシュを転写して彫るだけといったタトゥーのやり方がビジネス化し、アートとしてのタトゥーを志す彫師たちは、オリジナルの下絵を制作し、タトゥー作品を仕上げるようになった。つまり､お客さん一人ひとりに合わせて下絵をカスタム･デザインするタトゥーが登場したのだ。そして、「アメリカン・トラディショナル」にはないビジュアル･イメージがタトゥーのモチーフとなっていった。

上記の流れの中で生まれてきたタトゥーのうちで､コミカルでユーモラスな作風のものを｢ニュースクール」というのが一般的だ。

90 年代のポップカルチャーが合体し、アニメやコンピュータゲームのキャラクターまでが登場する。

クラシックのモチーフでも、カラフルで動きのある表現が可能になった。

ニュースクールの登場によって、その後のタトゥー・シーンは、より個性的な作品を求め始める。さらに、技法的にもオリジナリティが追求され、トライバル、ポートレイト、ブラック＆グレイ、バイオメカなど、さまざまなタトゥー・スタイルが試みられるようになった。

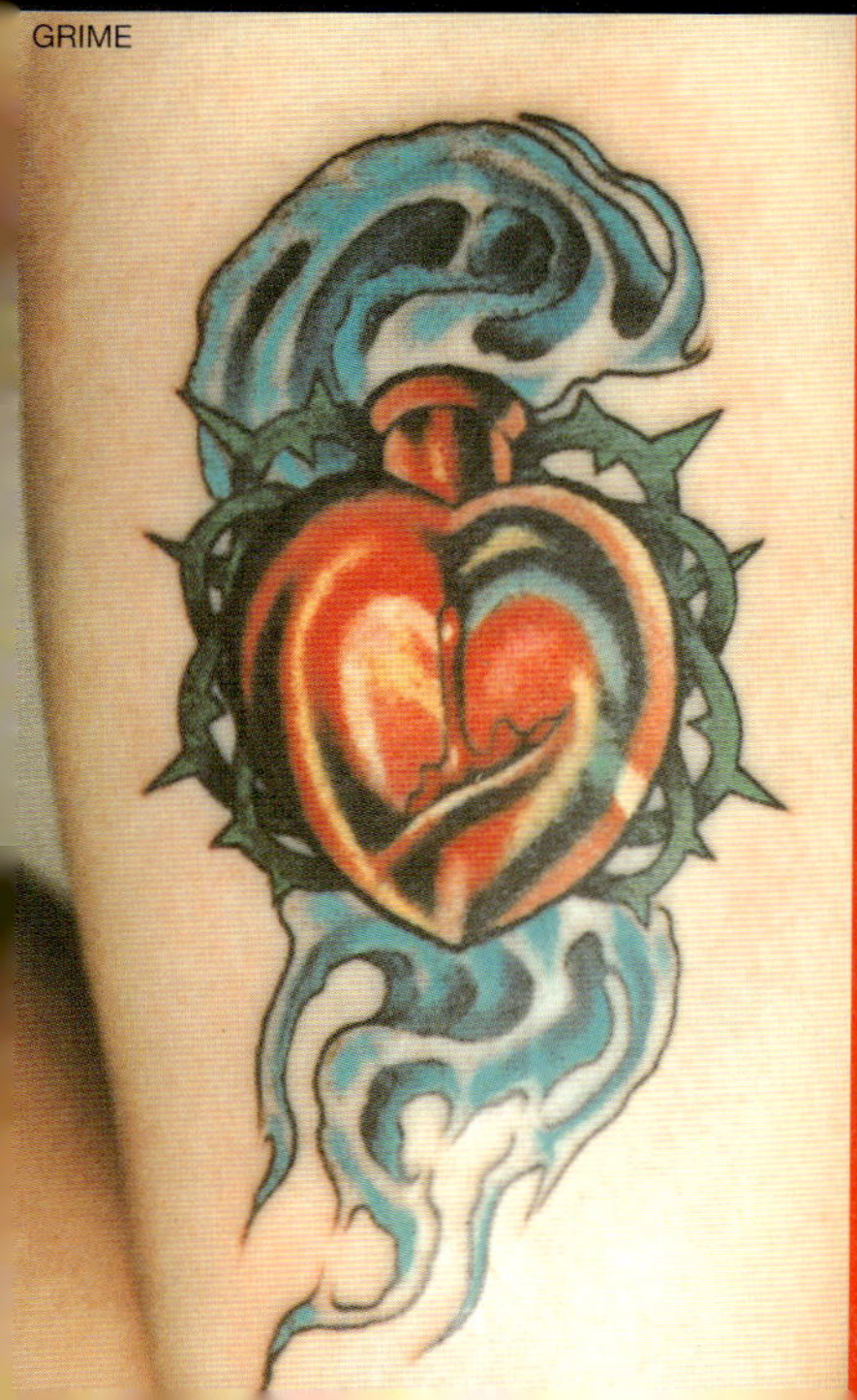
GRIME

GRIME

ネオ・トラディショナル

ニュースクール以降、アメリカン・トラディショナルをリメイクしたのが、この「ネオ・トラディショナル」だ。

技術的な進歩とともに、アメリカン・トラディショナルとは陰のつけ方や色使いが違っている。昔と違い、色数も飛躍的に増えたのである。このネオ・トラディショナルから、現在は多岐にわたったジャンルが生まれている。

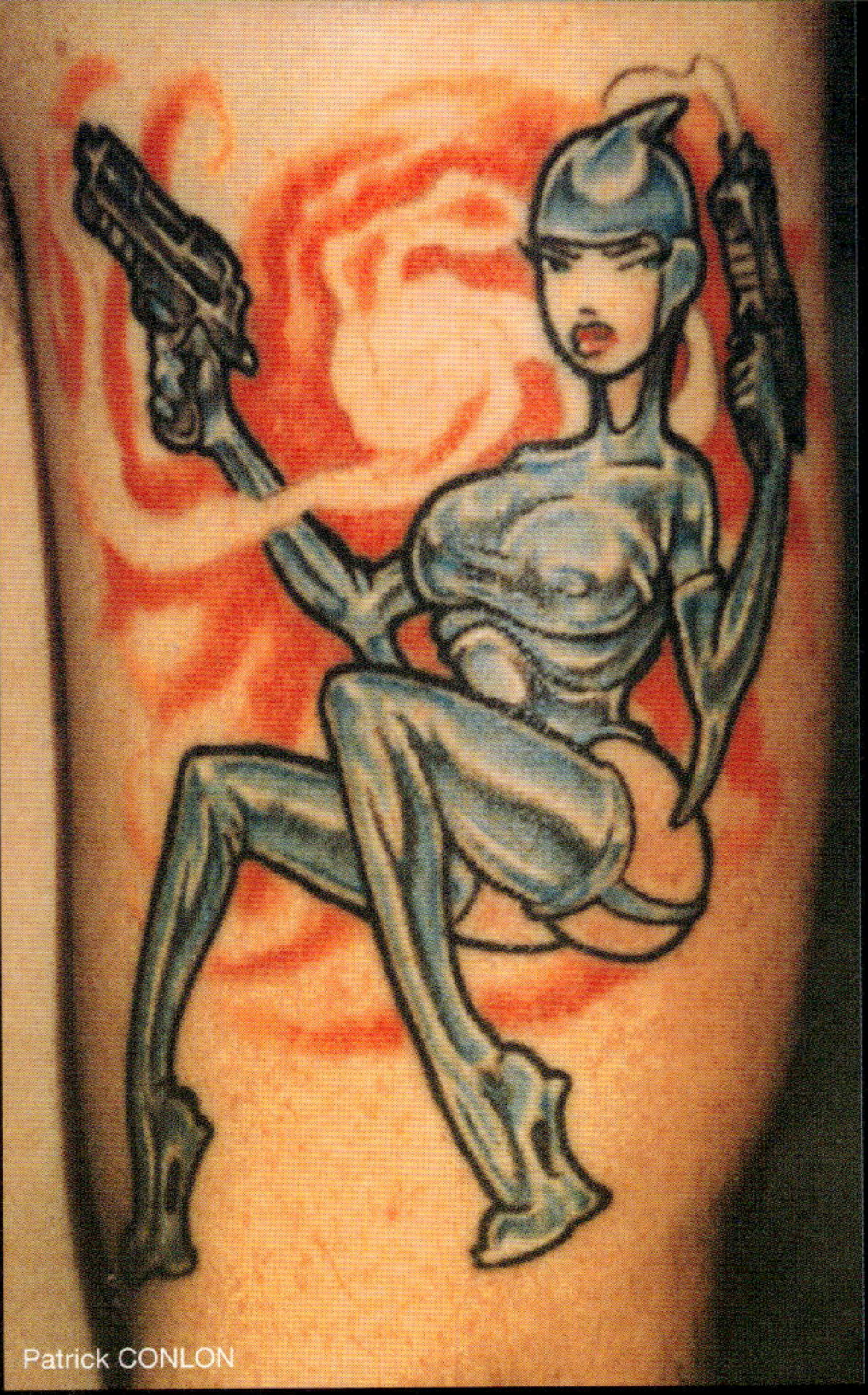

Patrick CONLON

ジェイル・タトゥー

直訳すれば、「監獄のタトゥー」。

元は刑務所内で針金一本を使い、マッチなどの炭をインク代わりに彫っていたもの。

シロウトっぽいデザインで、にじんだり、汚くなったりするのが逆にカッコいいと考えられた。もちろん、囚人の中にも手先の器用な人がいたらしく、終身刑の受刑者の背中一面に見事な彫り物を仕上げた例もあるらしい。

ジェイル・タトゥーもバイカー系のタトゥーの一種で、墨一色で描くのが基本だ。

Lal HARDY

ブラック&グレイ

黒一色で絵柄を繊細に彫るもの。ジェイル・タトゥーの技法を発展させたもの。

その名の通り、とてもリアルな図案だ。非常に高いデッサン力と、ぼかしの技術が求められる。

paul Jeffries

G.COSMO

ファインライン

絵画の伝統を持つヨーロッパで登場したのが、このファインラインだ。美しい色彩で、本物そっくりに動物や植物を彫るもので、今や、あらゆる絵画芸術の方法や技術がタトゥーに応用されているというべきだろう。

Kan's choice

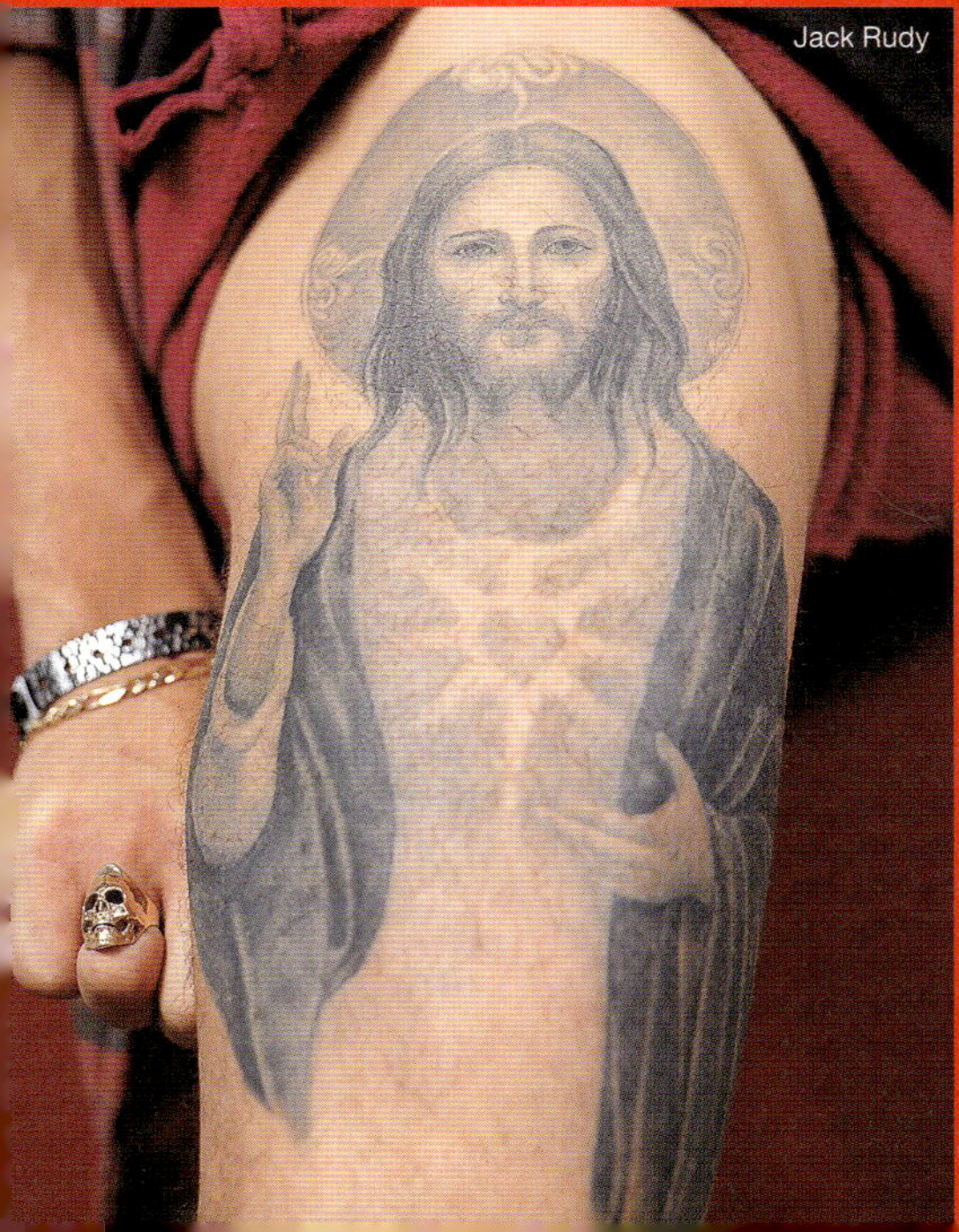

Jack Rudy

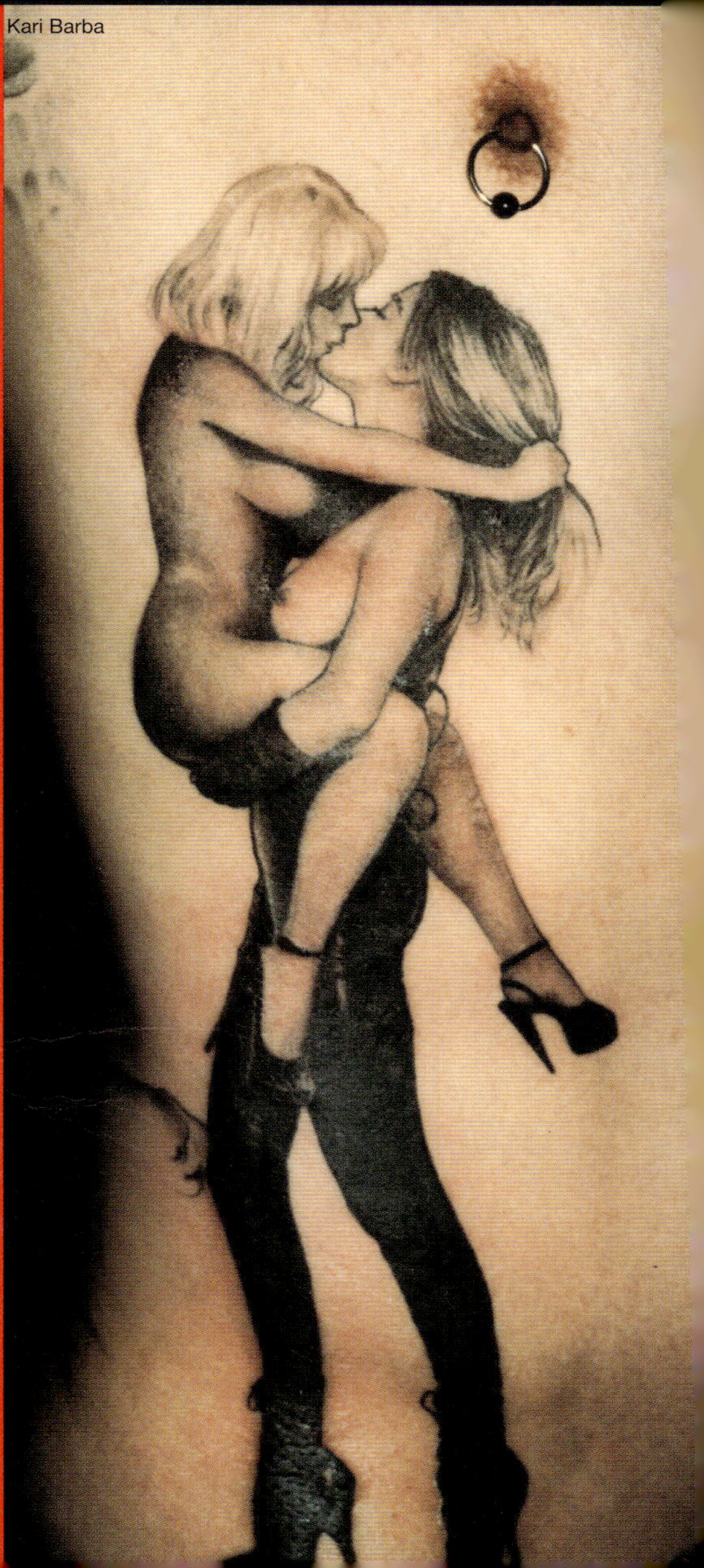

Kari Barba

ネオ・トライバル

名前の通り、トライバルから派生した新しいカテゴリーだ。

部族的な意味をあまり強く意識せずに、デザイン的に美しいものを黒一色、または赤などを加えて入れるデザインが主流だ。

トライバルでも最も難しいのは、墨の部分を全くムラを出さずに仕上げることだ。そこで、彫師たちが腕を競い合うことになる。

ファッション業界ともリンクし、一時期、爆発的に流行した。今でも根強いファンが多い。有名なのは、Ｇ・コズモや、ＬＡのレオ・ズルエッタなどか。

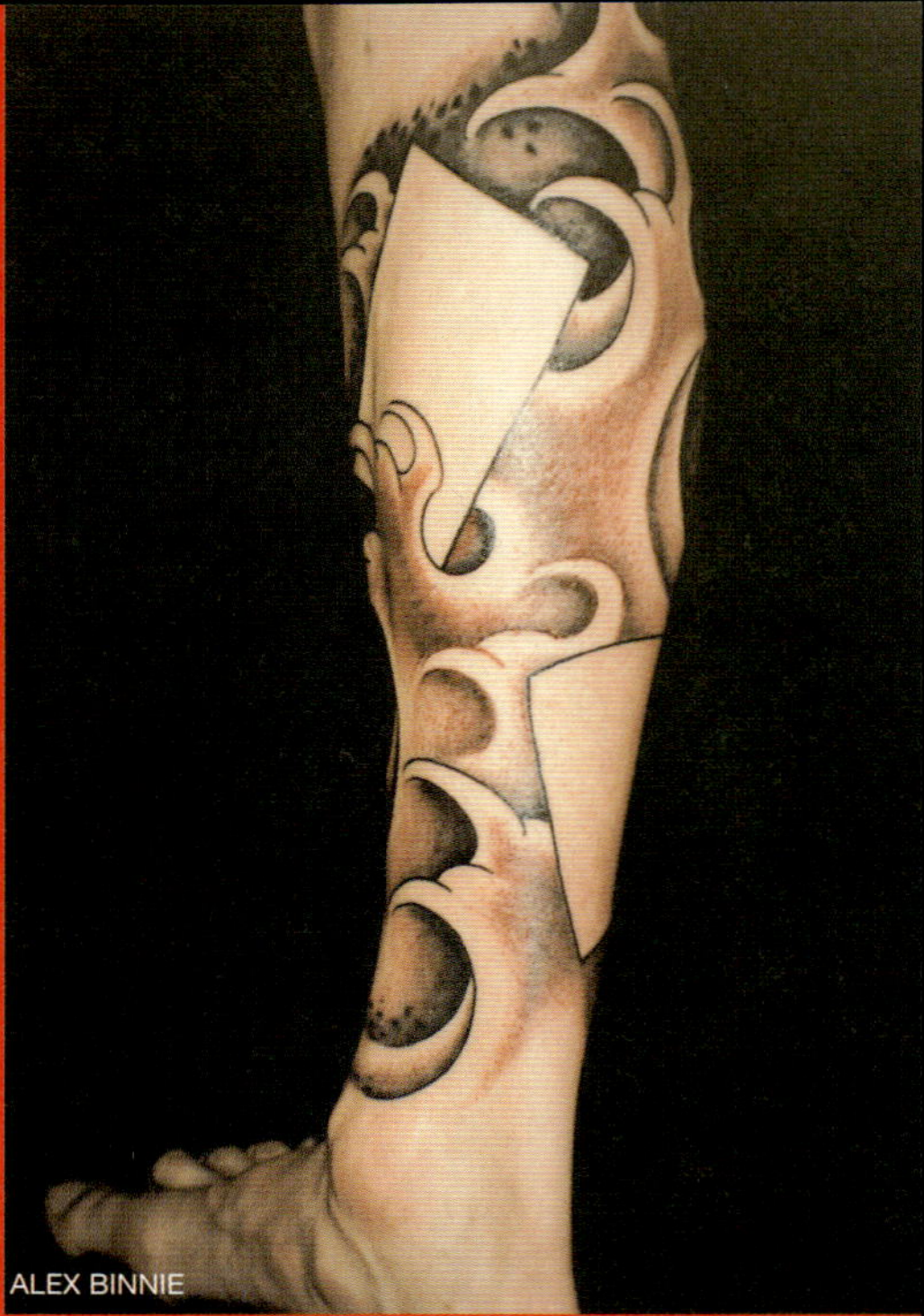

ALEX BINNIE

ALEX BINNIE

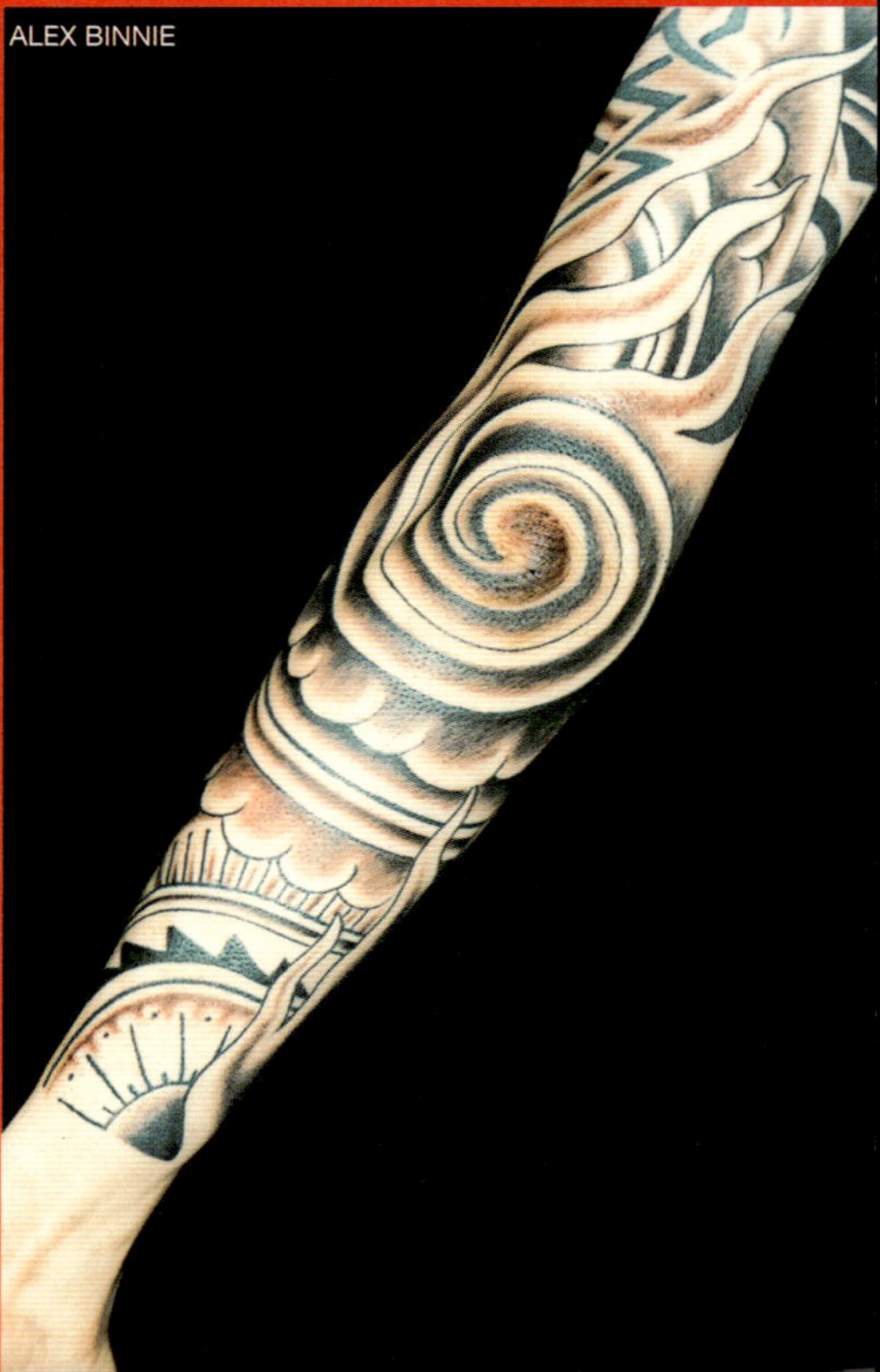

ALEX BINNIE

ポートレイト

ジャック・ルディが弟子のブライアン・エベレットに、写真を写実的に彫ることを勧めたことがきっかけで生まれた。好きなスターや恋人、家族の写真をもとに肖像画を彫るのが、このポートレイトだ。

Dawei ZHANG

Paul Booth

デーモニッシュ

バイカー系から発達したカテゴリーである。

悪魔的なデザインの作品で、悪魔や死霊等の絵柄が多い。

黒一色で描くポール・ブースの作品がよく知られている。アンチキリスト色の強いものはデーモニッシュと表されることが多いが、もともと不吉なものが好きなファンは多い。

思うにこれは、ローリング・ストーンズのキース・リチャーズが髑髏《どくろ》のリングを愛用しているのと同じで、「メメント・モリ（いつでも死を意識する)」という意味合いがあるのだろう。

バイオメカ

映画『エイリアン』のデザイナー、ギーガーの作風をタトゥーにアレンジしたものだ。

自らがサイボーグ、あるいはエイリアンを演じるような図柄が基本。ガイ・アーチソン、初期のエディ・イチュなどが有名。

特に、ガイは先駆者であり、常に新たなシーンを切り開いてきた。彼の作品はあちこちで紹介されているが、非常に精巧なものだ。ブラック＆グレイの手法で仕上げられるものが多いが、カラフルなものや蛍光色、あるいは金属的な質感を表現しているものもある。

Guy AITCHISON

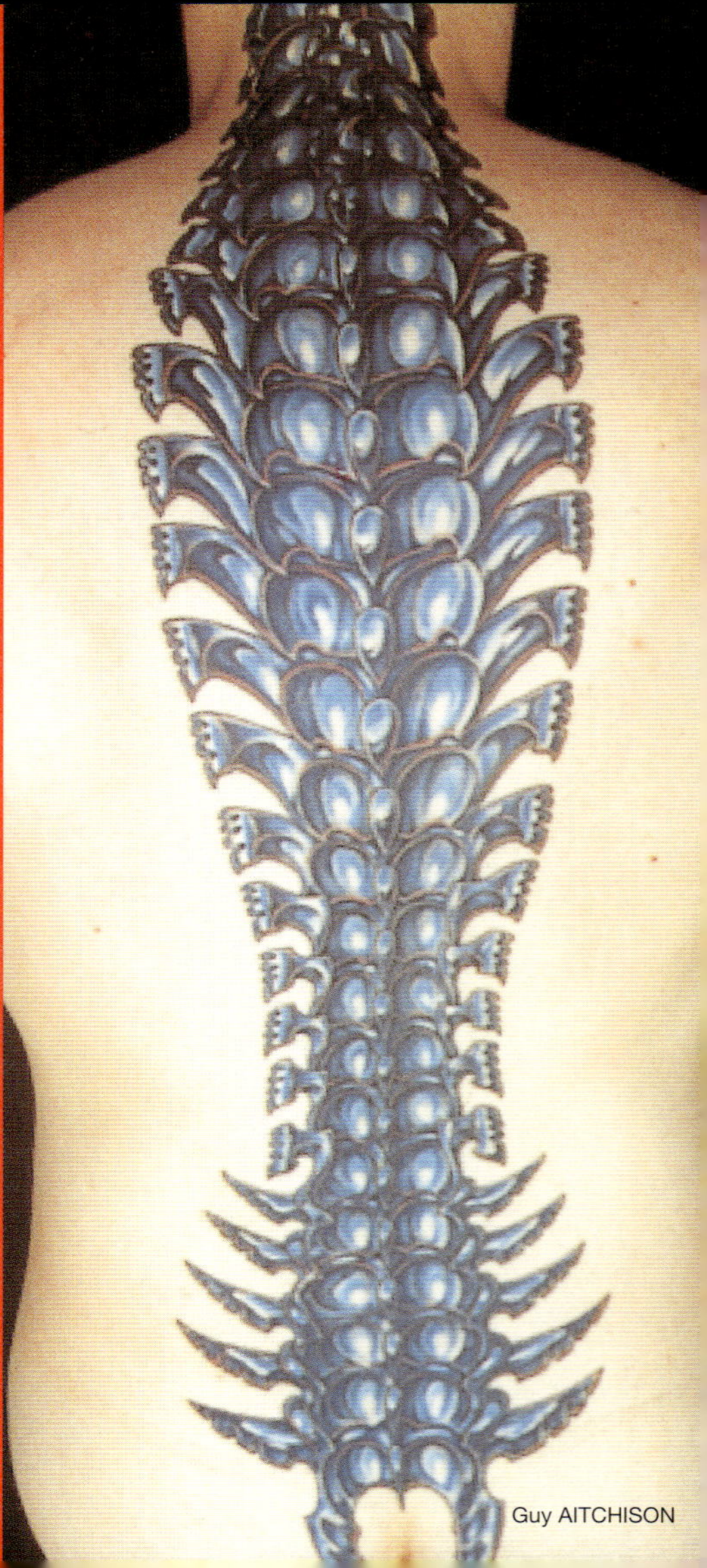

Guy AITCHISON

ジャパニーズ・スタイル

日本伝統刺青の影響を受けた、世界のタトゥー・シーンが生み出したスタイルである。

日本のイレズミは、今なお世界の彫師の強い支持を受けているのだ。和彫を学ぶために来日する彫師も少なくない。面白いことに、鯉や般若、観音などは、"Koi-Fish""hannya""kannon" とそのまま英語になっている。厳密には、日本伝統刺青である「ジャパニーズ・トラディショナル」とは、一線を画している。

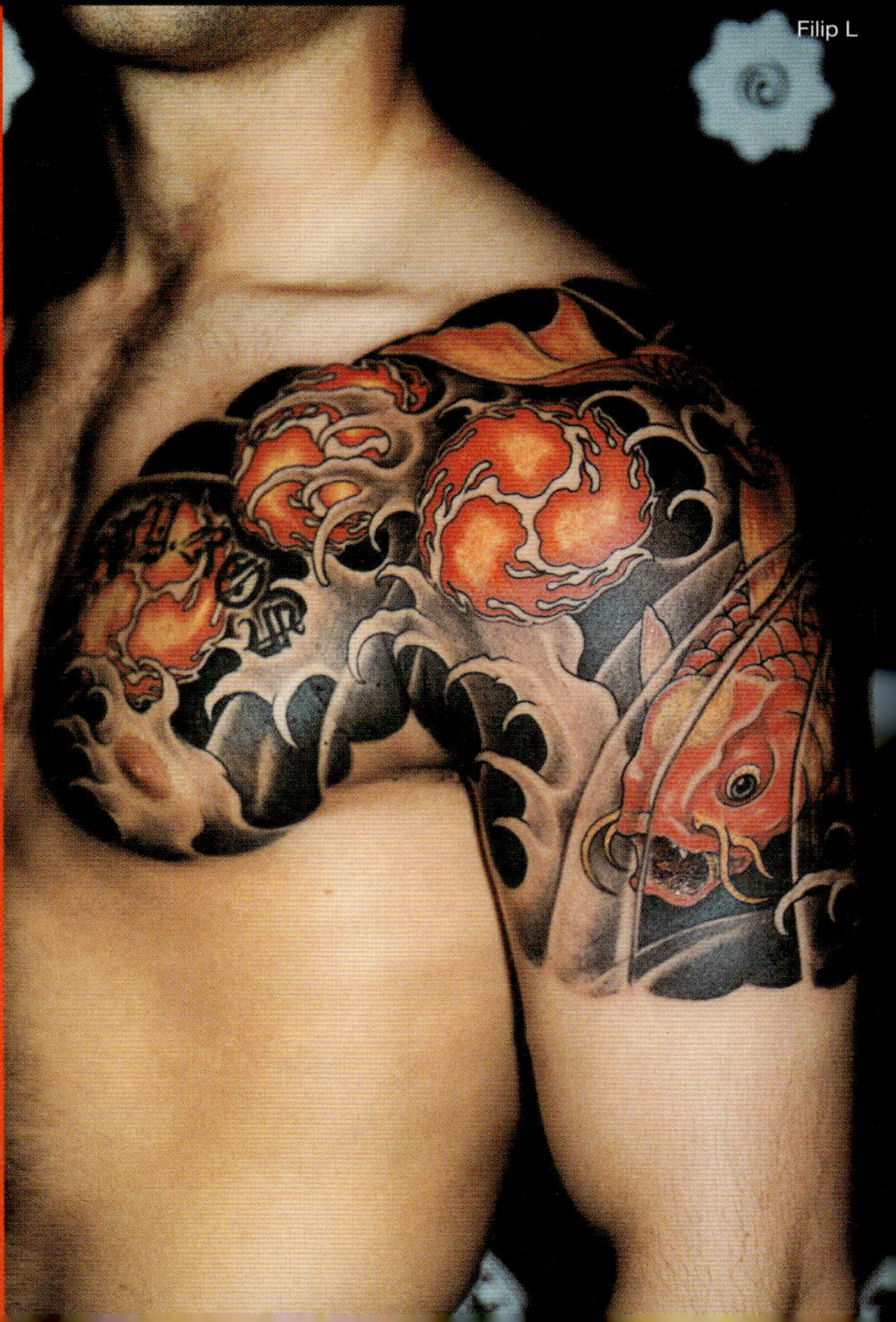

の形を生かした大きなタトゥー作品をデザインするためには、「フリーハンド」の技術が不可欠である。フィリップの活躍ぶりは、海外における日本伝統刺青の再評価にも、大きく影響している。

駆け足で紹介してきたが、今夜も世界のどこかの街の片隅で、あるいは図案を考えている十代の女の子の頭の中で、新しいカテゴリーやジャンルが生まれようとしている。

新しい潮流は古代の人々の夢や願いと呼応しながら、さらに新しいものを生み出していく。時には、新しいと思うものが遥《はる》か彼方の過去にあったりする。

僕らの魂の歴史は、そんなふうにずっと続いてきたのだろう。

Filip LEU

Filip LEU

時間の流れというものは、パイプラインのようにシリアルなものではなく、ところどころ歪《ゆが》んだり曲がりくねったりしながら無限に広がっているのだ。

タトゥーとは、そんな無限の時間の中から生まれたものを切り取り、自分の肉体と合体させるものなのではないだろうか。

Filip LEU

第三章
タトゥーを最初に入れたのは？

TATTOO AGE CHAPTER 3

地球上のすべての人間はトライバルなのだ

日曜の夕暮れである。

青山通りの裏路地にクルマを停めた僕は、散歩気分で表参道へと歩いていた。休日の青山は、流行に敏感な平日の顔とは違い、江戸時代から続く歴史ある街の片鱗を覗かせ、ゆったりとした雰囲気を取り戻していた。

表参道手前の路地を入ると、そのクラブはあった。狭い階段を降り、チャージを払って、重い扉を押し開ける。途端に僕の全身は、**重低音のレゲエ・ビート**で満ちあふれた。

サウンドシステムから叩き出される**ダブ・サウンドの洪水**の中を潜水するようにかき分けながら進んでいくと、カウンター・バーで僕に向かって片手を高く挙げている彼女の姿が見えた。

「ごめんね、急に呼び出しちゃって。すぐ分かった？　この場所」

「うん、老舗《しにせ》だからね。何年ぶりかな、ここ。でも、この時間にやってるのは知らなかったよ」

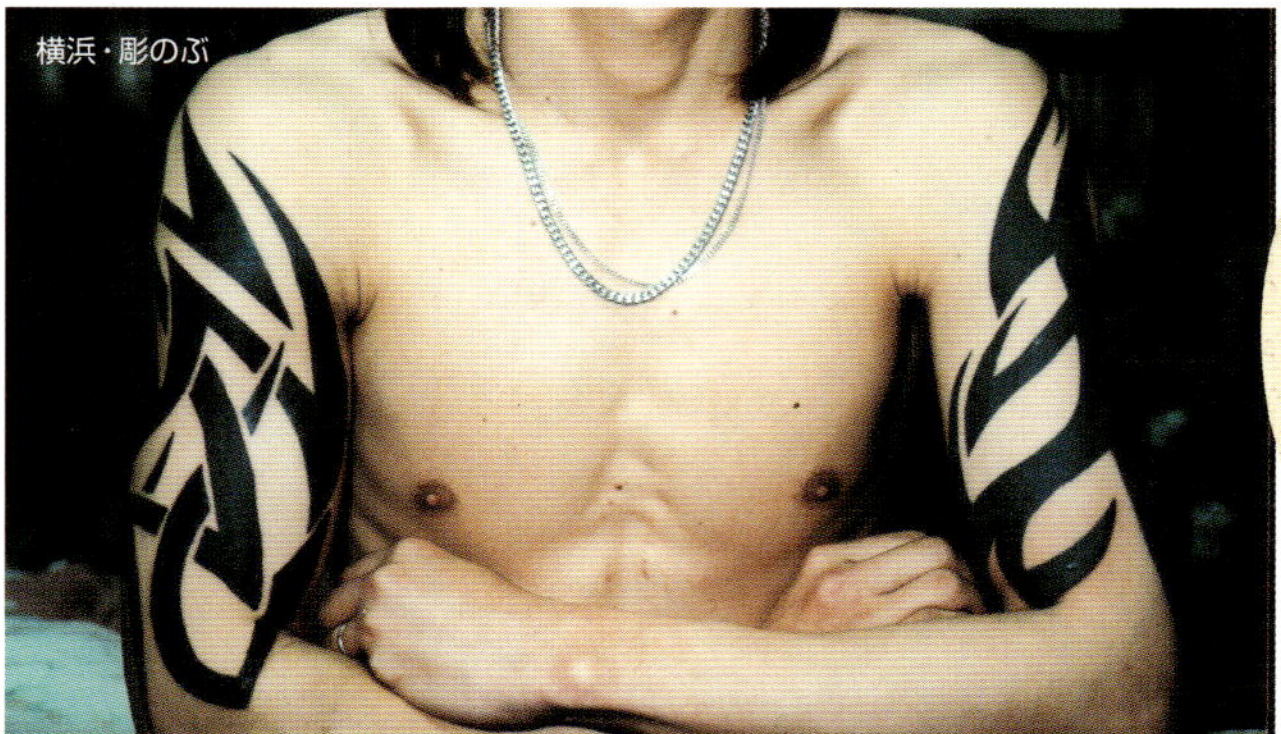

横浜・彫のぶ

「毎月やってるよ、これ。レゲエ好きでしょ、あなた。だから誘ったの。たまにはいいかなって思って……」

「えっ、てことは、これってデートなわけ？　嬉しいねえ」

「まあね、それに相談もあるし、タトゥーのことで」

「あっそう、やっぱそうくるのか。まっいいか、君と会えたんだから」

昨夜、彼女から連絡があり、**ニュー・ルーツ・レゲエ**のイヴェントへ行ってみないかと誘われたのである。**80年代のロンドンから発生した硬派なダブ・ミュージック**であるニュー・ルーツ・レゲエは、当時、腑《ふ》抜《ぬ》けになってしまったダンスホールスタイルや、先鋭的というよりも閉鎖的な方向に突き進んでいたヒップホップなどのブラック・ミュージックに、新たな方向性を示していた音楽スタイルだった。

打ち込みによるコンピュータサウンドが主流のダブの世界において、ヒューマン・トラックによるダブ・ミックスと硬派なラスタファリアンのメッセージを信条とするニュー・ルーツ・レゲエは、20世紀と21世紀を結ぶ橋渡しのような音楽だ。

僕はカウンターの中に立っている店員に、ジントニックをオーダーする。ニットのラスタ帽をかぶった髭面《ひげづら》の店員は、踊るように僕に近づき、僕の目の前にグラスを置いた。

グラスを置く店員の胸で揺れている水晶のペンダントを見つめていた僕は、彼女を振り返って言った。

「その後、何か進展あった？」

雪子鬼（NS7.DEPT）

雪子鬼（NS7.DEPT）

「うん、**トライバル・タトゥー**が気になってるんだ、最近。かっこいいなぁって。ねえ、どう思う？」

「トライバルか、かっこいいよね、ウォリアー（戦士）って感じで」

曲調が変わり、より一層重いビートが流れ、サイレンマシーンがこだまする。どうやら、今夜のメインDJが登場したようだ。

「ねえ、トライバルってなんて意味なの？」

「うん、**トライバルは『部族の』って意味**なんだよね。だから、トライバル・タトゥーは『部族のタトゥー』って意味になるよね。でも、トライバルという言葉は、タトゥーだけじゃなくて、もっと多くのシーンで使われている言葉なんだよ。例えば、音楽シーンでもトライバルという言葉はよく耳にするよね」

「そうね、レゲエでもよく聞く言葉だわ」

「そうだね。それは、レゲエ・ミュージックの成り立ちと深く関わっているからなんだよ。レゲエ・ミュージックは、多くのブラック・ミュージックがそうであるように**アフリカの魂から誕生した**んだ。十字軍の歴史から派生した大航海時代はアフリカにとって、侵略による植民地化と奴隷制度の時代でもあった。アフリカ西海岸に集められたアフリカ人たちは、奴隷船に乗せられて新大陸へと『輸出』されていったんだ。数世紀の間に、４００万人近い人間が連れていかれたともいわれているんだよね」

「ひどい話ね」

「西アフリカとアメリカ大陸の間にあるカリブ海に浮かぶ島々が、奴隷貿易の中継地点として使われていたんだよ。ジャマイカは、そんな島々の一つだった

雪子鬼（NS7.DEPT）

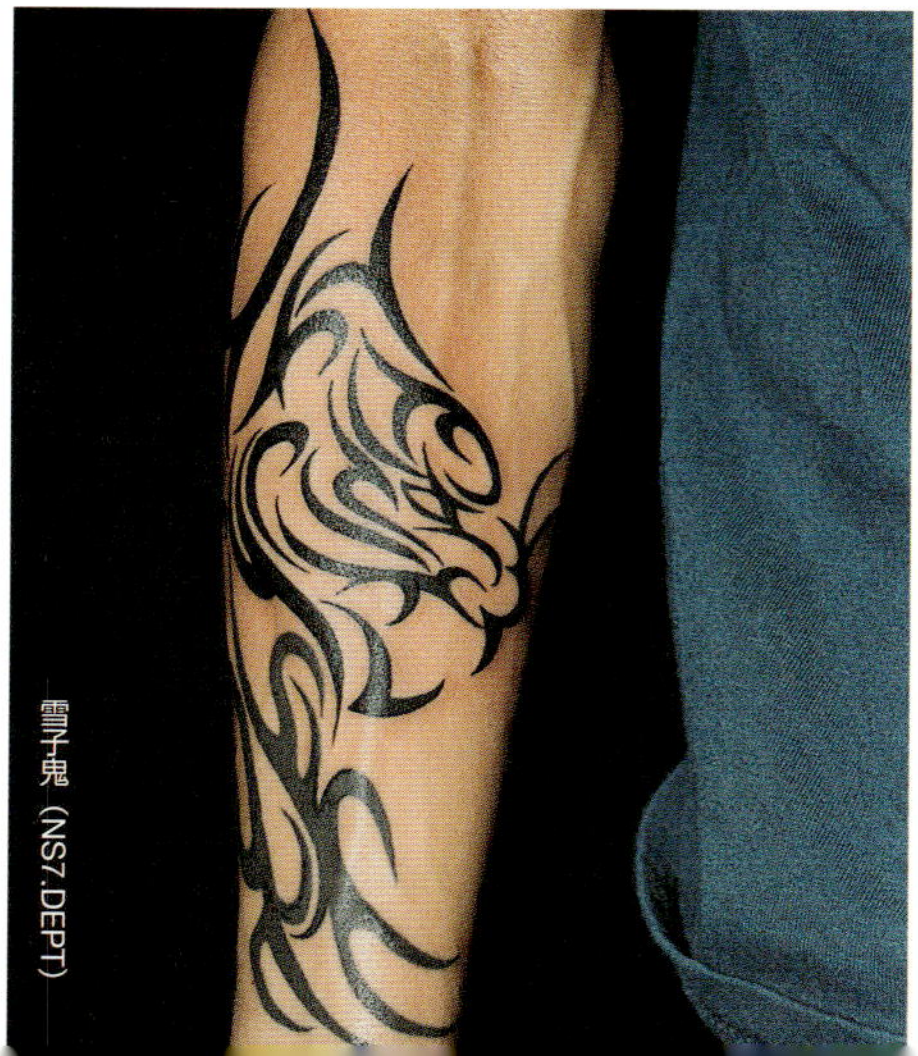

雪子鬼（NS7.DEPT）

んだ。奴隷船で連れ去られたアフリカ人たちは、アフリカ固有の文化をすべて放棄させられ、奴隷としての人生を背負わされていく。**すべての黒人奴隷たちは、トライバルとしての繋がりと誇りを奪われ、キリスト教へと改宗させられていったんだ**」

僕は、ジントニックを一口飲むと、言った。

「だけど、60年代に入り、ジャマイカの人々から反撃が始まるんだ」

「**アフリカ回帰運動ね**」

「うん。彼らの『俺たちはアフリカ人だ。黒人は母なるアフリカへ帰るんだ』というメッセージはアメリカへ飛び火し、世界的な黒人解放運動へと発展していったんだよね。この解放運動の中から、ジャマイカでは、ラスタファリアニズムという宗教思想に裏打ちされたレゲエ・ミュージックが誕生し、アメリカではブラック・モスレムなどの影響を受けた多くの黒人音楽が生まれてくるんだ。例えば、**ジョージ・クリントンが率いるパーラメンツやファンカデリック**なんかも、この流れから生まれたといえるよね」

「あたし、**Pファンク大好き！**」

「黒人音楽、特にレゲエは、『**アフリカへ帰り、部族としての誇りを取りもどすんだ！**』っていうメッセージを、発信し続けているよね。それは、自分たちの失われた過去を取り戻すことだったり、自分の未来を手に入れるために必要不可欠な行為なんだろうね。ジャマイカのストリート・ミュージックにすぎなかったレゲエの思想が、世界中に広がっていったんだよ。それって凄いよね。**レゲエとともに根付いていったトライバル回帰の考え方**は、今や地球規模の思

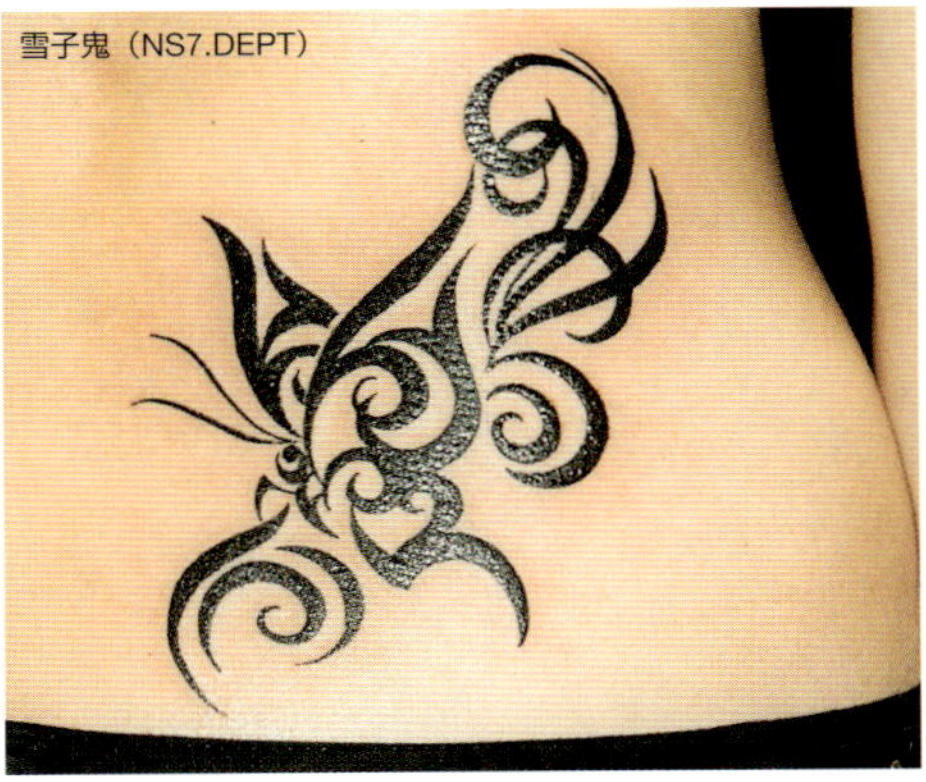

雪子鬼（NS7.DEPT）

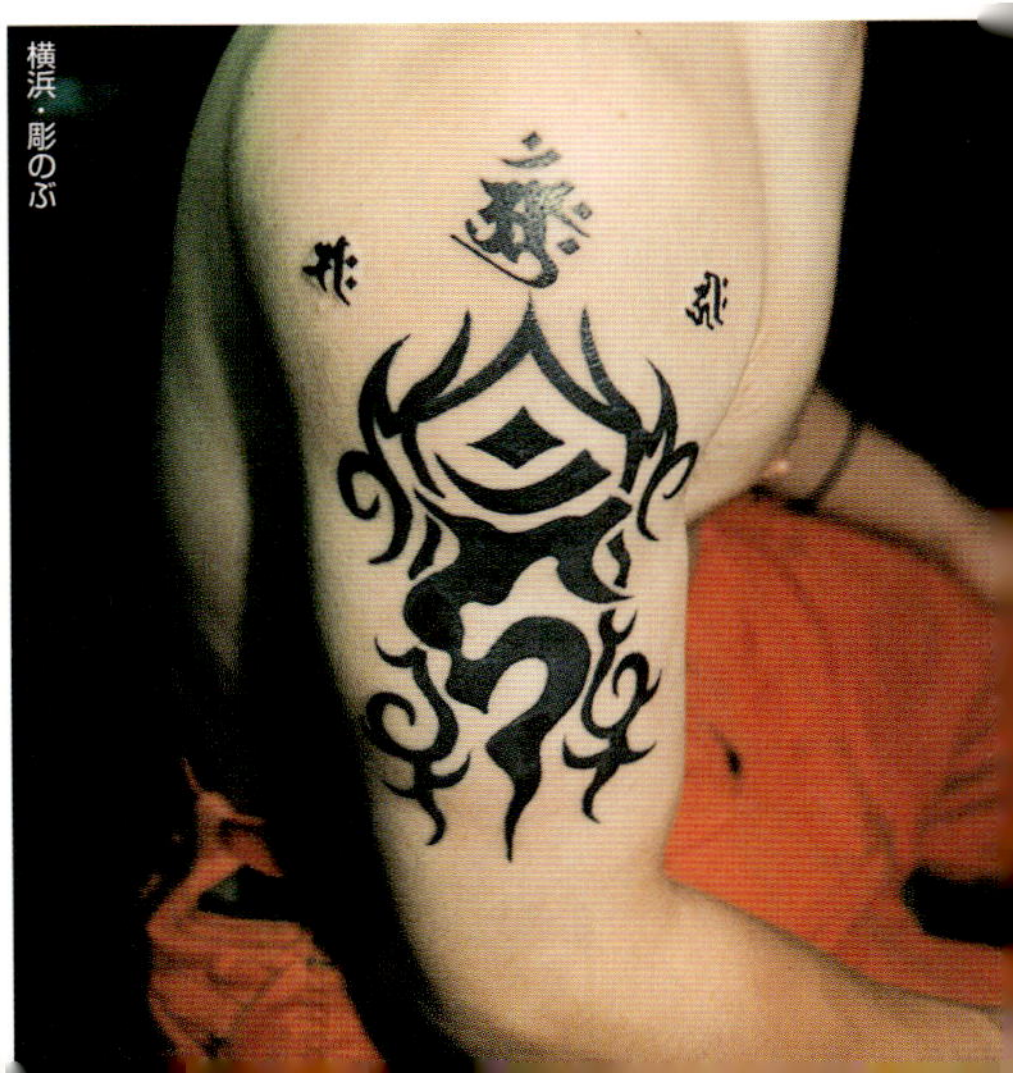

横浜・彫のぶ

想だよね。これこそ21世紀に必要な考え方だと思うな。ごめん、チョット気合いが入りすぎちゃったかな?」

「ううん、面白いよ、続けて」

「うん。ラスタファリアンたちが、トライバルにこだわる理由には、もう一つの側面があるんだ。**ラスタファリアニズムという宗教思想は、エチオピアから伝わった古代キリスト教をその根幹としてるんだ**よね。この宗教は、キリスト教は白人だけのものではなく、むしろ黒人の国アフリカから生まれたものなのだという思想がベースになっているんだ。**ジーザスは白人ではなく、黒人だったのだ**、という考え方なんだよね」

「えっ、キリストって黒人なの!?」

「そういう説もあるんだよね。その説を支持してきた多くの黒人たちは、自分たちの未来のために古代に立ち戻ろうとしたんだ。そんな彼らが生み出した多くの**黒人音楽の根幹には、古代キリスト教が存在しているんだ**よね」

「そうなんだ」

　彼女はカウンターに両手で頬杖《ほおづえ》をついて、熱心に僕の話を聞いているようだ。店内には初期のイギリス・レゲエのナンバーが流れている。

「そして、『トライバル』という言葉には、古代キリスト教の中の『**十二支族**』という意味もあるんだ。つまり、これらの黒人音楽のメッセージの中にあるトライバルとは、人類としてのトライバルであり、同時に、『現代の地球上にあっても俺たちはトライバルなんだ。**すべての人間はトライバルなんだ**』と訴えているんだよ」

雪子鬼（NS7.DEPT）

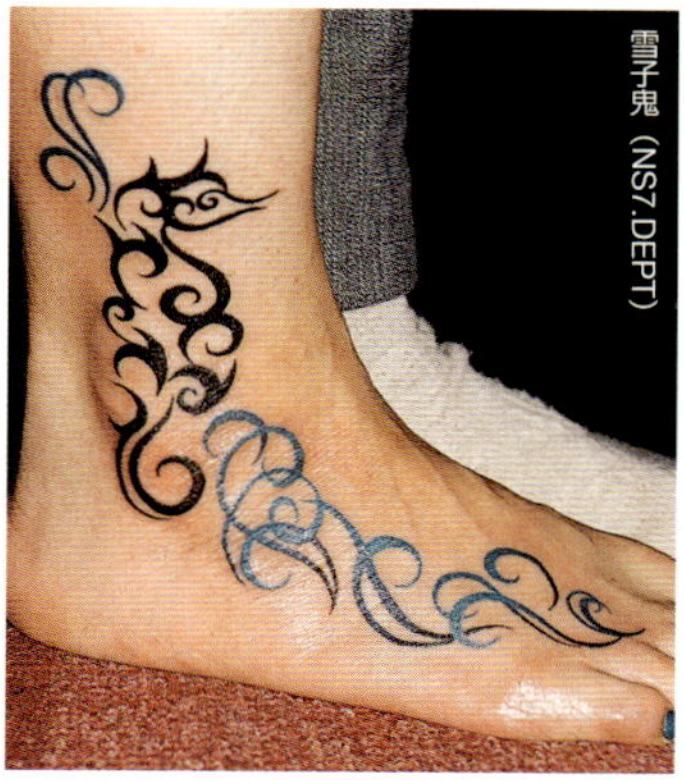
雪子鬼（NS7.DEPT）

僕は、彼女に話しながら、以前に訪れたジャマイカの海や、キングストンに流れるレゲエのビートを思い出していた。

僕は、ロックとともに、レゲエやファンクも好きだ。その理由の一つは、彼らの訴え続けるトライバルというメッセージが勇気と希望を与えてくれるからだ。

「お願い。ちょっとこれ持ってて、あたし踊ってくる」

突然、ストゥールから立ち上がった彼女は、カフェオレ色のフェイクファーのショートコートを脱ぐと、それを押しつけて、僕に言った。

真っ白いタンクトップに包まれた、胸の膨らみに思わず目がいってしまう。

そんなことにはおかまいなしに、彼女はクルリと後ろを向いて、ダンスフロアへ向かって歩いていく。

レゲエ・ビートは、前にもまして重く響き渡り、フロアは人々の熱気で溢れている。

短いタンクトップと白いローライズのパンツの間から覗く彼女の小麦色の肌を眺めながら、彼女にはトライバル・タトゥーも美しく映えるだろうな、と僕は考えていた。

横浜・彫のぶ

雪子鬼（NS7.DEPT）

何千年もの間、人間は自然の力と共生しながら生きてきた

　トライバル・タトゥーというカテゴリーは、東南アジアやポリネシア、南米先住民などの部族たちのシンボルを表したものだ。

　マオリ、サモア、ポリネシア、ラオス、台湾、南米インディオなどの、古代から伝わる部族としての誇りとでもいうべきそれらのタトゥーは、それぞれの神話や呪術によるシンボルなど、民族の歴史に根ざしている。厳密にいうと、これらのトライバル・タトゥーは、そのデザイン的な美しさを抽出した「ネオ・トライバル」と呼ばれる現代タトゥーと区別されている。

　古代から伝わる、トライバル・タトゥーは、現在のすべてのタトゥーの源流となるわけだが、タトゥーの源流には、顔料を使用したボディ・ペインティングがある。これは、現在でもアフリカ諸国、アボリジニ、北南米先住民などの間で、広く行われている。

　これらのタトゥーは、場所や時間は異なってはいるが、ある一つの目的がその中に存在している。

　それは、自らと自らの種族を残すこと、生き残るということである。

　疫病や猛獣、自然災害や天変地異から身を守るための知恵として、呪術は生まれてきた。抗《あらが》いきれない強大な力の前で、為す術《すべ》もなく死んでいく家族たちを目の前にして、人間たちは何千年もの間、呆然とし、逃げ続け

横浜・彫のぶ

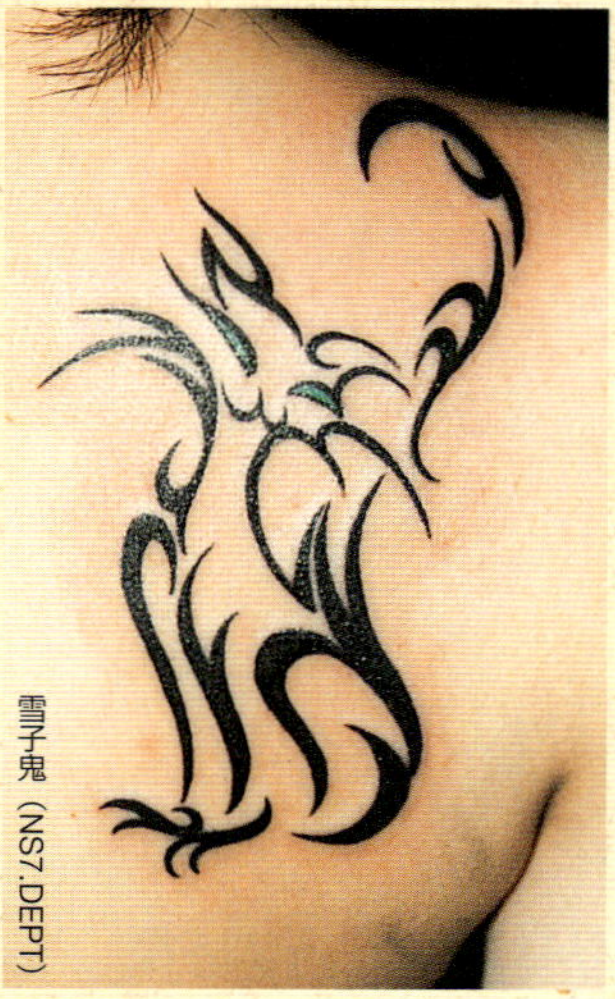

雪子鬼（NS7.DEPT)

てきたのだろう。

しかし、その中の何人かが、恐怖に耐え、勇気を持って自然と対峙《たいじ》し、それを見続けた。彼らの何人かは、自然の力の中にある姿を見、メッセージを聞いた。それは、森羅万象の法則そのものであり、それに従い、あるいは利用することで、人間の生命力を高めようとしてきた。

それが呪術であり、その一つが文身だったのであろう。

自らの身体に、森羅万象に潜むあらゆる力の主を描き、身にまとうことで、その力を自らのものにしていく術こそ、文身だったに違いない。

さまざまな環境と共生し、生き残ってきた人間たちは、部族を形成していく。彼らは、何千年もの間、彼らを生かしてくれた自然の力と祖先の魂から得た知恵を、各々の呪術として体得していく。

やがて、それぞれの崇《あが》める力を表すシンボルを身にまとうようになる。

部族の中にさまざまな役割を持つ者が現れ、各々のシンボルを身につけていく。

部族の長は、彼らの守り神である最高神のシンボルを、呪術師には宇宙の使いとしての印を、勇者には力の象徴を、母子たちには守り神たちを文身してきた。何千年もの間、彼らは自然の力と共生しながら生きてきたのだ。そして、各々の力を合わせ、彼らの身体に描かれたシンボルが結集したとき、その部族がともに生きてきた宇宙と一体化できたのだろう。

トライバル・タトゥー。

それは、紛れもなく部族の誇りである。数えきれないくらいの日々を生き抜いてきた彼らの誇りなのだ。

雪子鬼（NS7.DEPT）

雪子鬼（NS7.DEPT）

Technology and knowledge

TATTOOの技術・知識

① 彫り方の手法は大きく分けて、針を手で突く「手彫り」と、タトゥー・マシーンを用いて彫る「機械彫り」がある。現在は機械彫りの方が多いようだが、手彫りの方が発色が長時間保たれるとも言われている。タトゥー・マシンは誰でも手に入れられるが、素人が扱うと思わぬ事故が起きることが予想されるので自分で彫ることはオススメしない。

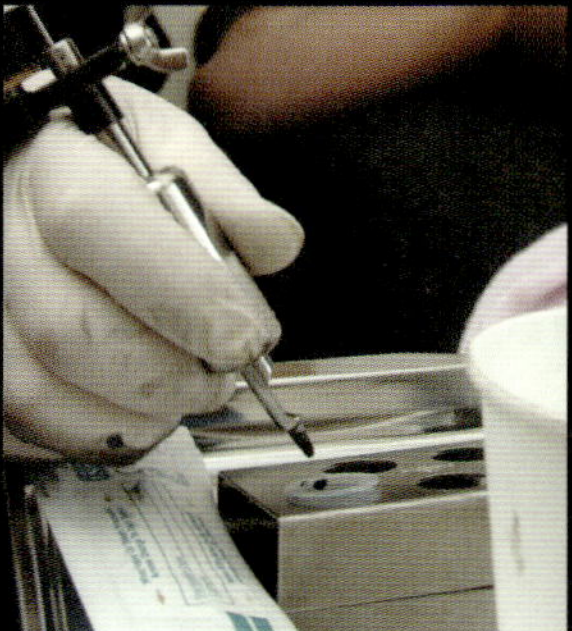

② 細密な絵柄を表現するために、色数はかなり多くある（写真は彫のぶ氏所蔵のほんの一部だ）。針先にちょこっとつけて、入れていく。

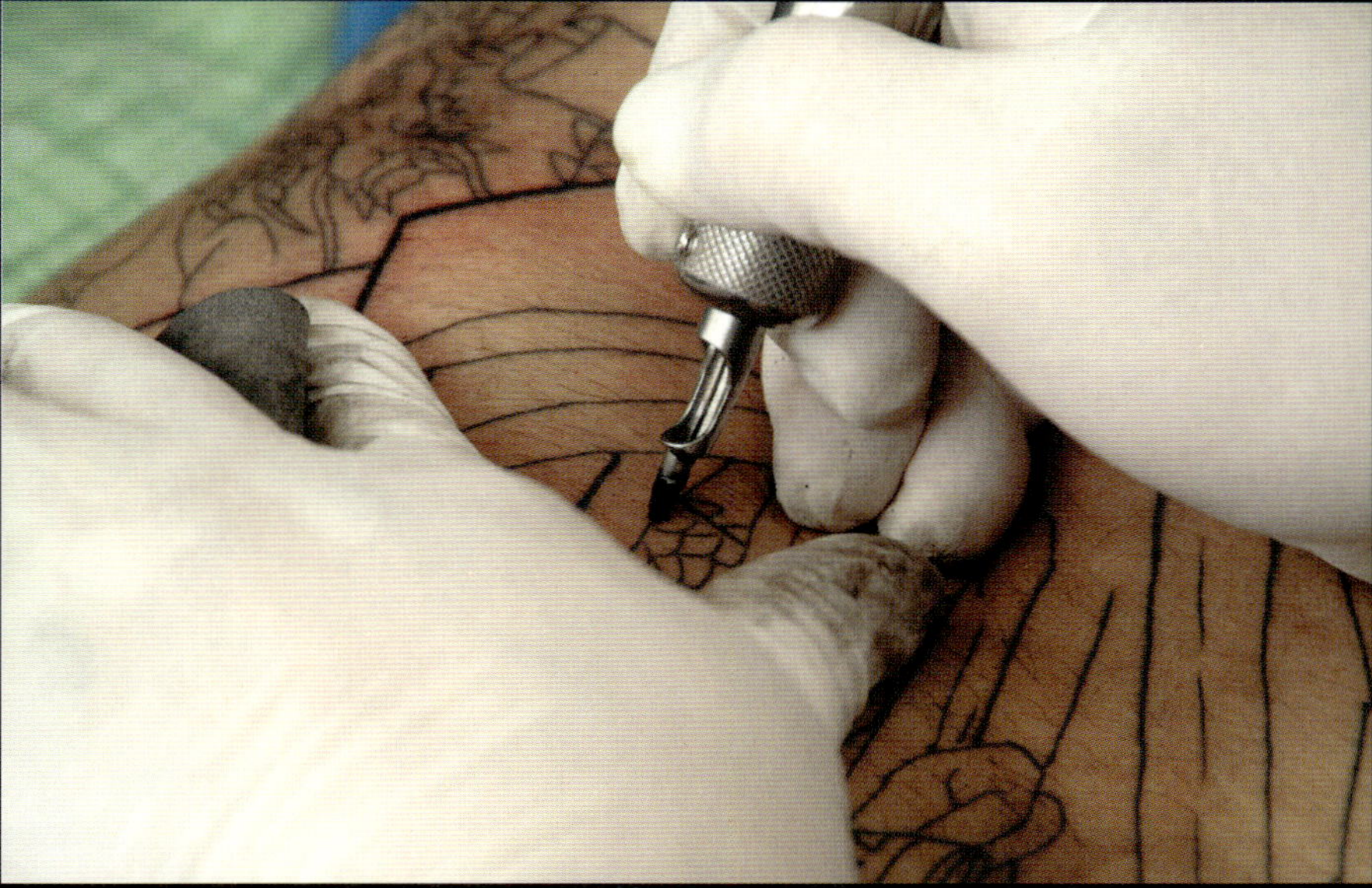

③ 一般的に、針は斜めに２ミリほど刺しながら皮下組織にインクを入れていく。ヒップや足首から下、脇腹など筋肉のない部位に彫ると痛いという意見が多い。また筋肉質であっても、背骨の上、胸部中央、胸骨の真上あたりは肉が薄いのでかなり痛い。

④ タトゥーに用いられるインクには、ブラックライトを照らすと光るものもある。

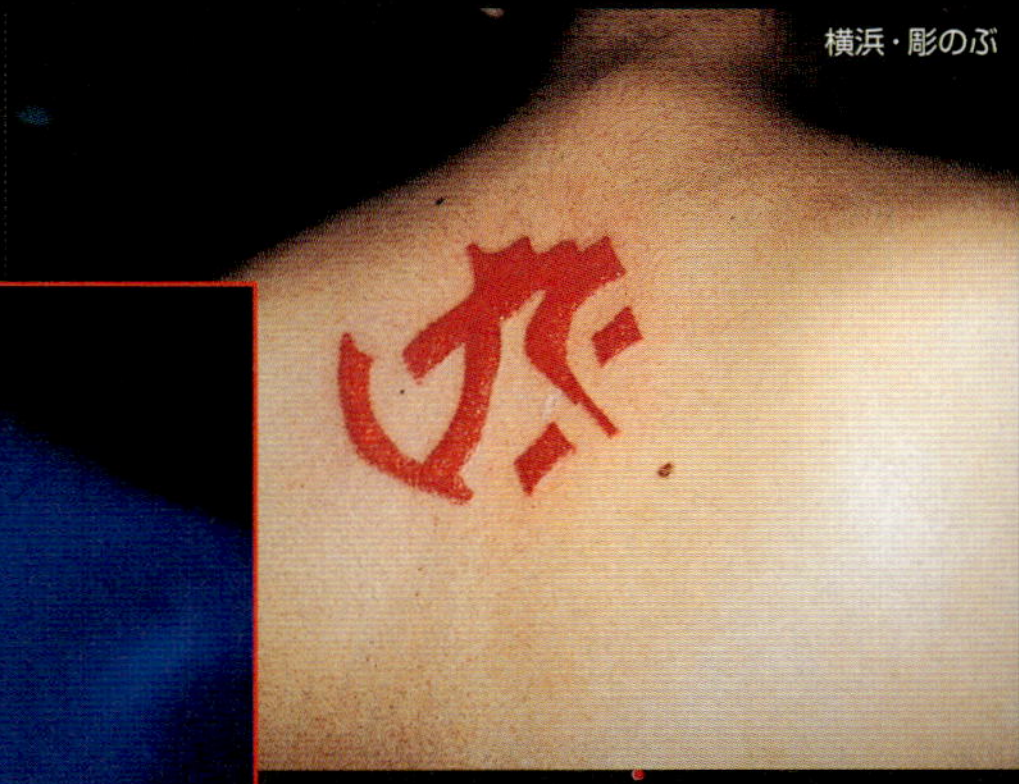

5 写真は、ブラック＆グレイで彫った絵柄に、数カ月後に色を付けたもの。彫った後に、「やっぱり色があったほうがいい」との女性の要望で入れたという。一般的に、濃い色の上から薄い色を入れることはできない。また入れる色にもよるので彫師に相談してみよう。

6 今あるデザインの上から、別のデザインのタトゥーを彫ることを、「カバーアップ」という。最初に入れたタトゥーのすぐそばに別の絵柄を入れて、別のデザインに見せる方法もある。だが本来は、カバーアップすることがないように、絵柄や彫師をしっかりと選ぶ必要がある。

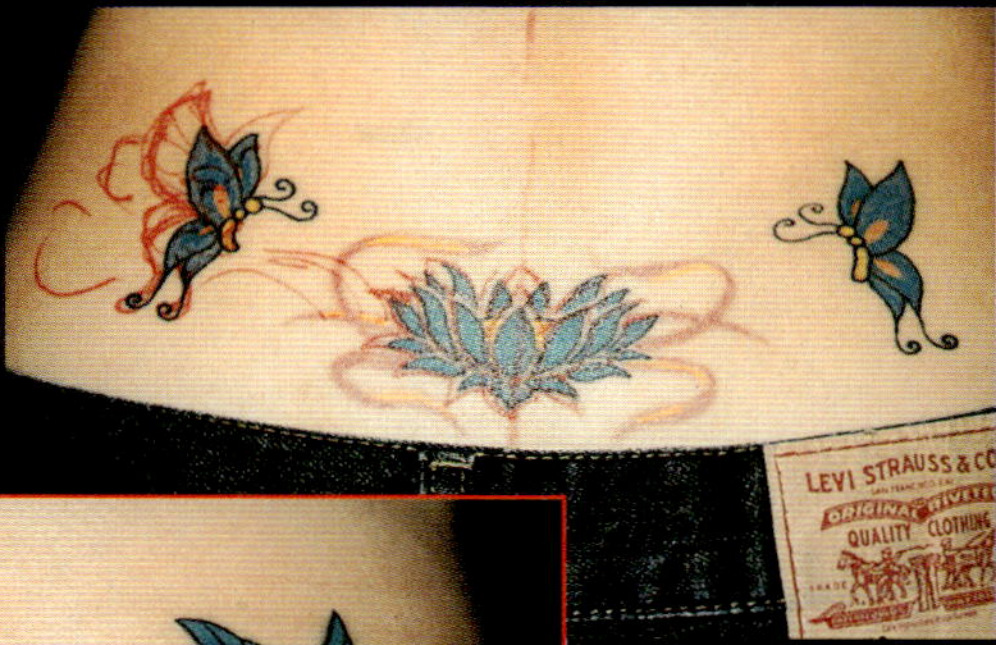

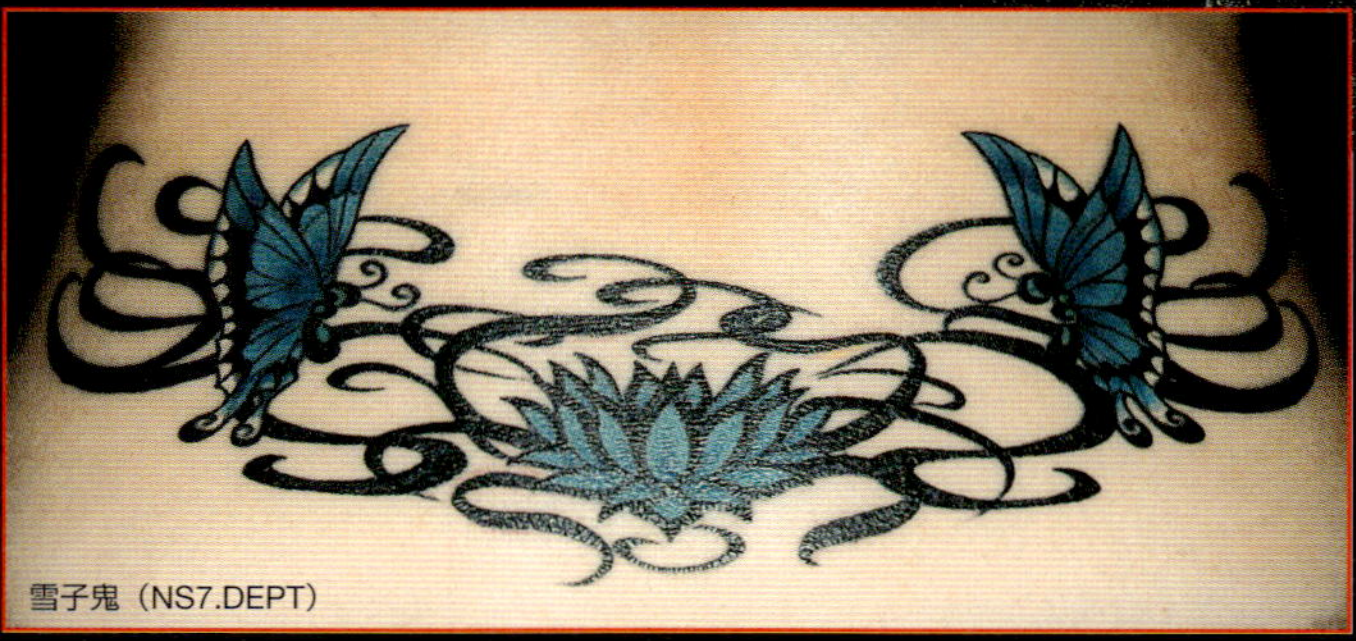

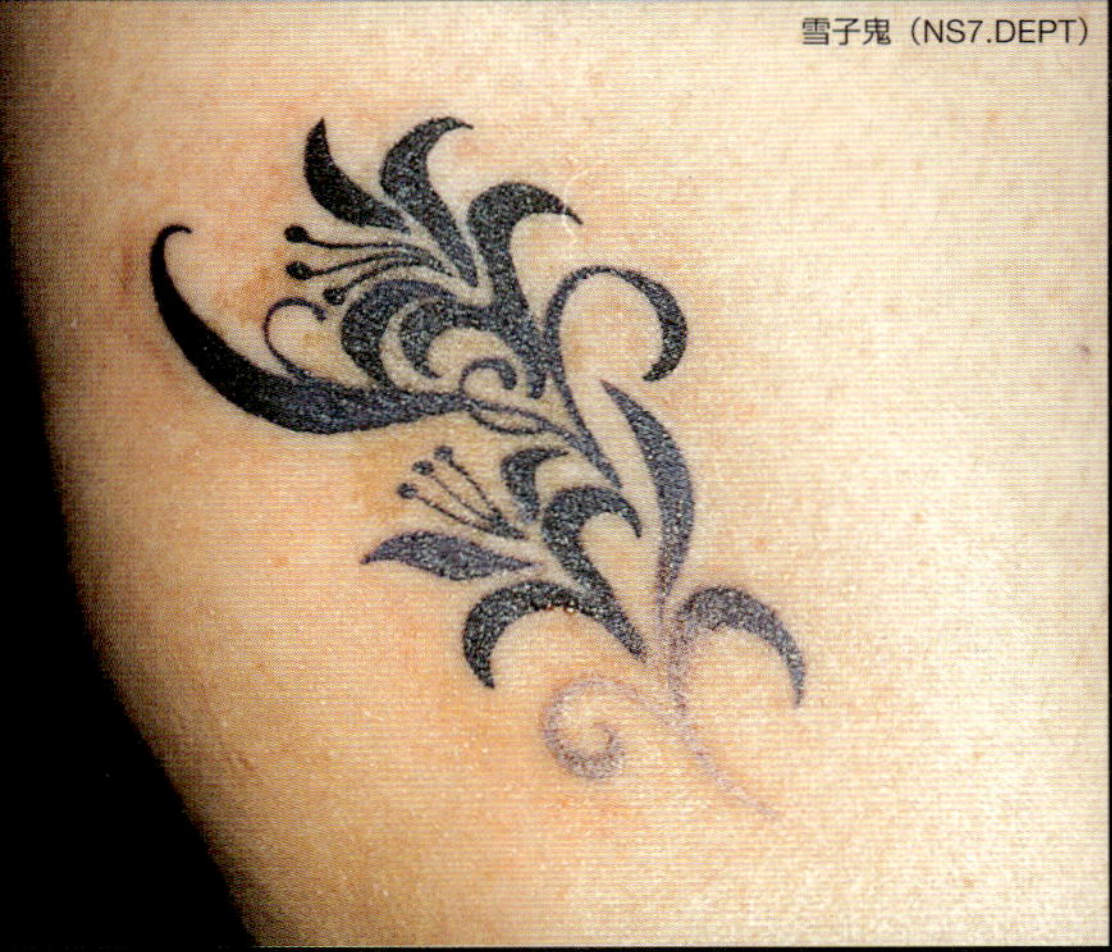

雪子鬼（NS7.DEPT）

7 気になる体の傷跡やあざを隠す手段としてのタトゥーもある。ただし、傷跡などの上から入れた場合は、色が滲みやすいこともあるので、注意が必

浜・彫のぶ

タトゥーはまず「筋彫り」と呼ばれる作業から始まる。墨で絵柄の輪郭を彫るのだ
これはその中に入れる色が絵柄の外に滲み出
ようにするためでもある。

雪子鬼（NS7.DEPT）

8 右の翼は彫って数週間が経ち、色が落ち着いた状態。左は彫った直後で、出血や腫れが原因で赤く見える。彫ったあとのスキンケアは肌のコンディションや肌質によっても変わるので、彫師によく相談すること。

古代、タトゥーは人間である証だった

人間は、いつ頃からタトゥーを入れ始めたのだろうか。

約4000〜5000年前のものとしては、エジプトの王家の墓から発掘された巫女《みこ》などのミイラから確認されている。しかし、タトゥーの歴史は遥かにそれを遡《さかのぼ》るのだろう。

1991年9月19日。標高3200メートルのアルプスの氷河の中で不可思議なミイラが発見された。アイスマンと名付けられたそのミイラは、英オックスフォード大学ロバート・ヘッジス博士によって調査された。

アイスマンは、約5300年前の新石器時代の男性であることが判った。岩のくぼみと氷河の間で凍結乾燥し、ミイラとなったアイスマンの所持品を調査したところ、先端の刃が銅を鋳造して作られたと思われる斧をはじめ、我々が考えていた以上に非常に高度な文明を持っていたことが判明した。そして、彼の腰や手首、膝には、入墨のような痕《あと》があったと報告されている。しかしこれは、鍼《はり》治療の痕と考えられるようだ。

新石器時代に、すでに鍼治療が行われていたとするその報告は、驚くべきことである。この当時、すでに鍼治療が行われていたのならば、アイスマンの生きていた5300年前よりも遥か昔に、タトゥーは行われていたと考えられる。

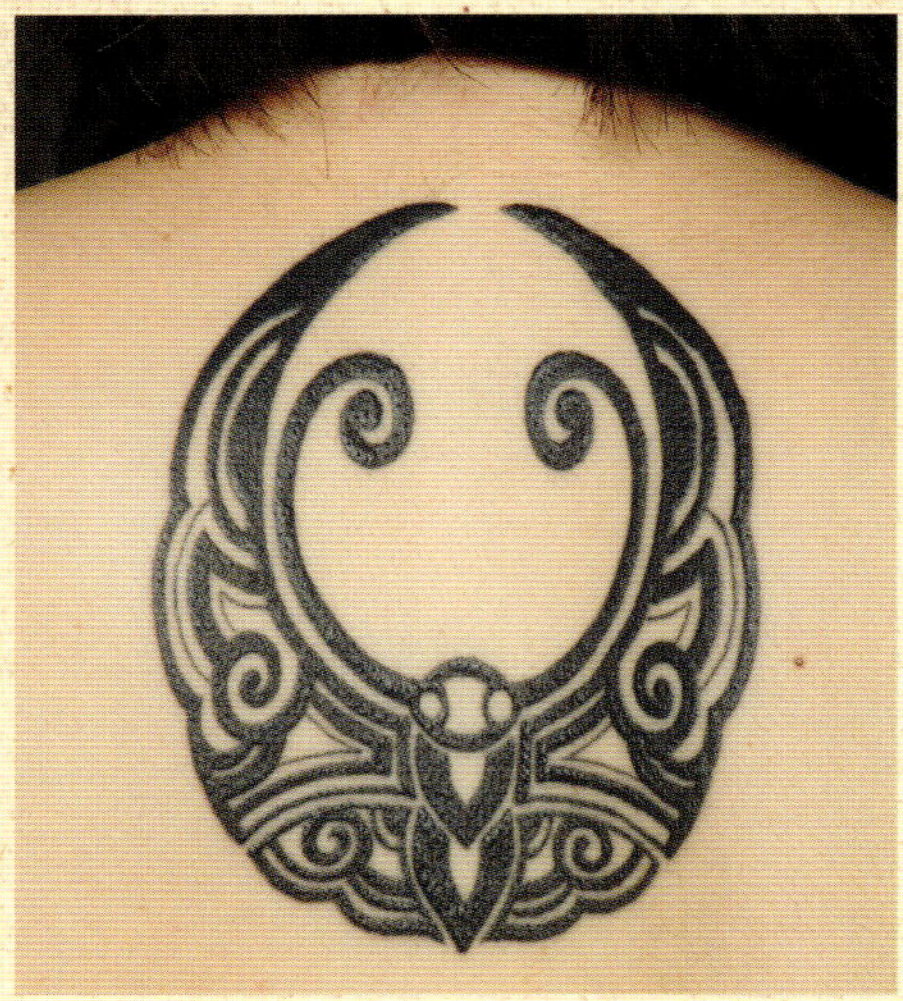

もしかしたらタトゥーの歴史は、旧石器時代にまでも遡ることができるのかもしれない。

ラスコー洞窟や、アルタミラ洞窟に描かれた壁画を見てみると、それと同じものを自らの身体にも描いていたとは考えられないだろうか。カスピ海北岸の洞窟で発見された、ネアンデルタール人の墓には、故人に手向《たむ》けられた花束の花粉の化石が発見されたという。墓の主は、一族の中の呪術師であろうといわれている。彼らは生と死というものを、完全に認識していたのである。

旧石器時代のネアンデルタール人が、皮膚下に染料を刻み込んだかどうかは知る術もないが、少なくとも、新石器時代に生きてきたクロマニヨン人であるアイスマンには、明らかに身体に鍼を施した痕が確認されている。そう考えると、紀元前1万年前後に人類がすでにタトゥーを入れていた可能性は十分にある。

つまり、人類が文明を手に入れたときにはすでに、タトゥーは存在していたということだ。人間は、衣服をまとい、装飾物を身につける行為とともに、タトゥーを施してきたのである。

日本でも、縄文時代の土偶の紋様から判断すると、古代の日本人がボディ・ペインティングかトライバル・タトゥーを施していたことが判る。神武天皇の身体には一面に文体が施されていたという伝説もある。

神代の時代。自然と、宇宙と一体となって生きていた人類にとって、タトゥーは人間である証だったともいえる。

移動する民と留まる民

文明が生まれると、タトゥーはさまざまな制約を受け始める。

文明社会は、タトゥーをある限られたポジションの者だけが入れる印としようとしてきた。それは、何故なのだろう。

文明とは何か。どのように生まれてきたのか。それは、広範囲にわたって、人類が莫大な食物資源を手に入れたことから始まった。

「ナイルの賜物《たまもの》」といわれた、エジプト文明。チグリス・ユーフラテス川流域の肥沃《ひよく》な大地から生まれたメソポタミア文明。インダス川や黄河流域からも文明が生まれた。

例えばメソポタミアでは、一粒の種麦から中世ヨーロッパの16倍以上の小麦が収穫されたという。それぞれの人口を比較しても、比べものにならないほどの豊かさだ。

多くの人間が、その地に留まり、小麦が成長していく様を眺めているうちに、農耕が起こっていったのだろう。豊かな収穫により貯えられた穀物は、やがて富となり、文明の礎《いしずえ》を築いていく。社会は、部族を越えて再構築されていく。生死をともに生きてきた時代から分業の時代へと、人々の生き方は変化していった。

王は王として、祭司は祭司として、その役割を全うしていく。

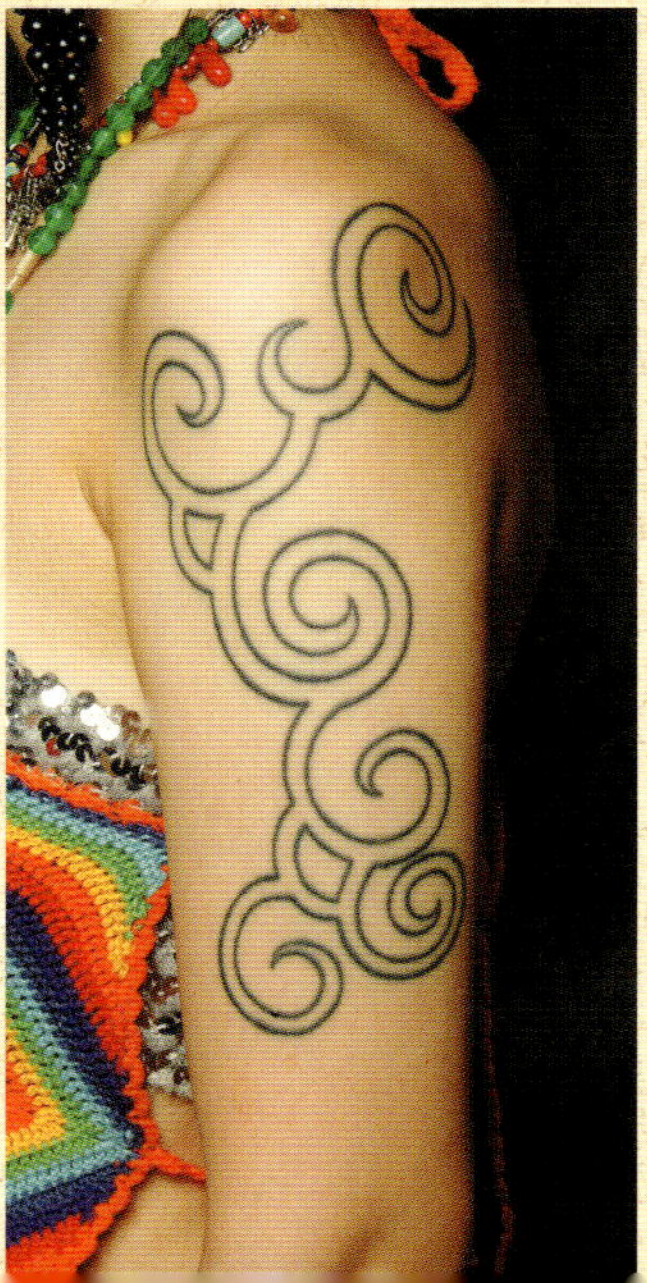

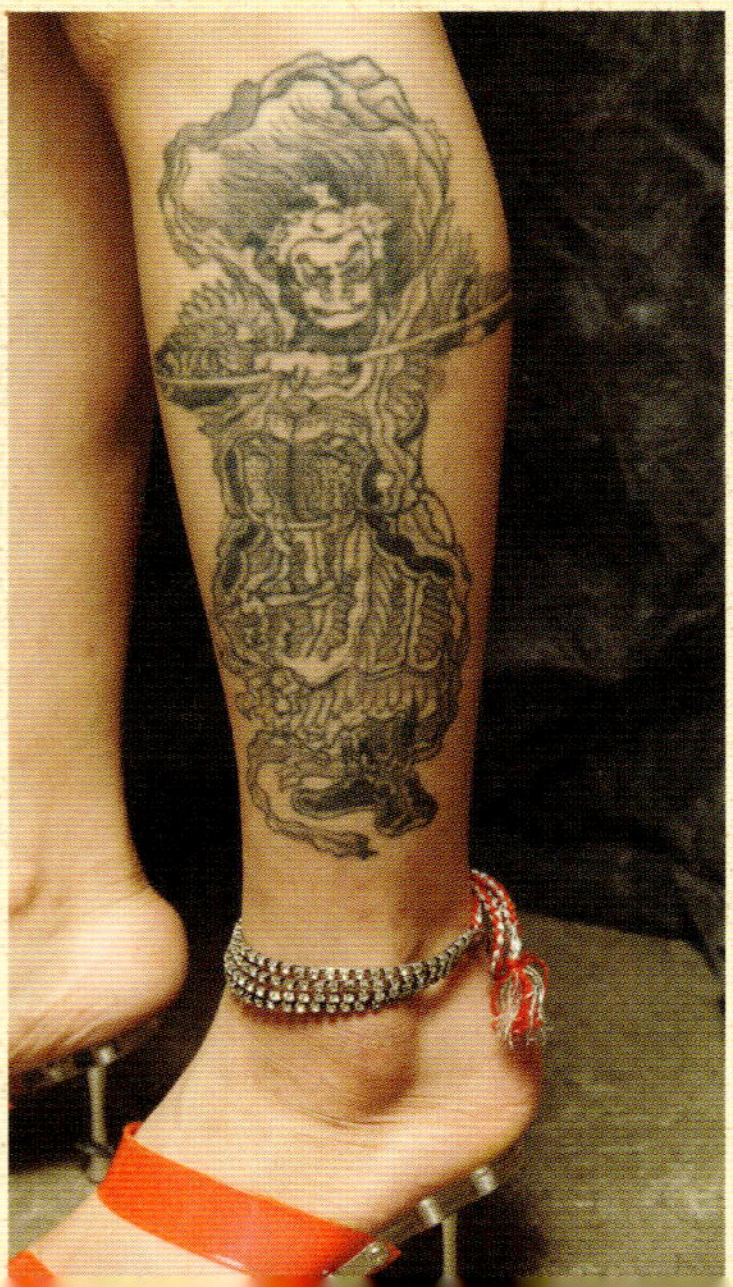

大地を耕す者たちもそこから授かる莫大な恩恵に十分満足していたはずだ。以前ほど自然の脅威に晒《さら》されずに生きていけた。

そんな生活の中で、人々はボディ・ペインティングを、あるいはタトゥーを施しただろうか。王族や祭司や一部の役割を持つ者たち以外には、それらと無縁になっていく民たちも出てきたのではないだろうか。

一方、文明と文明とを繋ぐ民たちも存在していた。羊飼いや海の民たちである。彼らもまた、文明の発達とともにその行動範囲を広げてゆき、騎馬民族として、海洋民族として地球上を駆け巡っていく。

彼ら、騎馬民族や海洋民族などの移動する民にこそ、ボディ・ペインティングではなく、タトゥーが必要だったのではないか、と僕は思う。

日々、移動しながら暮らしている彼らにとって、汗や雨や、ましてや荒波などにあってはせっかく描いたボディ・ペインティングも数日で消えてしまうだろう。しかし、土地を耕す民たちと違い、彼らのように移動する民にとっては、文身は大切なものだった。自然の中で生きていくそのライフスタイルは、太古の時代と何ら変わりはなかったのだから。

そんな中で彼らは、大海原でも荒野でも決して消えることのないタトゥーを、発達させていったのではあるまいか。その歴史の中で、彼らのタトゥーはより一層、部族の誇りとして高められていったに違いない。

トライバル・タトゥーの源流は、メソポタミアやエジプトやインダスを結んできた海の民、カルタゴやバイキングやラピタ文明に遡るはずだ。

さらに、草原を駆け巡るスキタイ人の末裔《まつえい》たちによって、地球上に幾重にもトライバル・タトゥーの痕跡が残されてきたのだろう。

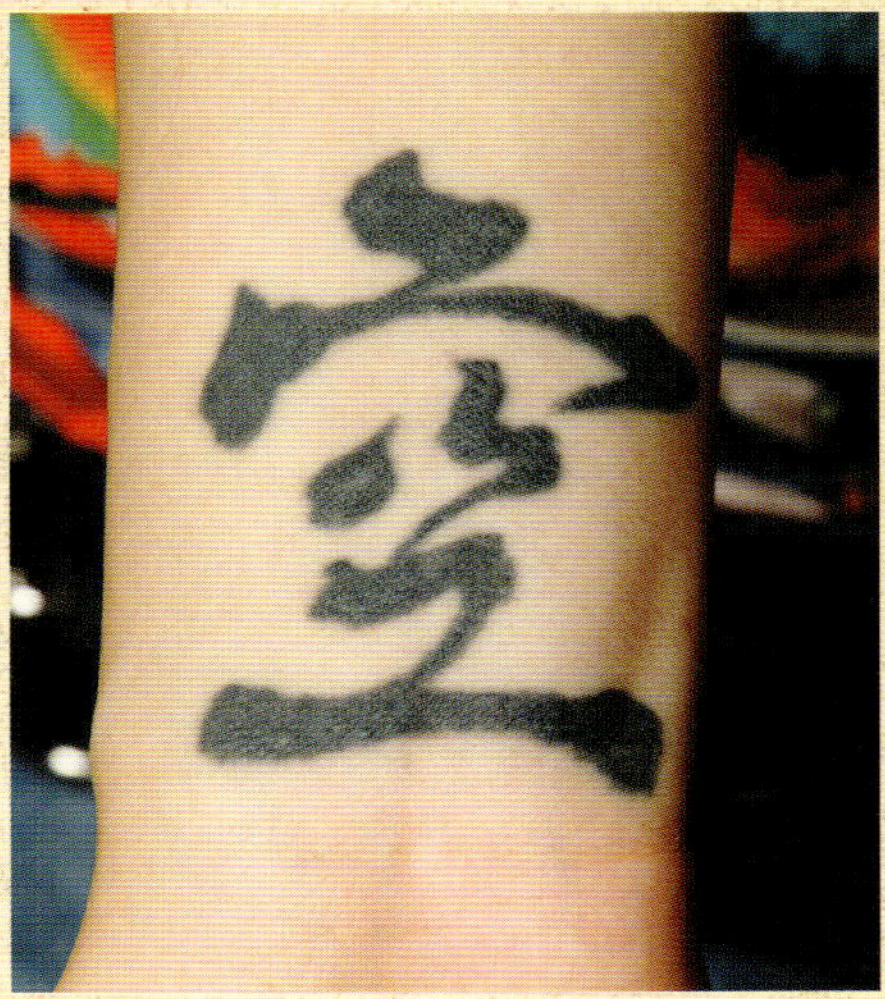

ファッション・タトゥーでネオ・トライバルになる

僕たち日本人は、海洋民族であり、同時に騎馬民族の末裔でもある。そしてタトゥーの源流は、海洋民族とモンゴロイドの中にある。

日本神話。特に国生み神話の源には、日本の海民や東南アジア、ポリネシアの海洋民族、蒙古語族とも共通したものがあるといわれている。それはとりもなおさず、日本人がトライバル・タトゥーの源流に生きてきたということを物語っている。

日本のイレズミには、大きく三つの方法と意味があり、各々に異なる漢字が充てられている。いわゆるボディ・ペインティングは「絵身《かいしん》」、傷跡を文様のように残すものが「瘢痕《ばんこん》」、そして、鍼によって染料を入れていくものは、第一章でも述べた通り、「文身《ぶんしん》」「入墨《いれずみ》」「彫り物」「刺青《しせい》」、そして「黥涅《げいでつ》」などの呼び名がある。

広い意味でのイレズミには、これら三つの行為が含まれているのであるが、これらの行為も、紋様や入れる方法は異なってはいるが、文化人類学的に見ると、トライバル・タトゥーと呼べるのではないだろうか。

近代の歴史を振り返ると、タトゥーは男性社会のもののような印象を受ける。しかし、人類の歴史をひもといたとき、そこには性の区別はないようだ。性別を超えた精神性や社会性の向こう側に、タトゥーは存在した。

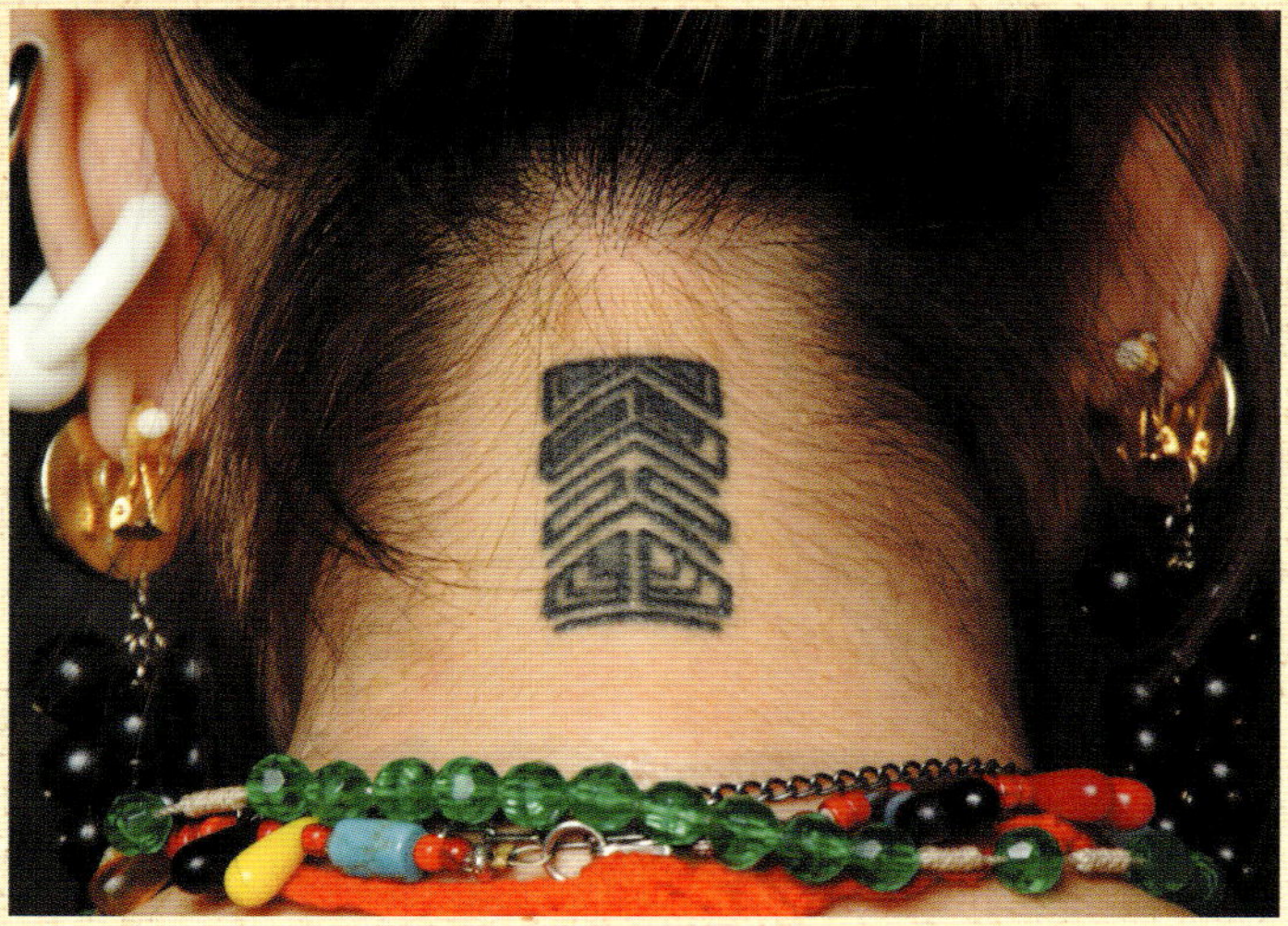

近年、男女の区別なく、多くの若者がタトゥーを入れている。タトゥーを入れようとするときに感じる戸惑いや周囲の声は、10年前とは比較にならないほど寛容になっている。街を歩くと、若い女性たちの肌に刻まれた、鮮やかなタトゥーを実に多く目にする。

しかし、残念なことにその中には、本人の分身とは言いがたい、決して美しいとは言えないものもある。そんなとき、僕はまるで自分のことのごとく落胆してしまうのだ。余計なお世話なのかもしれない。しかし、僕は敢えて言いたい。女性たちに、美しく、自身を力強くサポートしていく、分身としてのタトゥーを入れてほしいのだ。

現代社会の中で、最もアクティブで、美しく、クレイジーな集団は、日本女性に他ならない、と僕は思っている。彼女たちは、あらゆるタブーを易々《やすやす》と飛び越え、多くのものを自分たちのものにしてきた。それは、すでに十分にカルチャーである。あるときにはキュートであり、ワイルドであり、シュールでさえある。「カワイイ」という言葉が、すでに欧米では「オタク」に続いて、一つの価値観になりつつあることからも、そのパワフルさは推察できる。こんなにパワフルな日本女性たちがタトゥーと出会ったことは、これからの僕たちの未来にとって、象徴的な出来事なのかもしれない。

日本の女性たちが自覚して、あるいは、自覚するためにファッション・タトゥーを入れることは、彼女たちを新たなトライバル（種族）へと転換させていくきっかけになるかもしれない。

タトゥーを入れた彼女たちの姿は、古代日本の卑弥呼をはじめとした女帝たちや呪術師たちに勝るとも劣らない光を感じさせてくれるだろう。

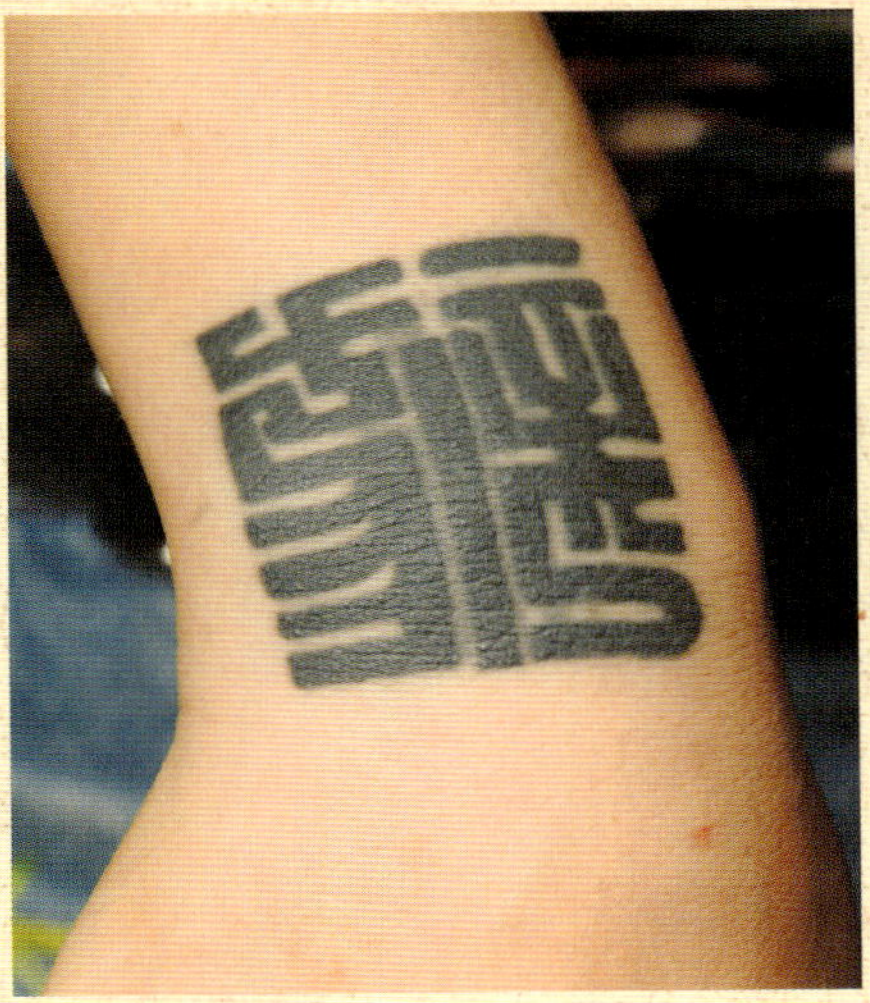

第四章 新旧のアニミズムからシンボルを探そう

TATTOO AGE CHAPTER 4

タトゥーを入れて自由になる

夕暮れの中を、彼女を助手席に乗せて走っていた。

山間《やまあい》のこの道を走っていると、遥か縄文時代から続く日本人のルーツを感じずにいられない。

気がつくと、山の稜線が浮かび上がる。夕闇が近付いている。

「なんかお腹へっちゃったね」と彼女。

「お菓子食い続けた挙げ句がそれかよ」

「だって、走りっぱなしなんだもん」

「運転してるのは俺。君は助手席でしょ」

「でも、ずっと座りっぱなしなんだもん」

「そりゃそうだ。どっかで休憩するか」

「ここら辺て温泉あるんだよね」

「うん、昔からの良い温泉が沢山あるよ。どこかで入っていこうか」

山の背に輝く夕日を背景に、数羽の鳥が飛んでいる。

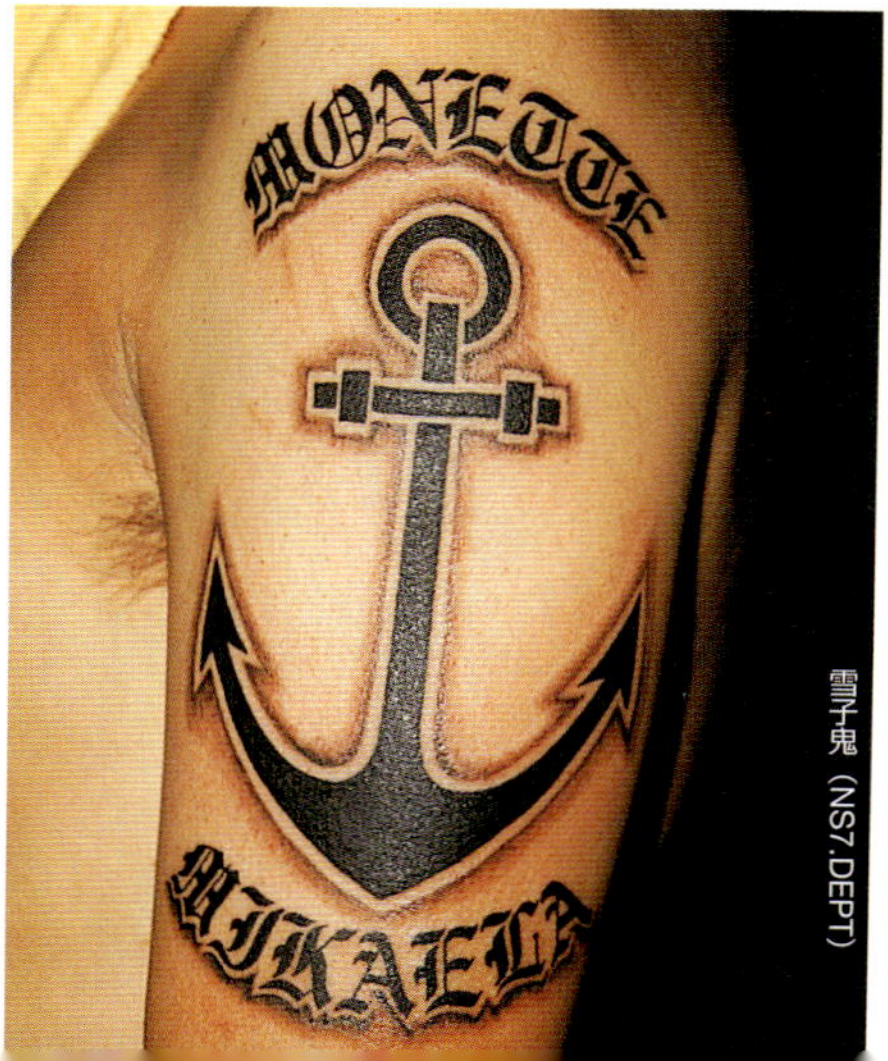

雪子鬼（NS7.DEPT）

「タトゥー入れると、温泉は入れないんでしょ」

彼女が言った。

「うん。温泉だけじゃなくて**プールなんかの公共施設では断られる**こともあるらしいね」

僕は胸ポケットの煙草を探り、一本抜き出すと口にくわえ、ライターを探しながらそう言った。

「誰かのエッセイにもそう書いてあったよ。その人、**腕に小さなオバQのタトゥー**を入れたんだって。それを見られて、断られたんだって。すごく小さなやつなのに」

「偏見だよね。でも、大きさには関係ないんだよ、タトゥーはタトゥーだからさ。日本の社会には、そういう偏見がいまだにあるってことは知っておくべきだよね。日本では、タトゥーを入れて**自由になると同時に、不便なことも受け入れなきゃならないのが現状**だから」

ドアのサイドポケットにあった使い古しの百円ライターを見つけた僕は、苦労して火をつけると、煙を深く吸い込んだ。

「オバQの話を友達に話したらね、『やっちゃったね』っていうんだよ、その人」

「やっちゃった？　何それ」

「うん。流行りのキャラクターや彼氏の名前とかを勢いで入れちゃって、後でアチャーッて感じになっちゃった人のことを『**やっちゃった人**』ってその人たちは呼んでるみたい」

「ふうん。オバQ自体がやっちゃった絵柄だってことじゃないと思うけど、要

するに、**絵柄についてあまり考えずに入れたり、入れた後の自分と自分のタトゥーを受け入れられない人の個人的な問題**だと思うよね」

「彼氏の名前なんかは問題起きそうよね、よっぽど気をつけないと……」

「うん。それと、**入れる場所も、よく考えたほうがいい**かもね。どうしてもタトゥーを隠したい場面に遭遇するときがあるだろうからさ。**首筋とか胸の真ん中とかは、露出していることが多い**から、よく考えたほうがいいかもね。逆に、二の腕や足首はシャツの袖《そで》やソックスとかでカバーしやすいらしいよ」

「そうなんだぁ。何か、いろいろ悩んじゃうよ」

「いいことじゃん。タトゥーを通して、将来のことを真剣に考え始めたってことだよ。滅多にないだろ？　君の人生でそういうことって」

「ひっどーい！　もう口きいてやんない」

「うそうそ、冗談です、ごめんなさい。お詫びに美味い晩飯ごちそうするからさ。この近くに温泉もあるから。それで、許して」

パワーウィンドウを開けると、ひんやりした夜の風が車内を満たしていく。

僕は、ゆっくりとクルマを加速させていった。

横浜・彫のぶ

雪子鬼（NS7.DEPT）

ネイティブ・アメリカンのシンボル

ネオ・トライバルというタトゥーは、トライバル・タトゥーから派生した新しいカテゴリーである。アイヌ独特の模様であるイカラカラが使用されたり、マヤ文明風の蛇が彫られることもある。

古代アメリカ文明でも縄文文化でも、蛇は重要なモチーフであり、古代アメリカ文明では最高神、縄文文化でも最も重要な象徴の一つだった。

蛇のシンボルは、古代アメリカ文明では土器その他に写実的に描かれているので、一見してそれと分かる。縄文では、土器それ自体が蛇であると考えられていた。蛇をイメージしたと思われる粘土紐《ひも》を土器の周囲につけたものが、広範囲に出土している。

不滅の愛と賢い知恵を授けてくれるのが蛇である、と考えたのは古代のエジプト人である。彼らは、とぐろをまいた蛇を、永遠に終わりのない「環」の形とみなしたのだ。また蛇には豊作をもたらし、地上の悪を退治し、物事の本質を見抜く知恵があると信じられていた。

一つのシンボルが、実に多用な意味を持っている。

もちろん、ネオ・トライバルでは、部族的な意味を必要以上に強く意識する必要はない。蛇は蛇だ、という考え方もあるだろう。

だが、そうはいっても、図案が持つ意味を知ればさらに可能性が広がるような気がする。地球上には無数の部族が存在し、

雪子鬼（NS7.DEPT）

横浜・彫のぶ

それらすべてを合わせれば星の数ほどのシンボルがあるだろう。

ここでは、最近とみに人気のネイティブ・アメリカンのシンボルに注目してみたい。

日本でも、アメリカにはインディアンと呼ばれる人々がいると信じられてきた。だが、このインディアンという呼び名は、アメリカ大陸にたどり着いたコロンブスがそこをインディアス（アジア大陸）だと勘違いしたために生まれたのだ。つまりインディアンというのは、アメリカ先住民に対する、偏見と誤解に基づく呼び名なのだ。

インディアンという民族は存在せず、ナバホ族、ホピ族、ズニ族、プエブロ族といったトライバルが存在するだけだ。北米大陸の面積は約２４００万平方キロもあり、大陸内の気候や風土もさまざまだ。その分だけ種々多様な生活様式と言語を持つ先住民の部族がいるわけだ。コロンブスが初めてアメリカにやってきた頃、北米には五百以上の異なる言語が存在していたという。

ネイティブ・アメリカンたちは、長い間、迫害と差別を受け続けてきた。今なお偏見は根強く残っている。だが、「ホピの予言」が人々の関心をひいているのを見ても明らかなように、物質文明に行き詰まった21世紀の今こそ、彼らの知恵から汲み取るべきものは多いような気がする。

ホピ族はアメリカ南西部に住む一部族だ。

彼らが描くデザインは単なる図案だけで構成されたものでなく、人生観、宇宙観をも表している。アクセサリーも単なる装身具ではなく、神話や宇宙観を閉じこめた呪物・守護物であり、人々の魂を守る儀礼的な役割もある。

タトゥーとして彫り込まれている紋様や図形の一つひとつが、自然観や宇宙観を表す象徴なのだ。

ここでは、ホピ族やナバホ族、ズニ族やプエブロ族が持つ代表的なシンボルとその意味を紹介しようと思う。

❶カチナ

カ（尊ぶ）チナ（霊）。「人は死ぬとカチナになって宇宙から次の宇宙に移り次の世界で人を助ける者として戻ってくる」といわれる、ホピ族の精神世界に住む精霊である。

❷サンフェイス

サン（太陽）の象徴。太陽が人間世界の創造者。サンゴッド・サンカチナも存在する。

❸ベア（熊）

強さ、力、権力の象徴。ホピ族の中でも最初のクラン（族）が熊族（ベアクラン）である。

❹スパイダー（蜘蛛）

地道に努力を続けて事を成す、成就などの意味がある。蜘蛛が巣を作り上げていく姿から、そう言われている。現在のホピ族では、ベアと並べて使うことで成功を意味する。

❺狼の足跡

権威、リーダーシップを表す。

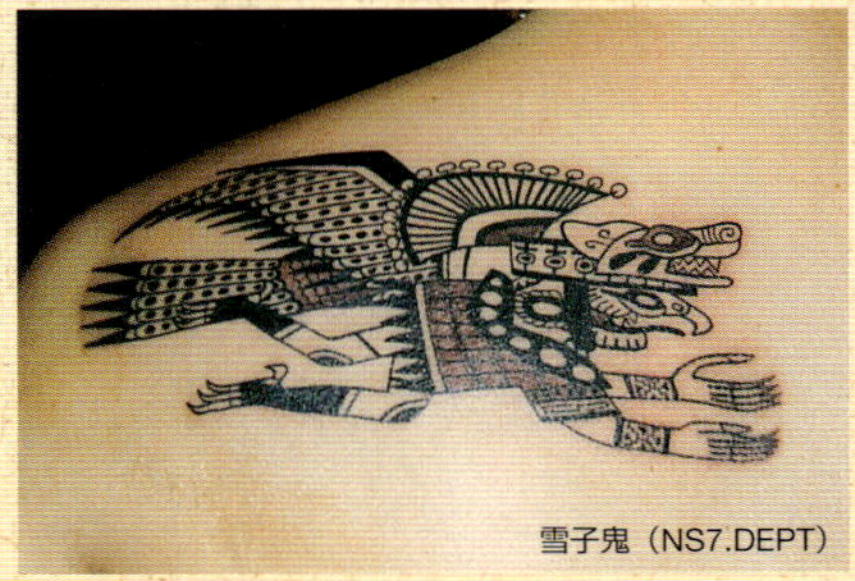

雪子鬼（NS7.DEPT）

❶

雪子鬼（NS7.DEPT）

❷

❸

❺

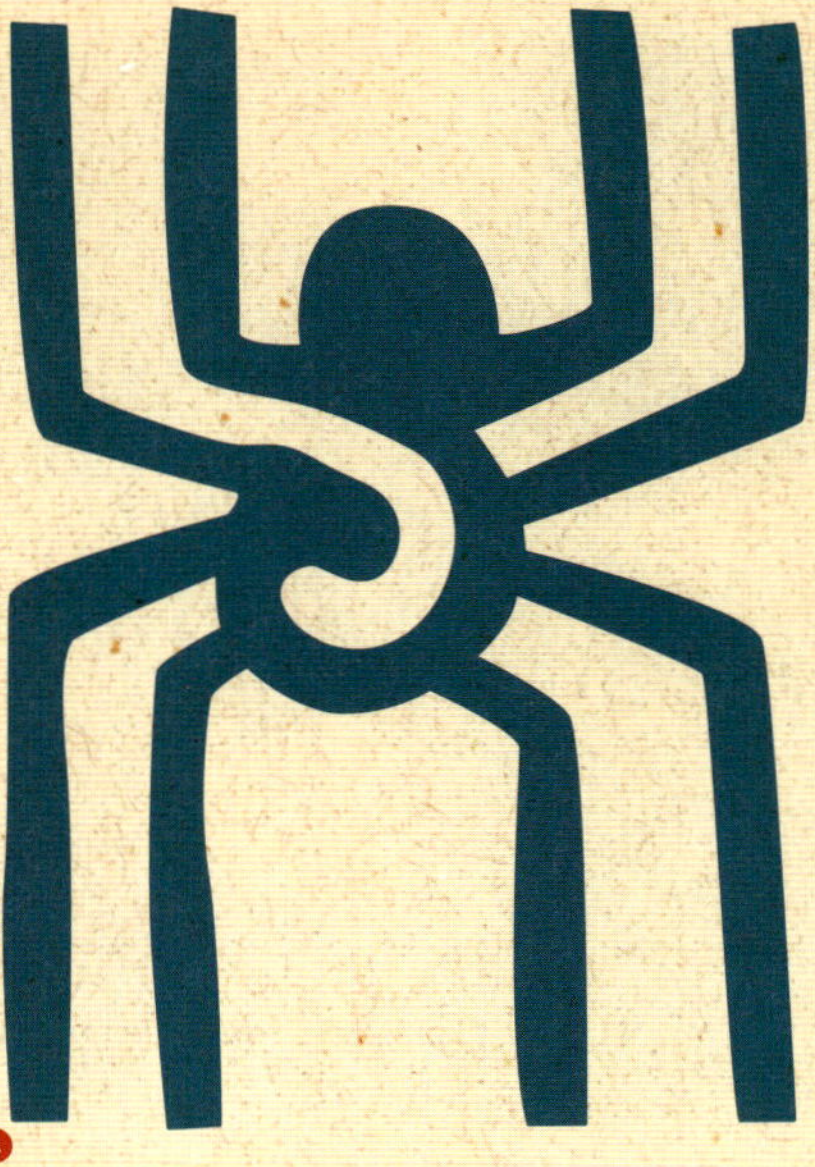

❹

❶蛇
治癒や宗教的目的に使われた。稲妻、男性器、スピード、見つからずに移動することを表すシンボルでもある。

❷亀
死を避けられるという意味を持ち、尊重された。強さ・肥沃・長命・忍耐などのシンボル。

❸熊の足
魂の存在を表すものとされ、リーダーシップ、権威の象徴でもある。

❹コヨーテ
物事を見つけ出すのに優れた能力の象徴。特に好ましくないことの前兆を表すことが多い。

❺羽根
祈り、閃《ひらめ》きの源、名誉、想像力の強さの象徴。鷲の羽根は神を称え、人との橋渡しをする意味を持つ。ガチョウは長距離にわたる旅をするため、弓矢につけられた。

❶

❷

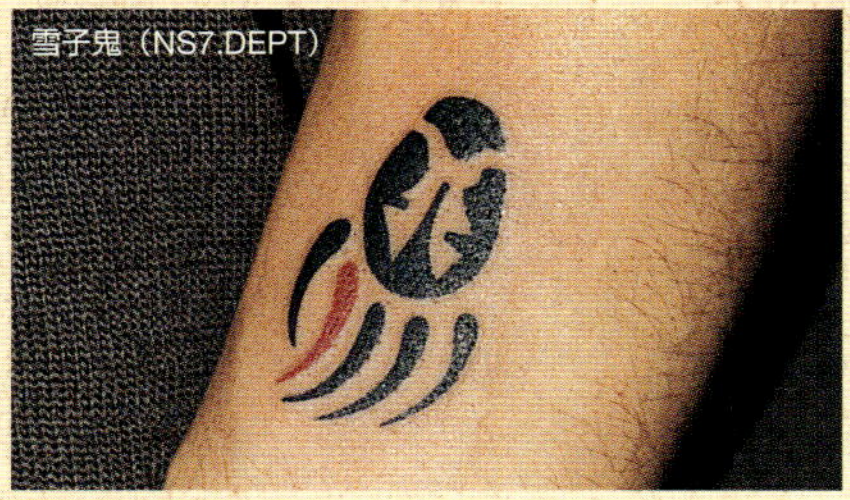

❸

❹

❺

❶鷲

多くのインディアン部族が勇気、知恵、神との特別な繋がりを持つものとして、鷲を尊重している。祈りを運ぶ空の主でもある。

❷フクロウ

暗闇や夜と関係することから、不吉な前兆とされる。ズニ族はフクロウを賢人たちの魂と呼び、死人の変身した姿と捉えている。フクロウは静かで、優れた狩人だ。

❸七面鳥

その羽根は宗教的な用途に用いられる。貴重な食物の象徴でもある。

❹太陽

生命の起源、温かさ、成長、すべての良いものの象徴。サウスウェスト地方のインディアン部族の暮らしの中に、さまざまな形で見受けられる。

❶

❷

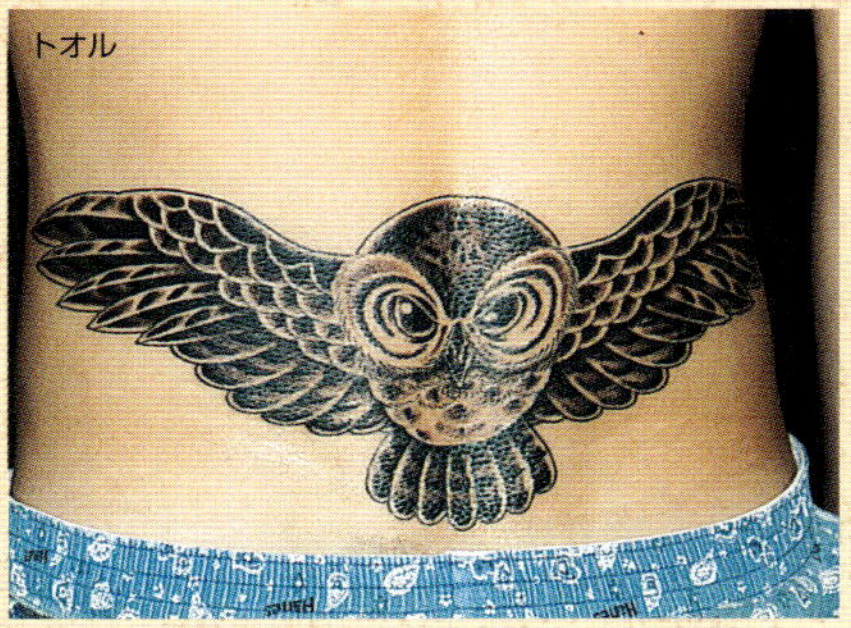

❷

❸

❹

❹

❶明けの明星

夜明けの地平線上に最も鮮やかに輝いている星。ほとんどのプエブロインディアンは、重要な精霊として称え、平原インディアンは勇気と精神の浄化につながるサインとして大切にしている。

❷雲

雨や稲妻なども意味し、変化、生まれ変わり、肥沃の象徴でもある。雲は雨よりも大きな恵みをもたらすと考えられている。

❸矢

通常、方向性や力、移動、野性的な生命力の強さなどの象徴。多様な形で表される。

❹メイズ（迷路）

人生の選択を表す。生命のサイクルや永遠の流れ、人間が常に直面する人生の選択を意味する。どれほど道が険しく長くても、正しい選択はすべての物事との調和につながるという教えが内在されている。初めに、アリゾナのパパゴインディアンが用いたデザインだといわれており、現在ではホピのジュエリーでよく見かける。

❺手

人の存在を表し、その人の作品、業績、歴史などの象徴でもある。

❶

❷

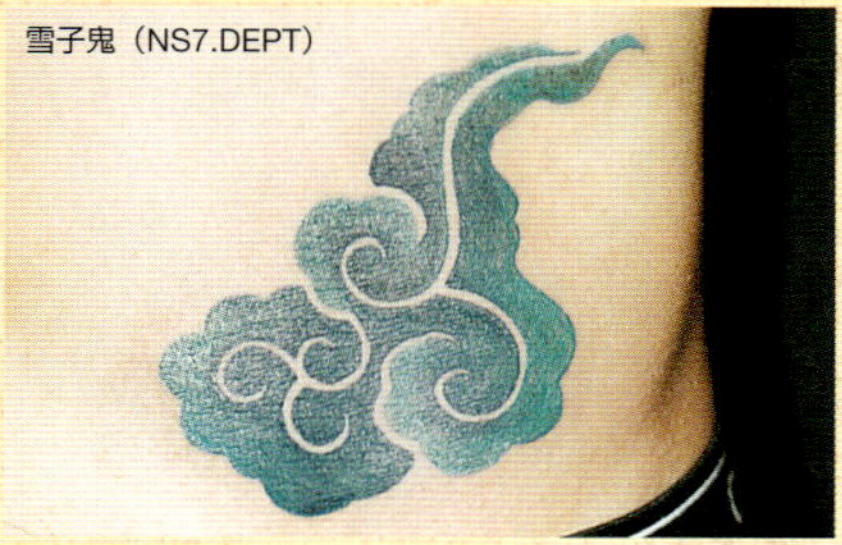

❷

❸

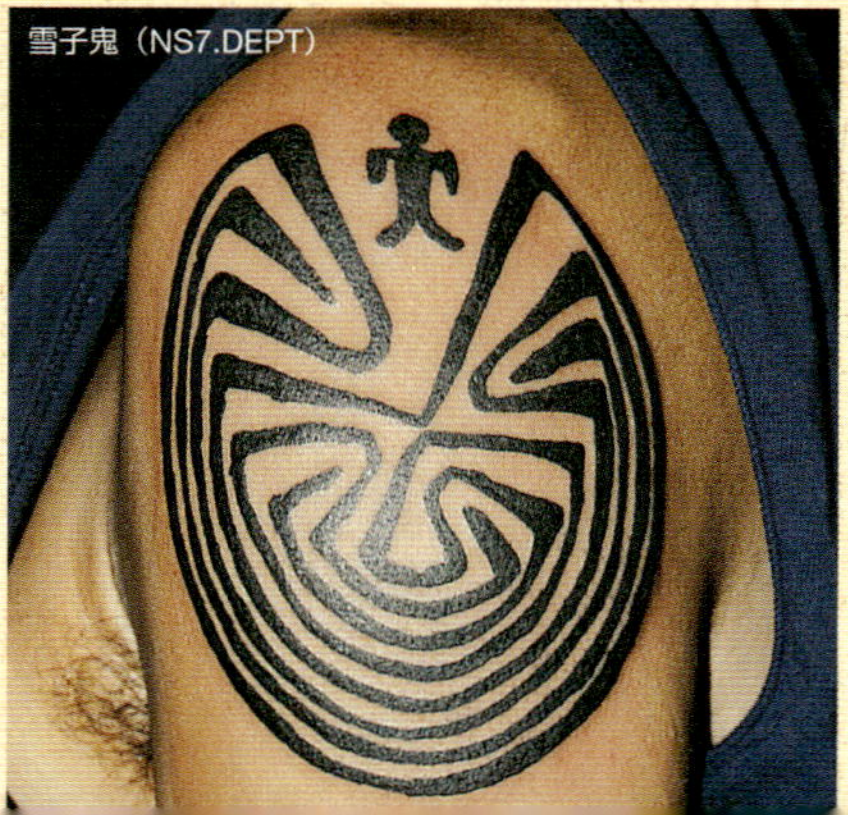

❹

❺

❶道化師
常、良い存在、良い時間、実りの象徴。多様なデザインの道化師が存在する。その中でも、マッドヘッド（泥頭）という絵が有名である。

❷ココペリ
種を撒《ま》く人、水を遣《や》る人で、豊穣のシンボルとして、サウスウェストでは共通の意味を持つ、最もポピュラーなシンボル。カチナの一種として大切にされており、フルートプレーヤーやグラスホッパーという名でも呼ばれることがある。

❸ボーダー・スパイラル
螺旋《らせん》、旋風、リニューアル、水、春の象徴。

❹ボーダー・ステップ
ステップ、方向、変化の象徴。

❺ボーダー・ウェーブ
水、命のサイクル、リニューアル、春の象徴。

❻ボーダー・ウェディング
男女、昼と夜、雲、景色、地平線の象徴。

❶

❷

❸

❹

❺

❻

ファッション・タトゥーのシンボルとは何か？

さて、ネイティブ・アメリカンのシンボルとその意味はさすがというか、すごい。

日本のアスファルトの上を歩いている僕らは、どことなくコンプレックスを抱いてしまう。

「いっそのこと、ぜんぜん関係のない図案を入れようかな」

そう感じる人も多いのではないだろうか。

だが、ちょっと待ってほしい。

ファッション・タトゥーにもシンボルは存在するはずだ。それは、さまざまなトライバルや文化の中で培われてきた特別な形、とでもいったものだ。そして、それは原始にも通じる、いわば現代のアニミズムとでも表現するしかない心の在りようから生まれてくるもの、あるいは掴み取られてくるものなのだと思う。

ネイティブ・アメリカンたちのシンボルが古代のアニミズムから脈々と続いているものなのだとしたら、ファッション・タトゥーのシンボルとは現代的なアニミズムにおけるアイテムなのだ。

そんな形、シンボル、意味性といったものを僕なりに探してみた。参考にしていただければうれしい。

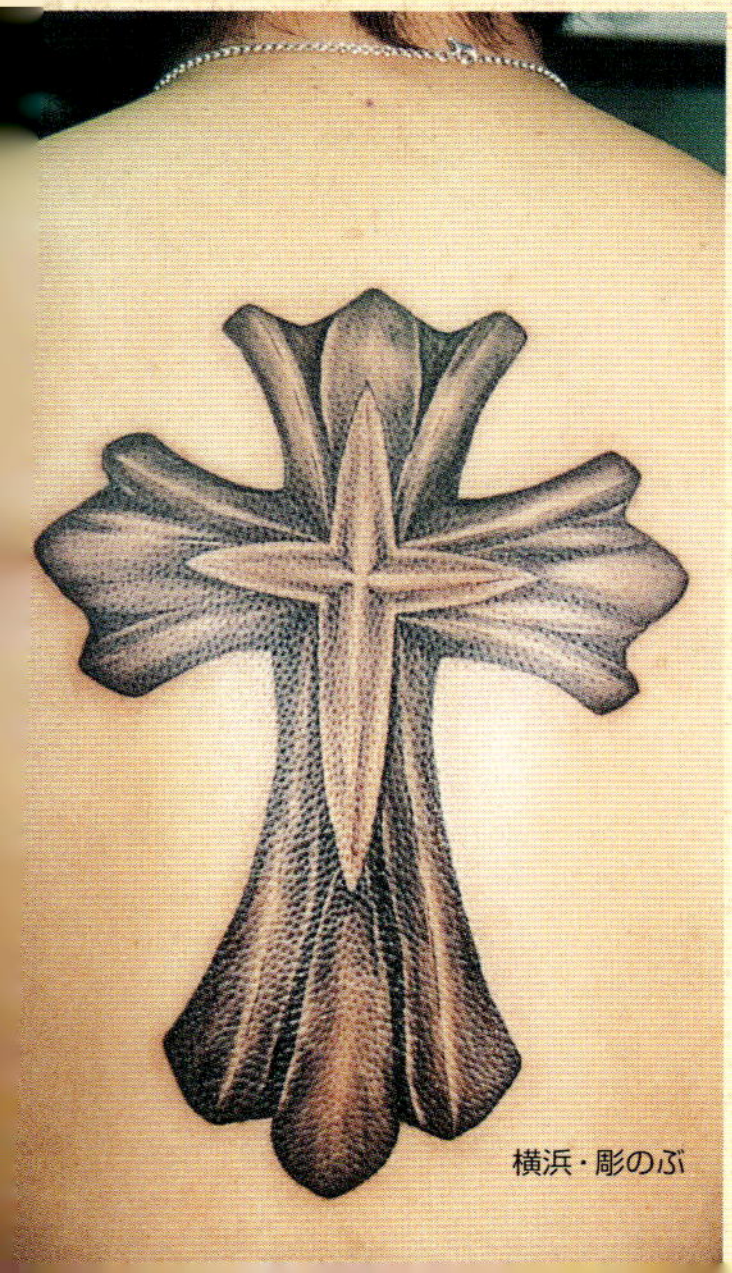
横浜・彫のぶ

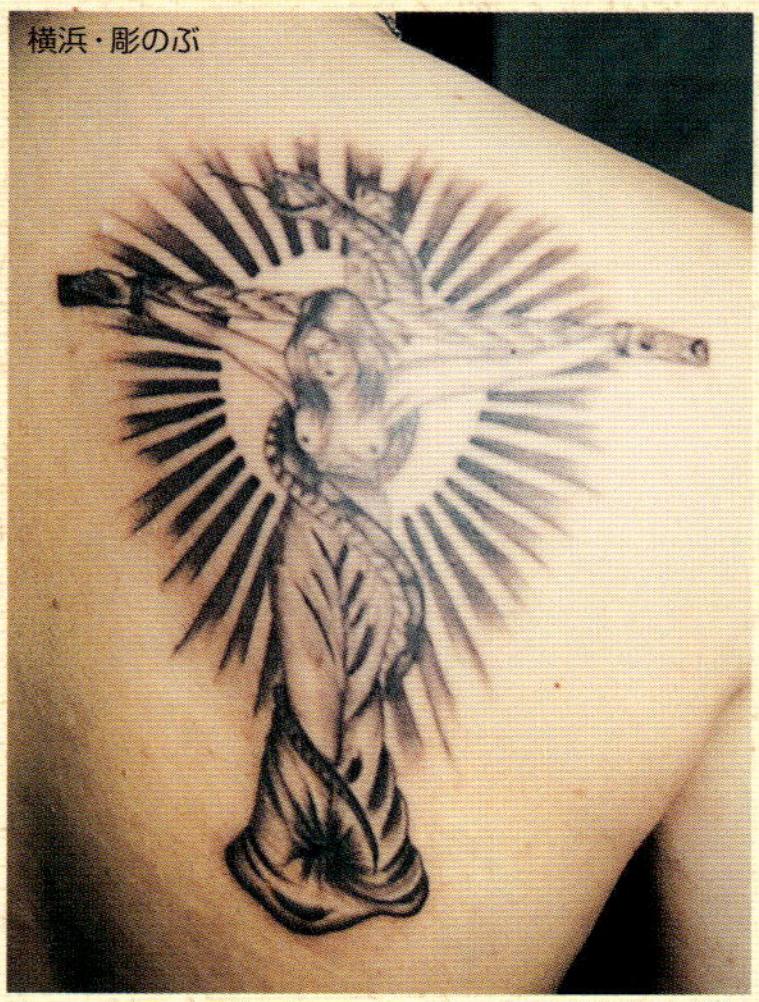
横浜・彫のぶ

ハート（HEART）

永遠に愛する力を与えてくれる。

ハートが人間の心臓を表していることはいうまでもない。人が生を感じるのは、愛する人のことを考えて心臓の鼓動が高まるときだろう。そういう意味でもハートは生きる印であり、愛のシンボルなのだ。

古代エジプトでは､ハートは不滅だと信じられていた。たとえ肉体が滅んでも、ハートさえ生き続けていれば、きっといつか復活できる。それがエジプト人たちの希望だったわけだ。ハートは愛と生命の象徴であり、それを身につけることは、愛する力、生きる力を得たいと願うことなのだ。

トオル

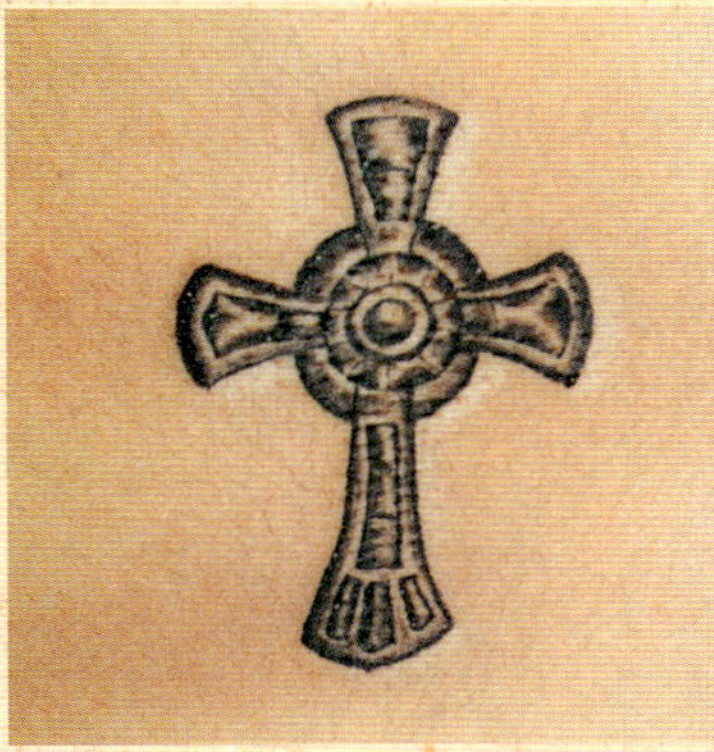

横浜・彫のぶ

十字架（CROSS）

十字架をシンボルとして用いた起源は古く旧石器時代で、太陽や、地水火風という四元素などを表したのだそうだ。今ではキリスト教の聖なるシンボルだが、中国や中近東などでも「宇宙」や「生命」を表す形として使われてきた。その宇宙には、人間の知恵が及ばない不思議な力が働いている。

人は十字架が交わるように超自然の力と出会う瞬間に覚えた深い感動を､「信仰」や「神秘」と名づけてきた。十字架の図案には、熱い願いをかなえる、神秘的な力があるといえるだろう。

涙のしずく（TEAR DROPS）

昔の人たちは、神々の生命の泉、乾いた大地に降り注ぐ恵みの雨を､「神々が流す涙のしずく」だと言っていた。農作物を豊作に導く雨は､特別に「黄金の涙」と呼ばれ、感謝されてきた。

涙は、悲しいときにばかり流されるわけではない。大きな歓びや感動を覚えたときに溢れ出る涙は、悲しみの涙とは成分が違うといわれる。神々の涙は、地上に住む生き物にとって､生きるエネルギーを与えてくれる｡ティアドロップは､そんなエネルギーの象徴でもあるはずだ。

雪子鬼（NS7.DEPT）

月と星（MOON&STAR）

雪子鬼（NS7.DEPT）

優しさと強さの象徴。

夜空に輝く月と星は、太古の時代から、闇夜を照らす明かりであり、さらに方角を教え、行く道を示す道しるべだった。

そして月の満ち欠けや星々の明かりが、人間の身体の調子や運命に、大きな影響を与えると信じられていた。月は女性の優しさと純粋さを、星は希望と運命を表す。月や星のモチーフをタトゥーにすることで、たとえつらいことがあっても、常に前向きに、そして優しさと生きる強さを持つことができる。

クローバー（CLOVER）

幸運の象徴。

クローバーには魔除けの力があり、幸運を呼ぶという伝承がヨーロッパの各地にある。日本でも四つ葉のクローバーを見つけると、良いことがあるといわれる。

良いこととは名声、富、忠実な恋人、健康の４つである。

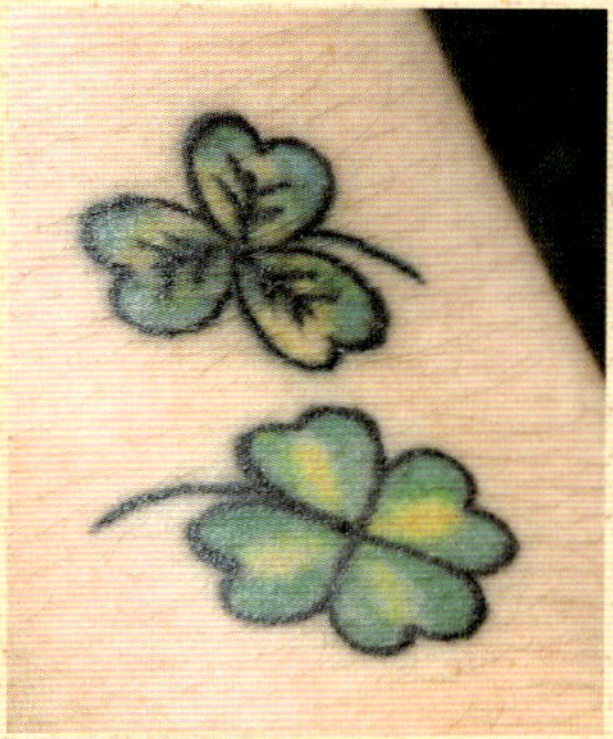

雪子鬼（NS7.DEPT）

永遠の絆を象徴する結び（KNOT）

雪子鬼（NS7.DEPT）

中世ヨーロッパでは、戦場に旅立つ夫や恋人の無事を祈り、盾に紐を結んだ。愛する人との永遠の絆を象徴する「恋結び」と呼ばれるその結び目は、「８」の字を横にした、無限を表す「∞」の形をしている。

天使（ANGEL）

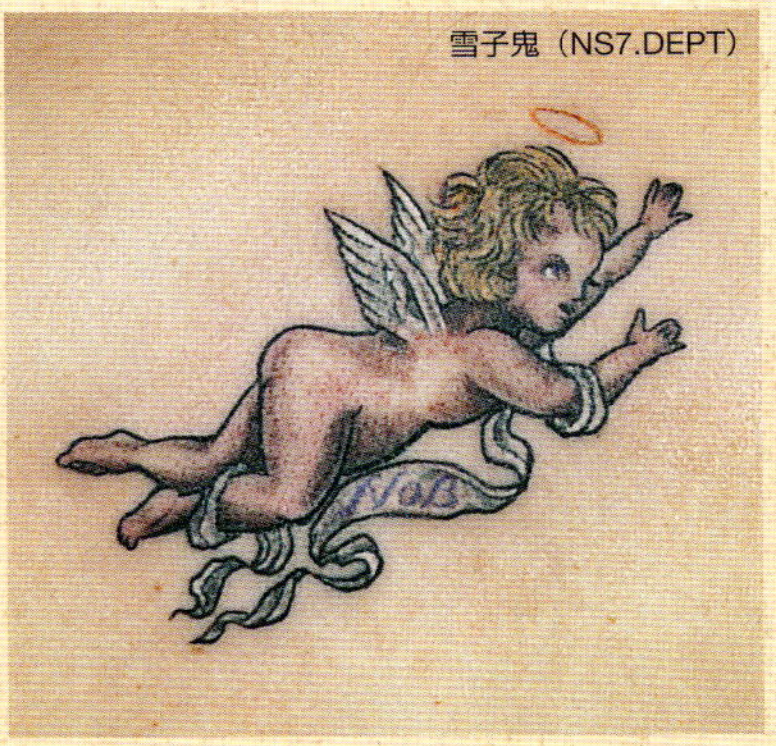
雪子鬼（NS7.DEPT）

幸せを運んでくれるのが天使である。
天上にいる神と、地上との間を行ったり来たりしながら、神の言葉を人間に伝えるのが天使の役目。悩んでいたり迷っているときに、ふと突然良い考えが浮かぶことがある。そんなときは、実は天使が耳元で囁いているのかもしれない。

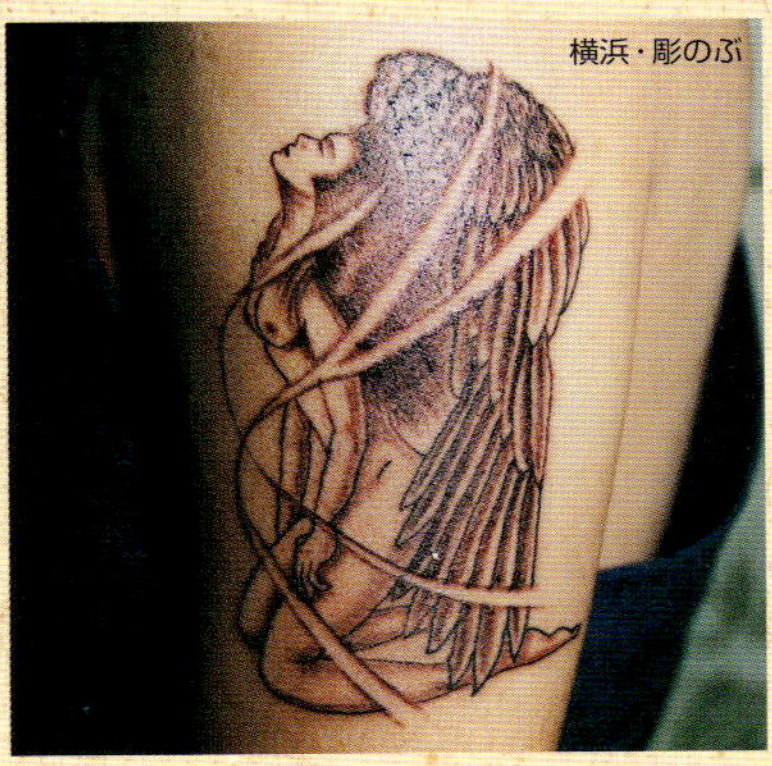
横浜・彫のぶ

翼（WING）

「上昇」の願いをこめて。

翼のない動物が翼をつけると、長所がさらに磨かれると古代の人たちは考えた。足の速い動物は、翼をつけると飛ぶように走ることができ、目のよい動物は千里眼を得ることができる。翼は良いところをさらに伸ばしていこうとする、上昇のシンボルなのだ。もっと賢く、美しく、勇気のある人になりたい。高い志を抱いて、いつも上を見て頑張る人たちには、翼のシンボルがよく似合う。

ハスの花（LOTUS）

東洋の考古学では、ハスの花はオリエンタル文化を代表する国際紋様となっている。「誕生」「繁栄」「聖母」の象徴だ。閉じたつぼみは「世界卵」、開花は「原初宇宙の誕生」を象徴する。汚れた沼でも純白な花を咲かせることから「純粋性」のイメージを持つ。

横浜・彫のぶ

雪子鬼（NS7.DEPT）

鳥（BIRD）

現世の束縛からの解放、羽ばたき、自由な精神などの象徴だ。色によりさまざまな意味がある。青や緑は、「愛」「情熱」「幸福」。赤は、「不死の魂」。黒は、「知性の象徴」。さらに鳥は、「豊穣」「安産」の象徴。古代ローマでは鳥が求愛のさえずりを始める日（2月14日）を祭の日と定めた。これが今のバレンタインデーだ。

横浜・彫のぶ

雪子鬼（NS7.DEPT）

犬と猫（DOG&CAT）

忠実な友となる犬と、自由に生きる猫。

犬は「忠実」の象徴だ。世界各地に残る伝説には、主人の帰りを忠実に待ち続ける犬の美談が数多く残されている。友と決めた人のことは、どんな危険にあおうとも、たとえ自分の命をなげうってでも守ろうとするのが犬。

猫は「自由」の象徴だ。自分の主人はあくまでも自分なのだ。飼い主といえども、命令するのを許さない。なにものにも縛られず、気ままに生きていく。

自分に足りないほうを彫るべきか、自己表現として好きなほうを彫るべきか？

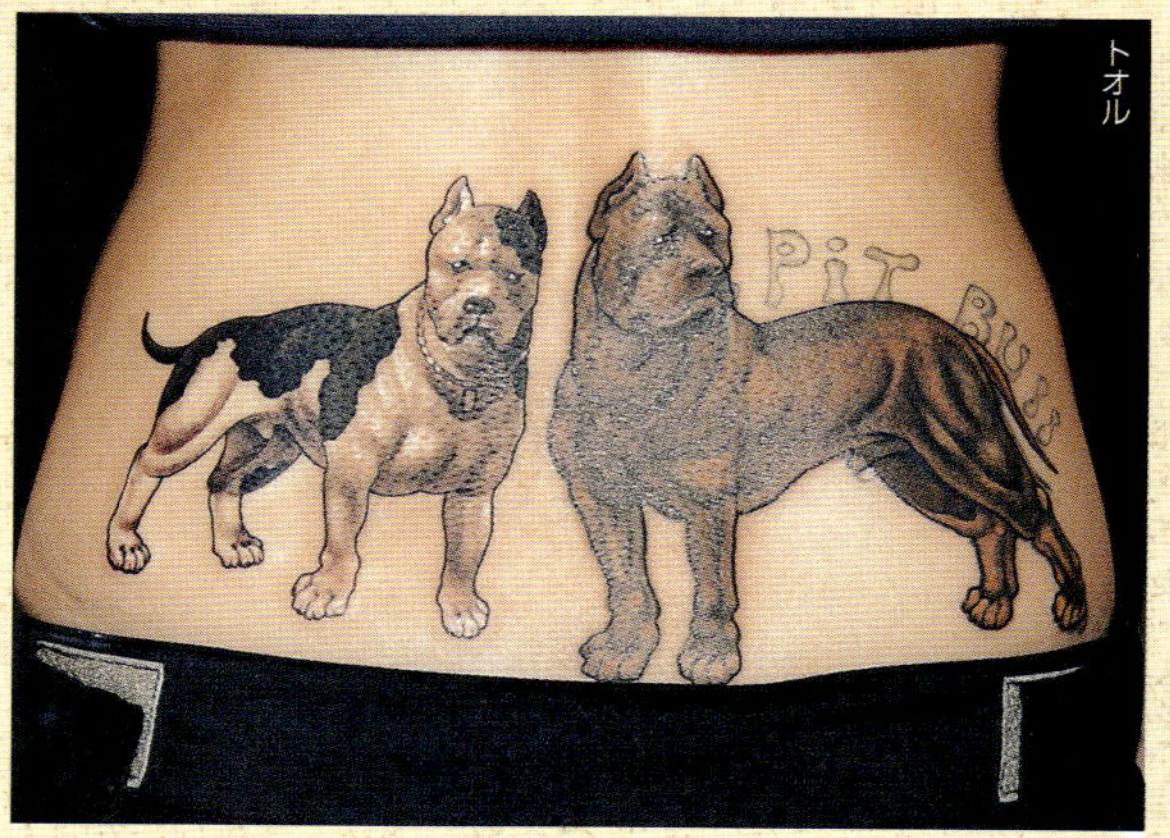
トオル

雪子鬼（NS7.DEPT）

蜘蛛（SPIDER）

蜘蛛《くも》は世界中に生息するだけあって、どの民族、文化圏でも独特の伝承や解釈がある。共通する考えは「神意を啓示するもの」ということ。また、ヨーロッパでは繁栄の印、結婚成就のシンボルとなっている。

雪子鬼（NS7.DEPT）

雪子鬼（NS7.DEPT）

蝶（BUTTERFLY）

幼虫、サナギ、成虫へと劇的な変化をすることから「変容」の象徴。「魂の象徴」とする民族も多い。女性のデザインであると思われがちだが、特にそういうわけではない。また、花から花へと華やかに飛び回る姿は、移り気で気まぐれな精神を表すともいわれている。男に頼らない女という意味合いも強い。

横浜・彫のぶ

横浜・彫のぶ

十字架の種類

一言でシンボルといっても、それぞれの文化の中で形づくられる過程で意味や形が変化する。彫るテーマを決めたら、自分に似合うデザインや意味を研究してみても面白いだろう。ここではその一例として、世界最古のシンボルとして、タトゥーのモチーフにもなりうる、さまざまな形の十字架を紹介する。

1 いかり型十字架
Anchor Cross

古代エジプトにその起源があり、地下墓地の中で初代キリスト教徒達が使ったといわれる。

2 炎のついたベツレヘムの星の十字架
Bethlehem Star Cross With Flames

真ん中の十字架はキリストの降誕を表し、同時に、星が十字架の形に延ばされているのは、キリストがその上で亡くなったことを表す。4つの炎は“舌のような形をした炎”を象徴している。

3 つぼみの十字架
Budded Cross

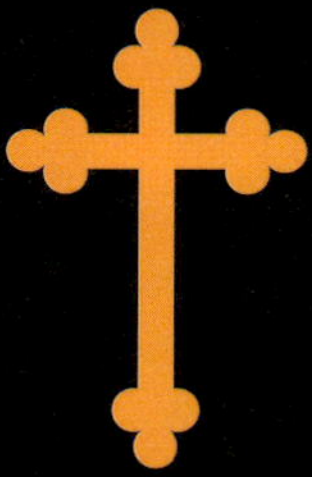

若くて未熟なキリスト者を表す。

4 ケルト十字架
Celtic Cross

「イオナ十字架」とも呼ばれ、キリスト教では初期から使われている。6世紀に聖コロンバ（宣教師）によって、現在のアイルランドからイオナ島に移されたといわれる。

5 王冠と十字架
Cross and Crown

「死に至るまで忠実であれ。そうすれば、あなたに命の冠を授けよう」という意味を持つ。十字架の上で亡くなった救い主を信じる人々が、死後に受ける報いを象徴している。

6 マルタ島の十字架
Maltese Cross

4本の槍の穂先が一つの中心に向かっている十字架。マルタ島に本部を置いた病院騎士団であるホスピタラーの組織が、自分たちのシンボルとして使用した。

7 ユグノー十字架
Huguenot Cross

16・17 世紀にユグノーというフランスの新教徒が使用していた十字架。今でも多くのフランス人新教徒たちが身につけ、自分たちが新教たちであることを示している。

8 エルサレム又は十字軍騎士の十字架
Jerusalem of Crusader's Cross

イスラム教からエルサレムが解放されたあとの最初の統治者ガットフリ・ド・ブョンが自分の服につけたもの。合計 5 つの十字架はキリストの 5 つの傷を象徴している。

9 トロルの護符
Troll Cross

スカンジナビア半島に住む人々が、トロール鬼（地中の穴に住む巨人または小びと）や邪悪な妖精から身を守る護符として用いた十字架的シンボル。

10 ルーテルの十字架
Lutheran Cross

1517 年にマルチン・ルターの宗教改革によりドイツで誕生したルーテル教会の十字架。

11 青銅の蛇の十字架
Serpent Cross

モーゼがイスラエルの民を率いて旅したとき毒蛇に噛まれた人々がそれを仰ぐと命を得たとされる青銅の蛇、そして人類の罪を贖い命を与えたキリストが架けられた十字架、その 2 つを併せて生命の象徴としたシンボル。

12 ギリシャの十字架と×(キー)の文字を組み合わせた十字架
Greek Cross and Xmonogram

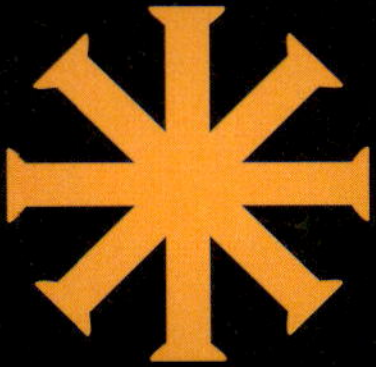

ギリシャの十字架とキリストの始めの文字×（キー）を組み合わせており、キリストのシンボルになっている。

13 パテー（広い足）の十字架
Cross Pattee

マルタ島の十字架に似て美しい形をしているため、装飾の目的で用いられる。

14 カルバリーの十字架
Calvary Cross

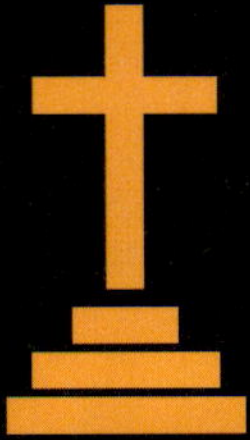

階段の十字架。3 つの段は、「信仰」「希望」「愛」を表す。

第五章 星座を図案化するために

TATTOO AGE CHAPTER5

神秘の象徴としてのシリウス

僕は助手席に女友達を乗せ、ユーノスを走らせていた。

「**シリウス星の秘密**って知ってる?」

彼女は唐突に言った。

いや、そう感じたのは、いつの間にか僕が運転に夢中になっていたからだろう。中央高速を岡谷ジャンクションから飯田線に入り、南下していく頃には、ステアリングを握る僕はいつの間にか一人の世界に没頭していた。

「えっ、何?」

「まただよ、もう、何も聞いてなかったんでしょ」

「そんなことねえよ、ちゃんと聞いてたって」

「嘘だね、じゃあ何話してたか言ってみてよ」

「あれだろ、シリウスの話だろ」

「シリウスの何?」

「シリウスの……なんだっけ?」

雪子鬼(NS7.DEPT)

「やっぱ聞いてないじゃん、運転してるといつもこうなんだから」

彼女はリクライニングにした助手席のヘッドレストの後ろへ手を回すように伸びをしながら言った。

「ゴメン。つい運転にはまっちゃってたよ」

夜の高速を走っていると僕は、いつでも一人の世界へと入っていってしまう。運転に集中するにしたがって、地上を走っているはずのクルマがまるで宇宙船のように空間を移動しているように錯覚してしまうのだ。

神経が研ぎすまされていけばいくほど、僕は心地よい落ち着いた気分になっていく。

隣のレーンをBMWが追い越していくのを目で追いながら、僕は最後の一本になってしまった煙草をくわえた。

「シリウスって不思議な話がいっぱいあるんだって、知ってた?」

彼女は背もたれから起き上がり、こちらを覗き込むようにしながらそう言った。

「そうらしいね。もの凄く古い時代から現代まで、**シリウス星にまつわる神話は沢山あるらしいよね**」

シリウス星は**おおいぬ座のα星**だ。

全天で最も明るい星であることから、世界中で特別な星として見つめられてきた。地球から最も近い恒星であるシリウス星は、地球上の多くの地域で信仰の対象とされてきたのだ。

シリウスは、古代エジプトやオリエント、ギリシャやケルト人の生活の中に

横浜・彫のぶ

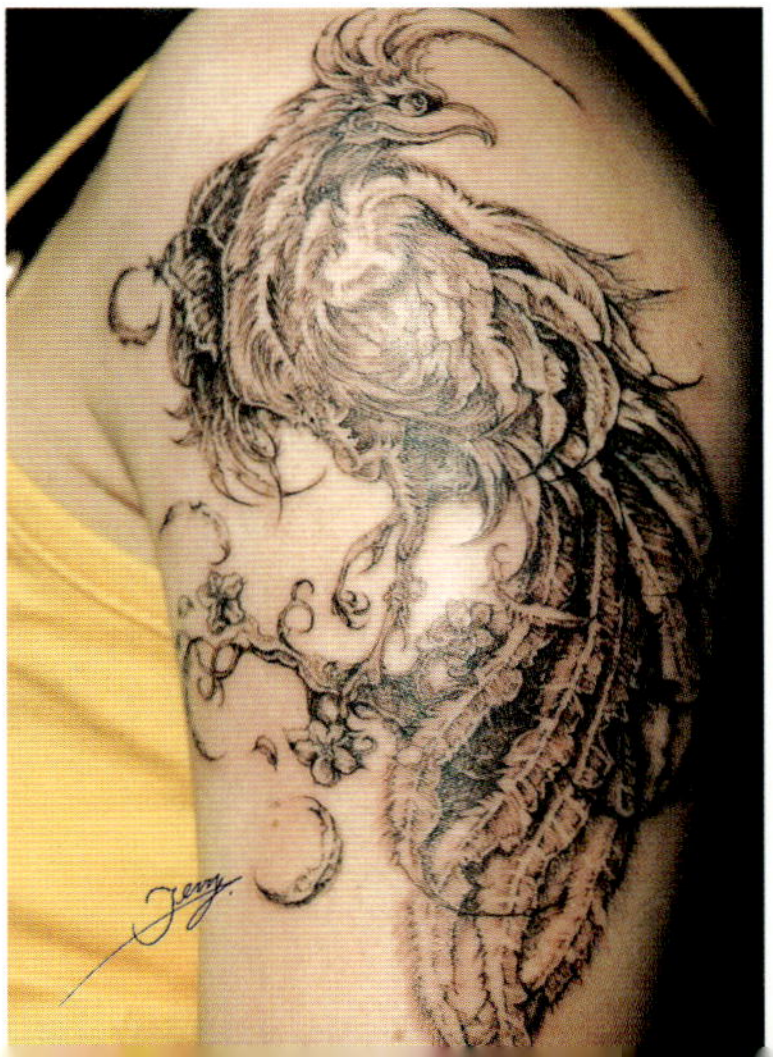

も生きてきた。古代エジプトでは、**ナイル川の氾濫の前触れとなる星**として信仰されていたようだ。

西アフリカのドゴン族などは、我々はシリウスからやってきたとまで言っている。

距離は、8・6光年。質量は太陽の2・34倍で、半径は1・78倍だ。実光度は、なんと23倍にも達する。**中国名を天狼《てんろう》星**という。

シリウスが人類にとって特別な星なのだという考え方の系譜は、1980年代のニューエイジ文化を経て、21世紀の現在まで連なっている。

ニューエイジはあまりにも広範でなかには批判の多いものもあるようだが、スピリチュアルなことを大切にしようという姿勢、非科学的なものを排除しないというその意志は、むしろこれからのほうが重要になってくるような気がする。

そして、こうしたニューエイジの動向とタトゥーとは密接な関係を築いているように見える。

僕たちは、21世紀という未来社会を突き進んでいる。しかし、その速度が上がれば上がるほど、僕らの魂は、神秘の名前で呼ばれる母胎を欲するのだ。**遺伝子レベルで継承されてきた神々の物語**を渇望する、といってもいい。

神話とはそのように生まれ、受け継がれてきたものだ。

「**星座を入れようかな**」

助手席の彼女が、ぽつりとそう言った。

「それはいいかもね」と僕。

横浜・彫のぶ

「結局さ、どんな図案にするかってことがいちばん切実な問題なんだよね。あなたって、星座とか詳しいじゃない？　ちょっと調べてくれないかなあ」

僕は、うなずいたのだった。

タトゥーを通して見てみると、きっと、星座もいつもと違う表情を見せてくれるような気がする。

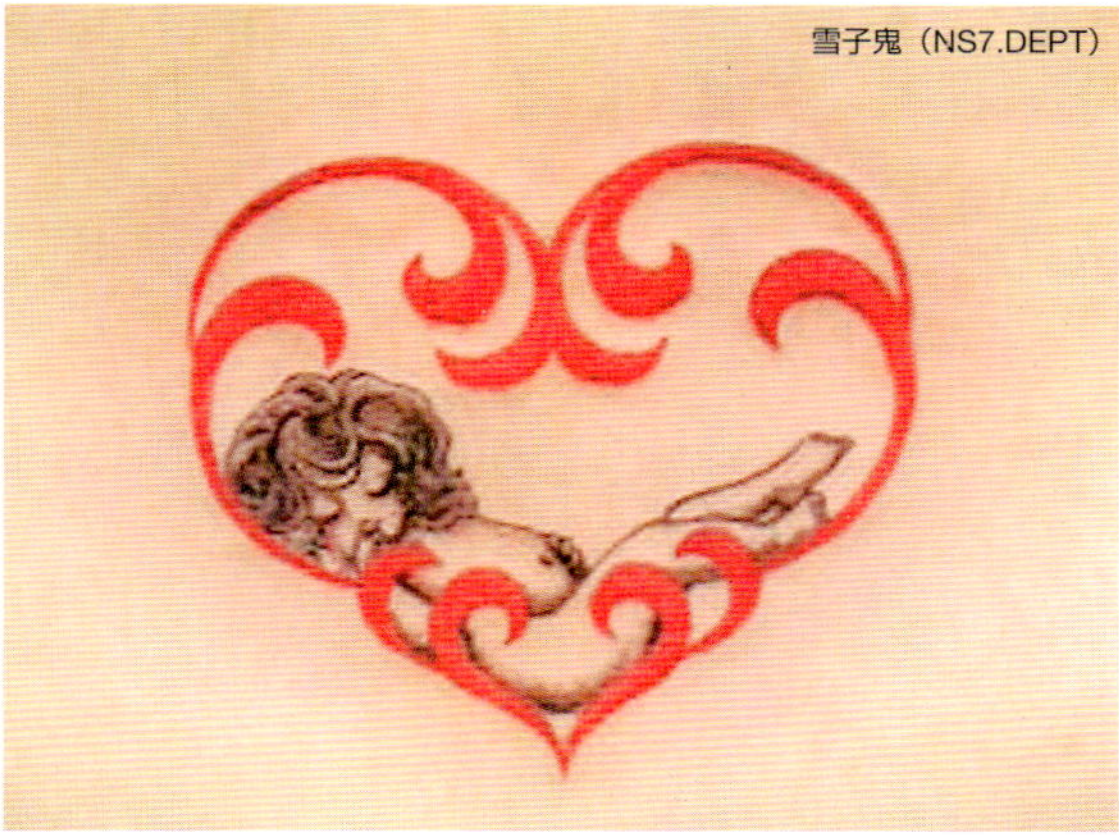

雪子鬼（NS7.DEPT）

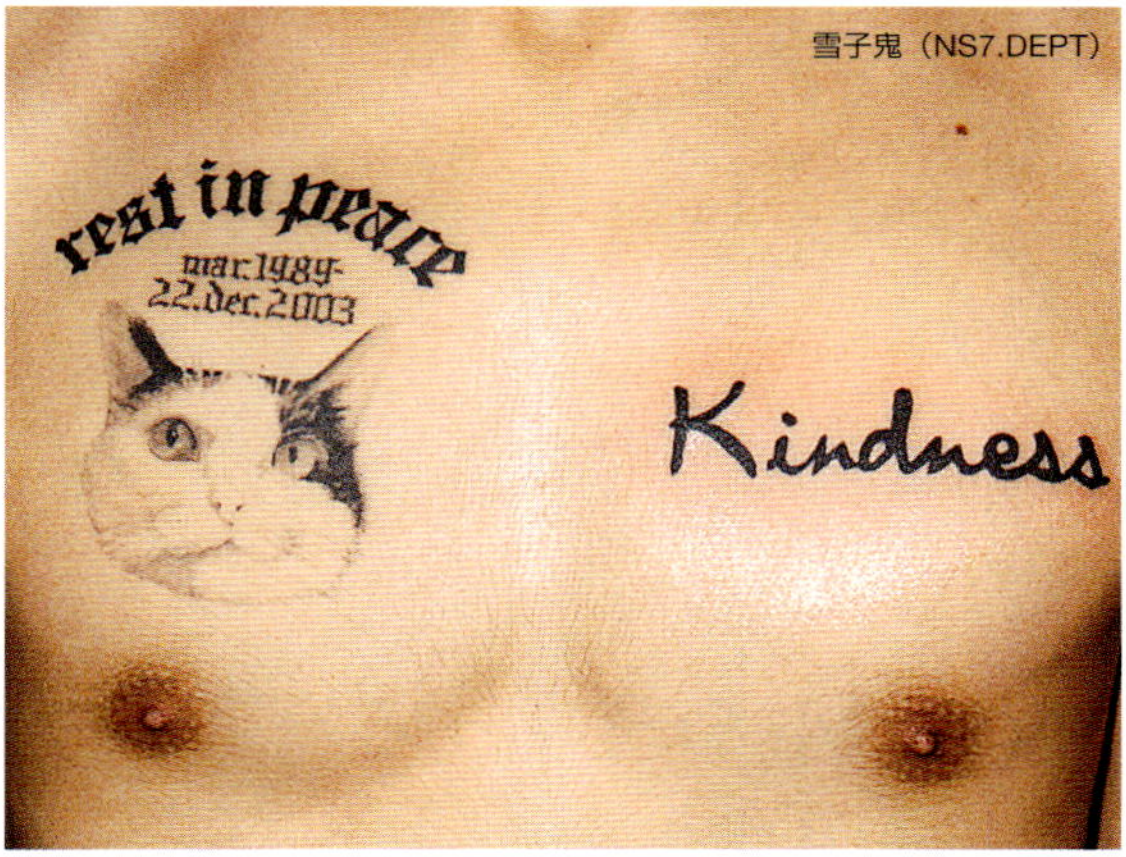

雪子鬼（NS7.DEPT）

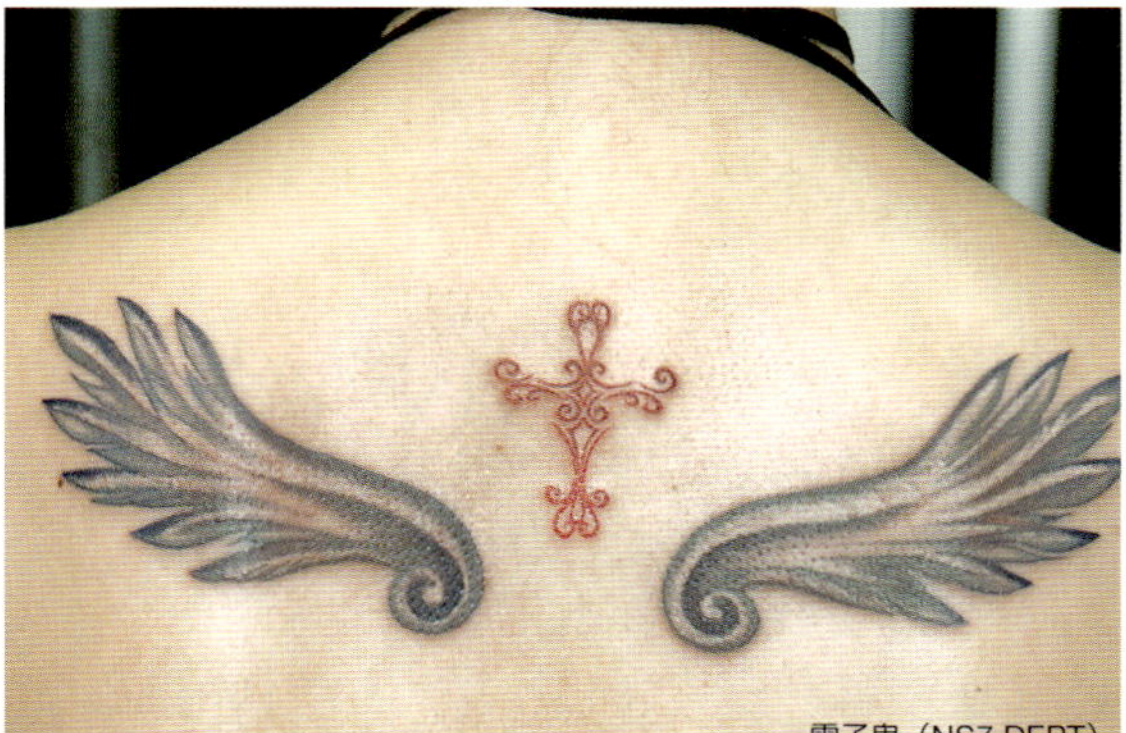

雪子鬼（NS7.DEPT）

雪子鬼（NS7.DEPT）

星座の意味を知る

タトゥーが神話と密接な繋がりを持っているのは、とりもなおさず、現代を生き抜くためのエネルギーが神話の中に眠っているはずだと、多くの人々が直感しているからではないだろうか。そして神話は、古代人にとっては最も大切な情報源でもあったのだろう。自然の移り変わりや天候の変化など、的確な情報を伝えているものも少なくない。

例えばそれが、天空の星の動きだった。

太陽や月、星座の動きは、人類に多くの情報をもたらしてくれる。神話によって伝えられた天体の動きは、口伝やタトゥーを通して地球上に広まり、人類共通の知恵をもたらしてくれた。

星は、移動するための方向を知る指標であり、時間の経過、季節の移り変わりを知るために必要なものだった。それが、やがて神話になった。

そして、神話が星座を誕生させたのだ。

星座は、今から約5000年前に誕生した。チグリス川とユーフラテス川にはさまれたバビロニアの平地に生まれたメソポタミア文明と、そこに住むカルデア人によって生み出されたといわれている。

肥沃な大地の恵みによって、神々の世界から自立の一歩を踏み出した人類は、宇宙の運行を神々のメッセージとして自らの未来を読み取った。神

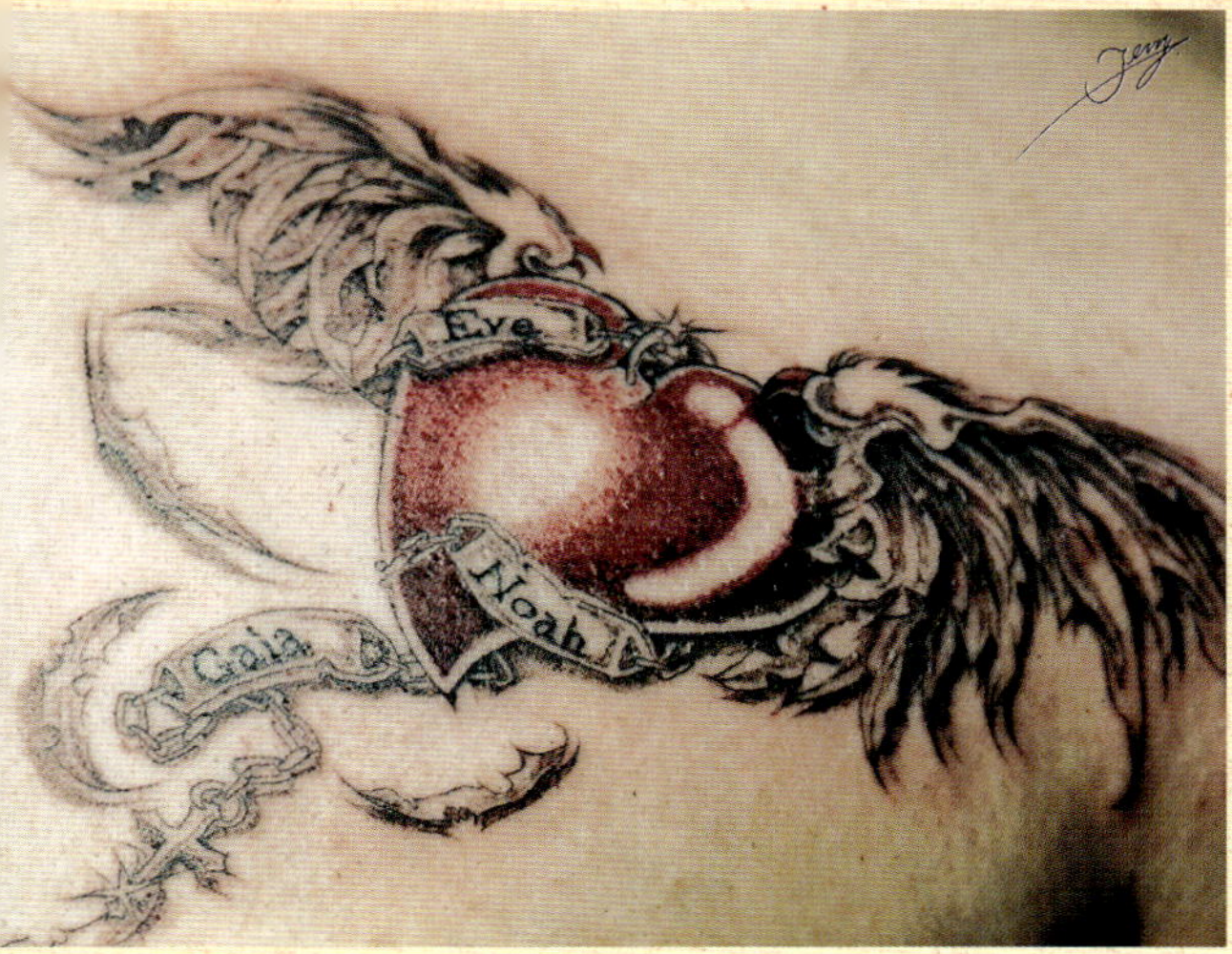

横浜・彫のぶ

と人間の架け橋として、星座と神話は結びついていったのだ。

カルデアの僧侶たちが体系化していった占星術は、移動する民たちにとってなくてはならないものだった。

彼ら、移動する民たちは、海を越え、草原を越えて、天体の運行と、それに伴う星座と神話の世界を地球上に広めていったのだろう。

エジプト文明、インダス文明、黄河文明。もしかしたら、その伝承ははるか南米大陸にまでも及んでいたのかもしれない。人類が文明を手にしたとき、星は神話を語っていた。そのストーリーは現代にも息づいている。

タトゥーを入れることで、人は星々の世界の住人になることができる。

自分の生き方を星に託し、そのストーリーとともに生きていく。

それは、ときには辛い選択にもなるだろう。しかし、年月を重ねるごとに、星々はそれを背負った者の人生と重なり、その人のスタイルを確立する手助けをしてくれるはずだ。

タトゥーには、そんなスピリチュアルな力が宿っているのだ。

それでは、ここでは具体的に、星座が象徴するものとその物語を紹介しようと思う。そういえば、十二星座の中の自分の星座を彫る人は、日本にも海外にも多い。自分の星座、恋人の星座は要チェックである。

ざっと見ていくと、星座は神話の世界に属していながら、じつはとても人間臭いことに気づかされる。嫉妬や憎しみ、相手を許したり再生を願ったり、親子の深い感情がねじれたり通い合ったり……。

星座をタトゥーにするということは、そんな物語を自分もまた生きていくのだという、意志表明のようなものなのかもしれない。

雪子鬼（NS7.DEPT）

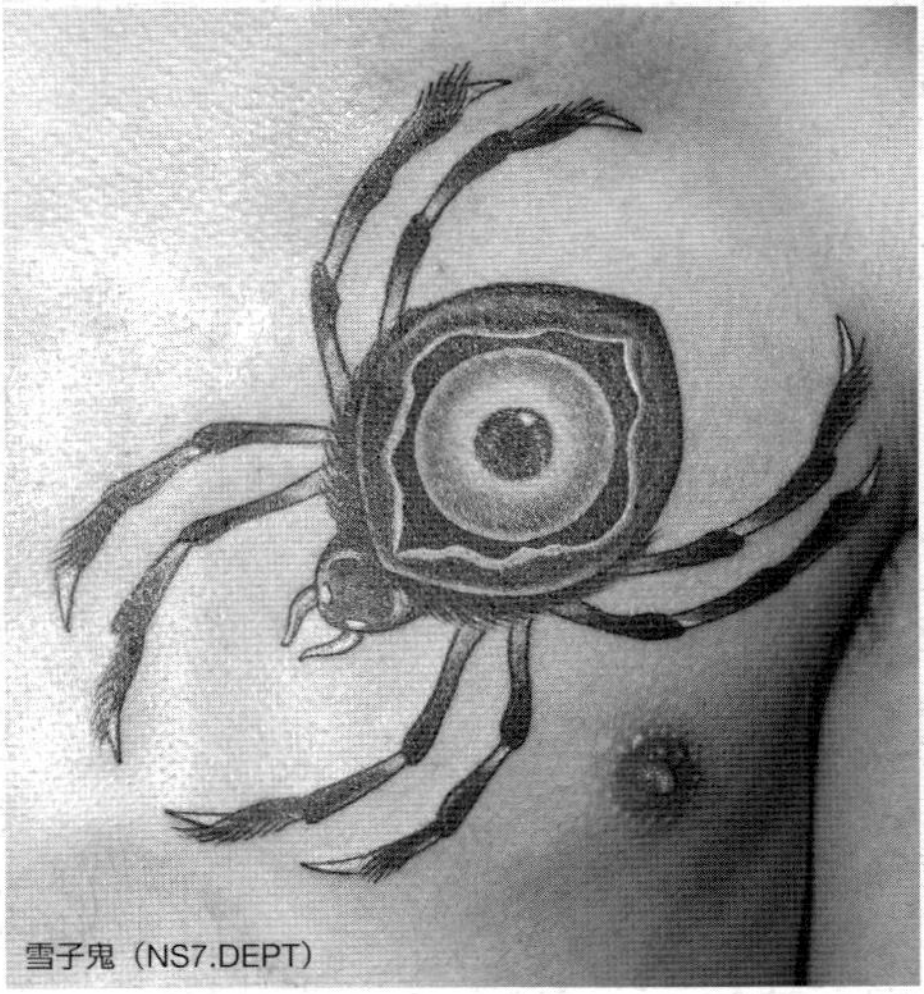
雪子鬼（NS7.DEPT）

牡羊座（Aries）

プリクソスとヘレの兄妹は、黄金の毛皮を持ち空を飛ぶ羊に命を助けられた。そして、この金毛羊がゼウスへの供犠になることを知ったのである。その後、金毛羊を助けたいと願っていたヘレは死んでしまう。プリクソスがその死を悲しんでいると、金毛羊が励ました。金毛羊はゼウスのために自分を犠牲にしてほしいと言う。羊は天に昇りヘレを心配そうに振り返る姿のまま、星座となった。

雪子鬼（NS7.DEPT）

牡牛座（Taurus）

フェニキアの王女エウロパはとても美しかったので、ゼウスは恋をしてしまった。ある日、エウロパは侍女たちと野原へ出かけた。そこへゼウスは、雪のように純白な一頭の牡牛に姿を変えて現れた。エウロパは牛の背にそっと乗ってみた。牛はエウロパを乗せ、野原の中を歩いていくが、海辺に着くと凄い勢いで海へ駆け込んだ。ゼウスはエウロパをクレタ島へ連れていき、結婚した。ゼウスは新しい土地に新妻の名前をつけ、エウロパ（ヨーロッパ）と呼ぶようになった。

双子座（Gemini）

カストルとポルックスは、ゼウスとスパルタの王妃レダとの間に生まれた双子だ。

カストルは、戦略に優れていた。ポルックスは拳闘のチャンピオンだった。勇者として二人の名はギリシャ中に轟《とどろ》いていた。しかし、母の血を受け継いだカストルは死んでしまう。父の血を受け継いだポルックスは、死ぬことができない。永遠の命ゆえに、天に召した兄弟の元へ行くことができないポルックスは、ゼウスに命がけで願い出る。悲痛な祈りを聞いたゼウスは心を打たれ、カストルとポルックスを星座にした。世の中の兄弟姉妹の手本とし、仲良くするようにと願ってのことだった。

蟹座（Cancer）

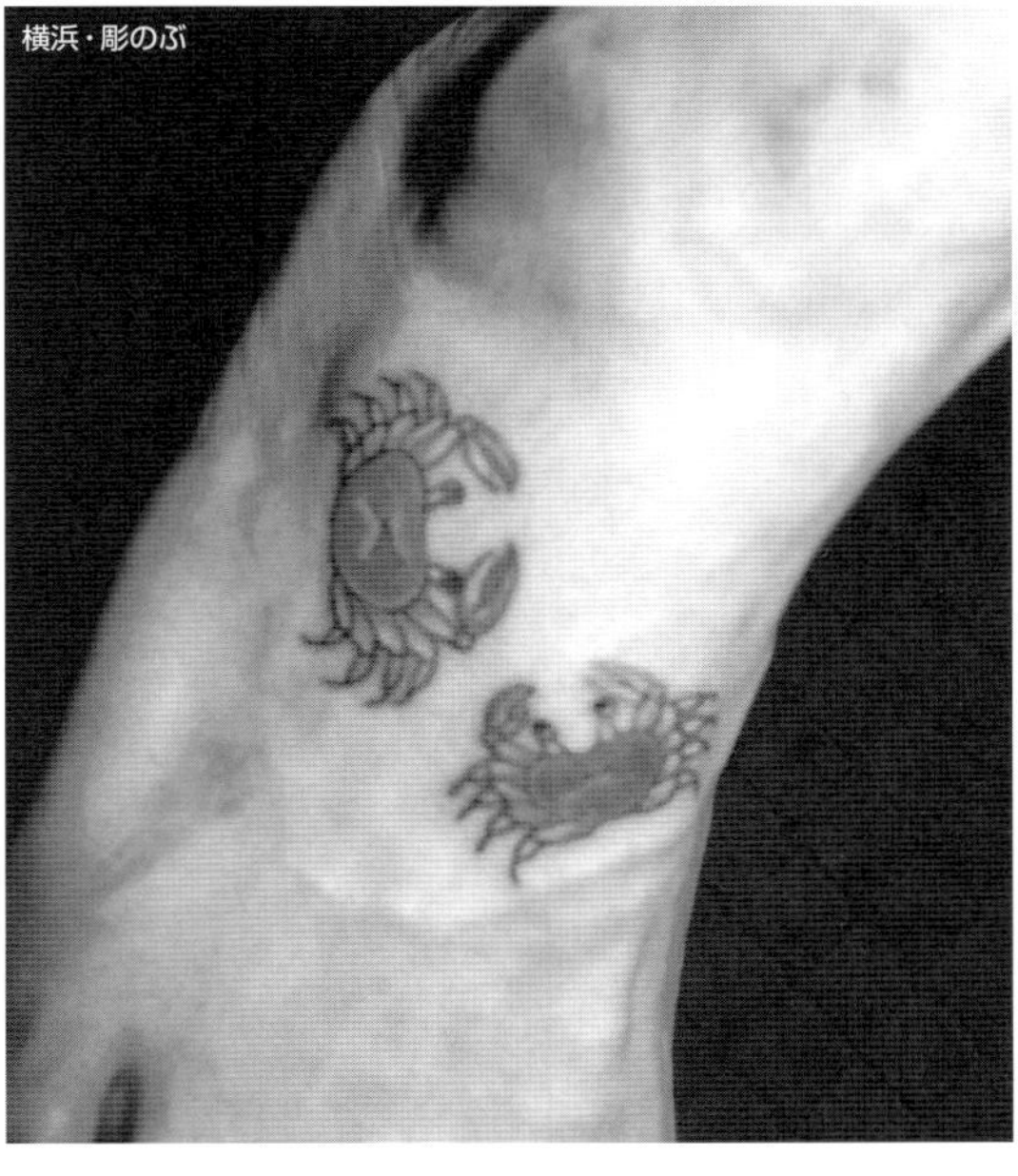

横浜・彫のぶ

誤って自分の子供を殺した罪の償いとして、十二の大冒険を行ったが、その二番目の相手がヒュドラ退治だった。ヒュドラとヘラクレスが戦っているのを、沼の住人の化け蟹が見ていた。化け蟹は、同じ沼に住む友人のヒュドラが殴られているのを見て、加勢しようと沼から飛び出してきた。しかし、ヘラクレスはこん棒で、化け蟹を砕いてしまう。ヒュドラと化け蟹の戦いぶりを見ていたヘラ女神は、健闘を讃《たた》え、二つの怪物を空に上げて星座にしてやった。

獅子座（Leo）

ネメアの森には人食いライオンが住み着いていた。村人や通りかかった旅人を襲い、退治に向かった勇者は誰一人として戻っては来なかった。この怪物退治を、ヘラクレスは命じられた。ヘラクレスはネメアの森に出かけ、ライオンを素手で押さえつけると、三日三晩、首を絞め続けて退治した。この様子を見ていた女神ヘラは、ヘラクレス相手によく闘ったと、この人食いライオンを星座にした。

乙女座（Virgo）

ある日、デメテールとゼウスの娘ペルセフォーネが誘拐される。ゼウスは、娘を奪ったハデスを説得するが、ハデスは娘に冥界の食物であるザクロを与える。これを食べた者は冥界から出られないのが掟だ。デメテールは、娘が死者の国の食べ物を口にしたことを知り凍りついた。再びゼウスがハデスを説得し、ペルセフォーネは食べたザクロの数の四カ月間だけを冥界で暮らすことになった。四カ月の間、農耕の女神は悲しみ、植物は枯れて、地上には冬が訪れた。しかし、娘が地上に帰ってくると、デメテールは喜び、地上は春を迎えた。乙女座はこの農業の女神・デメテールの姿だといわれている。

天秤座（Libra）

正義の女神アストレイアは、死者の魂を天秤で測り、悪しき者は地獄に送られた。人類には、五つの時代がある。神々と人間が大地の上で一緒に暮らした、黄金時代。アストレイアの天秤はいつも正義にい傾いてた。銀の時代には、神々は愛想を尽かし去っていった。そして、青銅の時代。人々は戦争を始め、死に絶えてしまった。続いて、英雄の時代。この時代には、神々を父に人間を母とした英雄たちが現れた。しかし、鉄の時代になると人々は堕落し、残忍で嘘つきで好戦的になった。この時、アストレイアは人間を見放し、天高く去って星座になってしまい、天秤座になった。

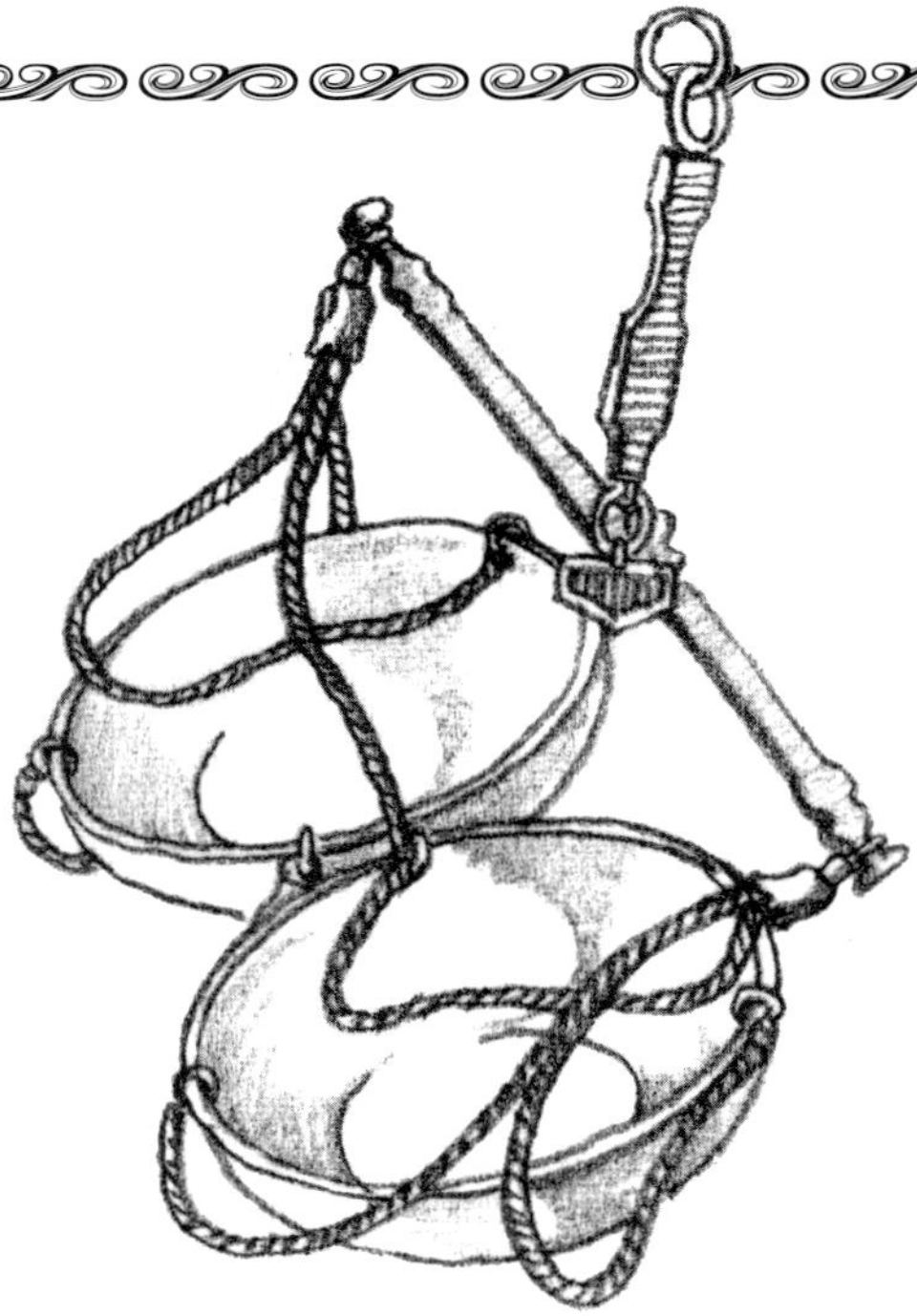

蠍座（Scorpio）

オリオンを毒尾で殺した大蠍が、この星座だ。

クレタ島でオリオンは「自分に退治できない動物はいない」とアルテミスに言った。それを聞いたヘラは、毒を持つ大蠍をクレタ島に降ろしたのである。大蠍はその毒針でオリオンを殺し、天に上げられた。そのため、天にいるオリオンは大蠍が東に姿を現すと、西の果てにその身を隠すのである。オリオンが大蠍によって殺されたという伝承は、壮大なギリシャ神話の一つだ。

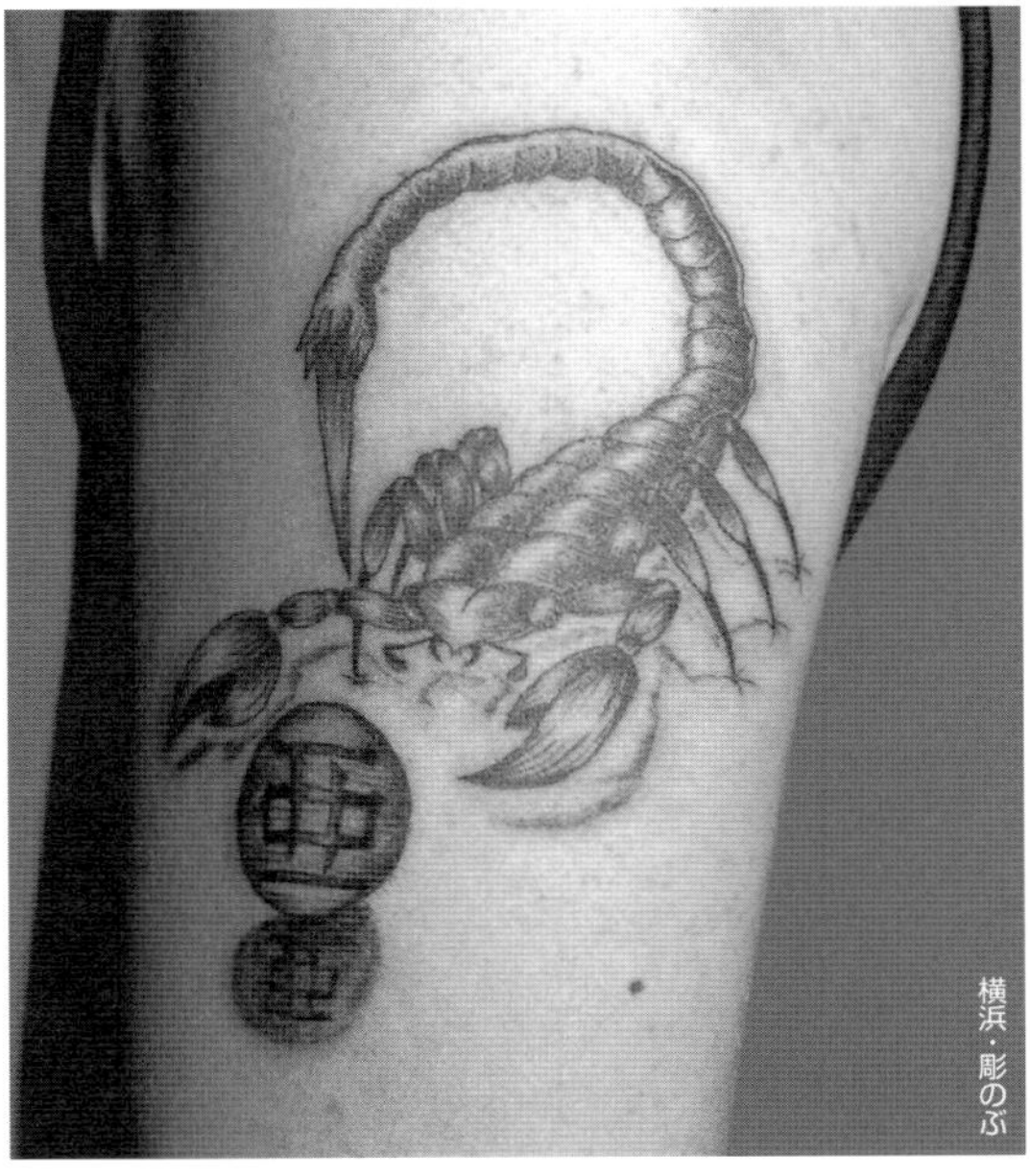

横浜・彫のぶ

射手座（Sagittarius）

ケンタウロス族の賢者であり、ヘラクレス、アキレウス等の英雄の師であるケイロンは永遠の命を持っていた。しかし、ヘラクレスの毒矢で射られたケンタウロス族のエラトスを治療する際に、誤ってかすり傷を負ってしまう。毒が回りケイロンは激しく苦しみ、死を得ようとして永遠の生命をプロメテウスに与えた。ゼウスは殺すのは惜しいとケイロンを星座にして、大蠍に向かって矢を射る姿にして天空に置いたのである。

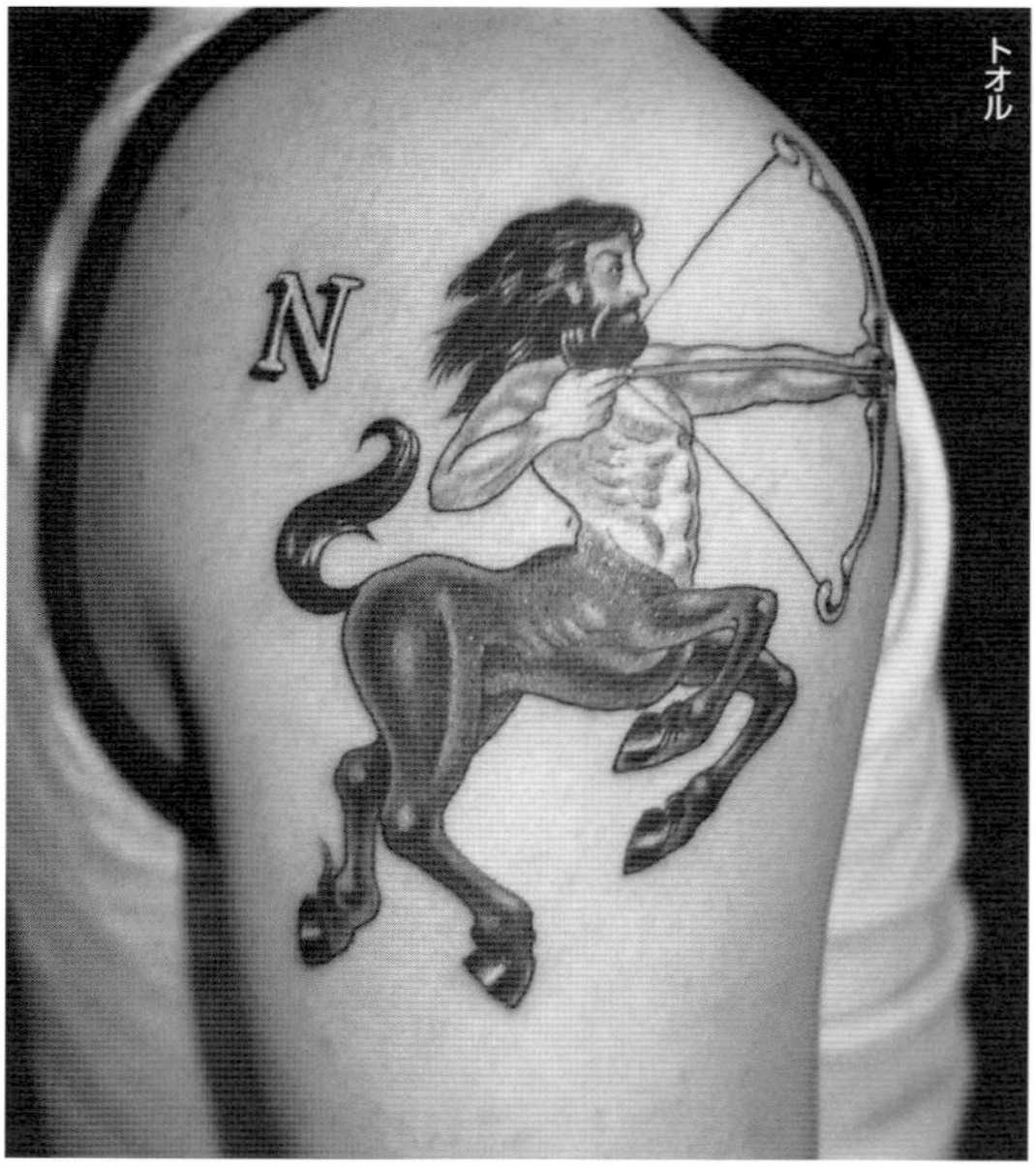

山羊座（Capricorn）

アイギパンは、一人のニンフに恋をするが逃げられてしまう。だが、アイギパンが追いかけるので、逃げられなくなったニンフは一本の葦《あし》に姿を変えた。アイギパンはその葦をシュリンクスという笛に変えて常にそばに置くようになった。

あるとき、神々の前でアイギパンが笛を吹いていると、首が百もあり目と口から火を噴く怪物・テューポーンが現れた。神々は動物に姿を変えると散り散りに逃げていった。だが、アイギパンはあまりに慌てたため、川に飛び込み、水面から上は山羊、水面から下は魚になり泳いで逃げたという。その姿があまりに滑稽だったので、この魚山羊を星座に加えたそうだ。

水瓶座（Aquarius）

トロイア王国の建設者トロスの息子であるガニュメデスは非常に美しい少年だった。ゼウスはこの少年を、結婚したヘベの代わりに酒杯を満たす従者にしようと思い、鷲に変身して少年をさらっていった。このときの鷲が鷲座となり、ガニュメデスが酒壺を持つ姿が水瓶座となったのである。

魚座（Pisces）

愛の女神・アフロディテとその息子のエロスが一緒にいるときに、突然テューポーンが現れた。二人ははぐれないようにお互いをリボンで結び、魚に姿を変えて川に飛び込んだ。そのときの二匹の魚が天に上がり星座となった。

横浜・彫のぶ

第六章
神話の世界のワンポイント

TATTOO AGE CHAPTER 6

タトゥーにはスピリチュアルな力が宿っている

タトゥーのテーマには、洋の東西を問わず、神話に基づくものが数多くある。これは、タトゥーの発生の歴史とも無関係ではない。

タトゥーの起源は、ボディ・ペインティングから始まったと考えられる。呪術的な要素や、社会の一員としての成人の儀式のために肉体を塗るということが行われたのだ。ボディ・ペインティングが行われる社会では、人々と神との共生が存在していたのである。社会に加わるということは、神との対話を行うこととイコールであったといってもよいだろう。

神々と人が共生していた世界――それは、人類が自然の一部として存在していた時代だ。宇宙と地球の境目のない世界――その中で人間は、宇宙の圧倒的なパワーに身を委ねながら生きてきた。そこには、現代では想像できないほどの恐怖や不安が存在しただろう。常に空腹であり、疾病や外敵などに怯《おび》えていたのだろう。しかし、一方にはそれと同じくらい強烈な感動や幸福感が存在したに違いない。そうでなければ、人類は生き残って

雪子鬼（NS7.DEPT）

はこられなかったはずだ。命が存続していくために絶対に必要なもの、それは、希望なのだから。そして、とてつもない恐怖と感動の落差が、人類に文明をもたらしたことはいうまでもない。

タトゥーの源流はやがて、トライバル・タトゥーと呼ばれる紋様を生み出していく。それは、星や波や動物など、人間を取り囲む森羅万象から生まれてきたものだと考えられる。あるいは、呪術のセレモニーのなかで服用される幻覚性の物質などによって、トランス状態になったときに現れる、さまざまなビジョンを表したものもあるだろう。それらの紋様を己の身体にまとうことで、宇宙と対峙し、あるいは対話することが可能になってくる。同時に、己の内面にある宇宙をも獲得することができるのだ。こうして人類は、宇宙との対話の中からさまざまなストーリーを生み出し、伝承していく。

神話の誕生である――。

神話というものは、人間が自然と別れることを意識したときから生まれたのだと思う。自分は自然の一部ではなく、自然と対峙している存在である。神話は、人間が自然と繋がっていくために生み出した知恵なのだ。だから、神話は非常に身近な自然（星、火、水、猛獣など）がモチーフになっている場合が多い。

神話は、地域や部族の中に息づき、その社会を構成していく重要な要素になっていく。古代に息づいていた神話の多くは、彼らの生活に直結した、重要な知恵でもあった。そして知恵は伝承されていく。ジャングルや草原や深い森の中に生きてきた神話は、移動する民たちとともに、地球上を移動し続けていった。

神話は、やがてタトゥーに反映されるようになる。神話を自分の身体に刻むことによって、そのストーリーや力を、その後の人生に反映できる。自分がどうやって生きていこうかとか、今の状況をどう打開しようかとか、そんな夢や願いがタトゥーになったのだ。

雪子鬼（NS7.DEPT）

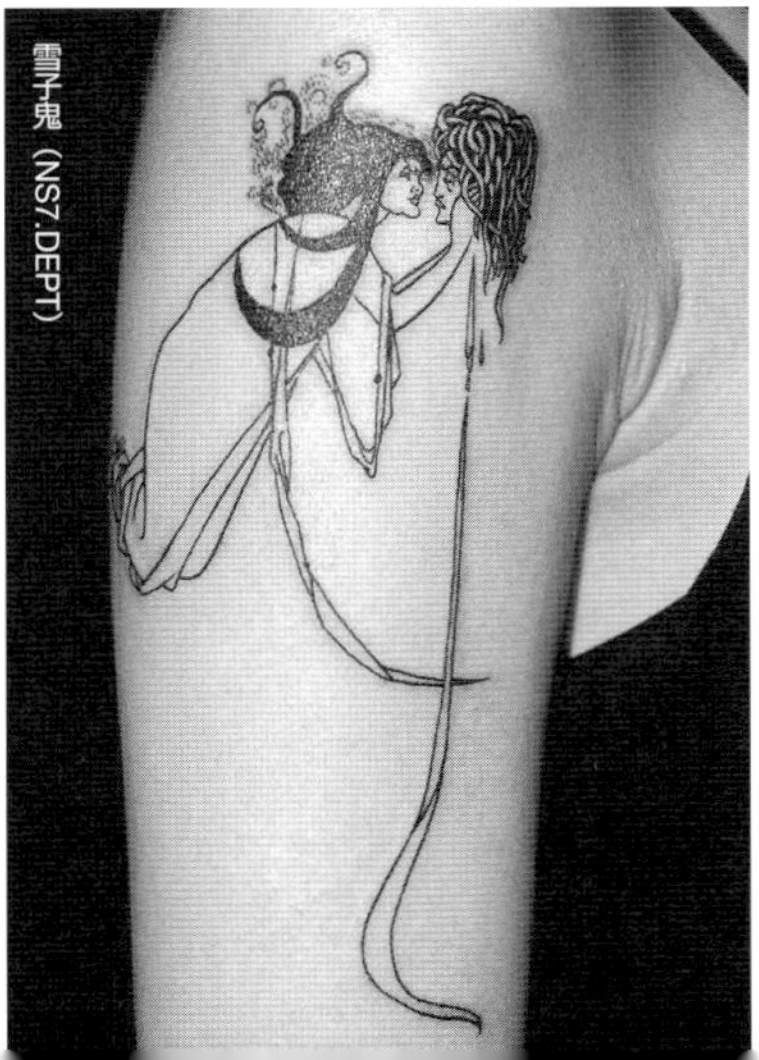
雪子鬼（NS7.DEPT）

ギリシャ神話に登場するオリュンポスの十二神

現代の日本人の多くが天照大御神《あまてらすおおみかみ》、月読命《つきよみのみこと》、素戔嗚尊《すさのおのみこと》の名前を知らなくても、ゼウスやポセイドン、アテナ、アポロン、アフロディテなどの名前は聞いたことがあるだろう。この神々こそが地中海地域において早くに文明化し、人々が信仰したギリシャ神話である。

ギリシャ神話によれば、世界の最初は、煙霧の立ちこめる無限の空間でしかなかった。光もなく、時間さえもない、無秩序で、漠然とした存在でしかなかった。

そこにすべての創造の源泉である混沌、カオスが生じた。このカオスから、すべての神々の物語が始まるわけだ。

カオスから、光のない深淵の暗黒神エレボスと、夜の女神ニュクスが生まれた。そして、すべての神々や生き物の永遠の住処《すみか》である大地母神ガイアが生まれ、過去から未来永劫に時間を刻む神、アイオーンが生まれた。

その後に生まれてくるオリュンポスの十二神は、アニメやゲームの世界にしばしば登場し、断片的なイメージは多くの人々が抱いているだろう。タトゥーの図案を考えるときにも、この十二神の個性は知っておいたほうがいいと思う。この人情豊かな神々は人間に対し精神的な教えは与えず、人間とともに存在し続け、今でもオリュンポスの山頂で我々を見守っている。

星座の意味を知るためにも、ギリシャ神話のアウトラインを理解することが必要だ。それでは、ギリシャ神話に登場するオリュンポスの十二神を見ていこう。

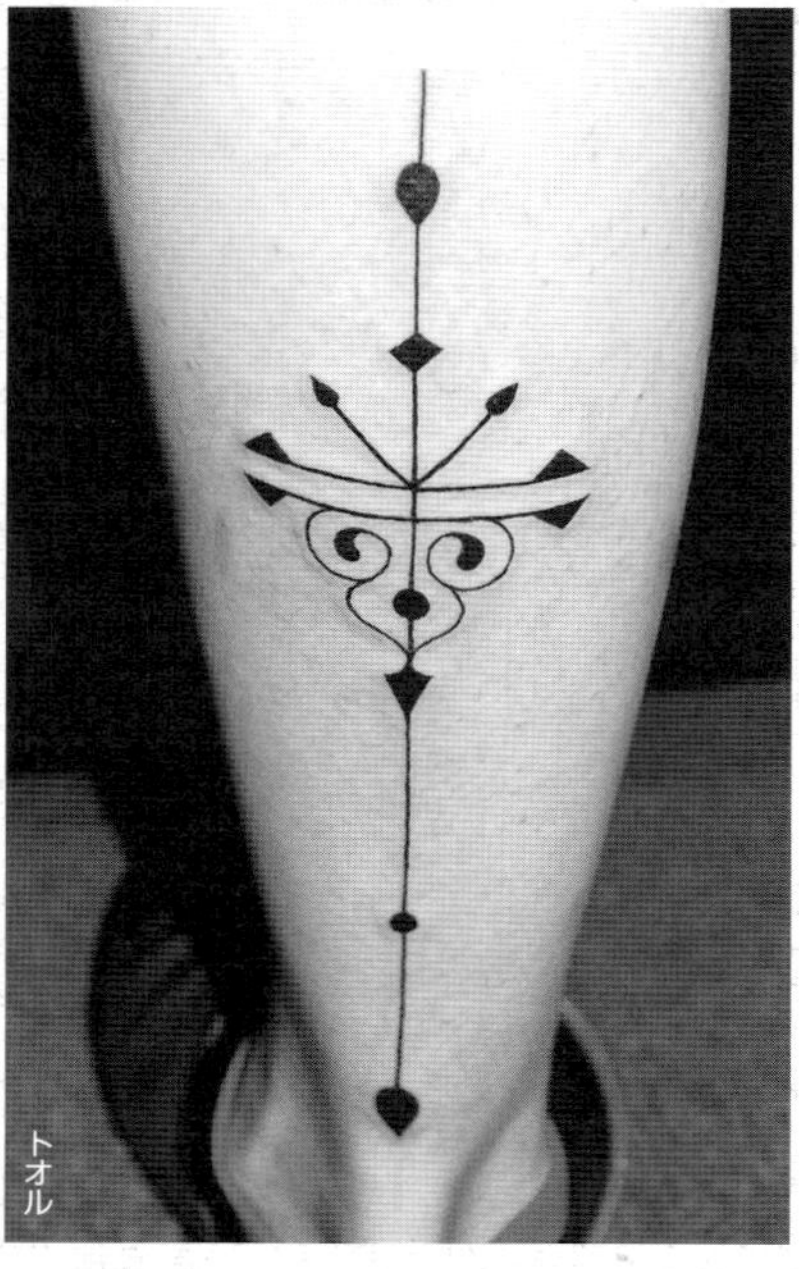
トオル

全能の神　ゼウス

ギリシャ神話の最高神である。ゼウスの名は支配者を意味している。ローマ神話では、ジュピターという。

クロノスとレアの子で、父の目をのがれるためクレタの山中で、ニンフと魔法のヤギに育てられた。ティタン族との戦争のときに、巨人族より雷の力を授かりティタンに勝利した。この天候を支配する力により、ゼウスはオリュンポス王としての絶対の地位を手に入れたのである。

無類の女好きであり、女と交わるためには卑怯な手も厭《いと》わない。夫に化けたり、黄金の雨になって女に降ったり、鹿や牛に化けたりして子を産ませるのだ。浮気を繰り返す最高神はしかし、唯一、正妻ヘラには頭が上がらない。

天上の女王　ヘラ

クロノスとレアの子。ゼウスの姉であり、正妻。天上界の王妃である。

出産の神でもあったが、エイレイテュイアに譲る。ヘラは嫉妬の女神でもあり、夫のゼウスが浮気をするたびに嫉妬し、その相手や生まれた子に敵意を向ける。

あるとき、ゼウスの浮気に嫌気がさしたヘラは、ゼウスから去ったことがある。ゼウスは知恵者に相談し一計を案じた。柏の木で作った人形にベールを被せて顔を見えなくし、ゼウスの新しい花嫁だと言ってまわったのだ。嫉妬で怒ったヘラは花嫁のベールを剥ぐが人形だと分かり、企みを知りゼウスのもとへと帰ることにした。彼女自身が浮気をしたことは一度もない。

戦争の女神　アテナ

ゼウスの娘であり、オリュンポス神の一人。戦争の守護神であり、ゼウスの頭より生まれ出た。母親は知恵の女神・メティスである。知恵を表すフクロウが聖鳥だ。

アテナの武装姿は兜《かぶと》、メドゥーサの首をはめ込んだ盾、山羊皮の胸当てという姿がよく描かれる。

美女であったメデューサを、恐ろしい姿で変えたのはほかならぬ彼女である。

メデューサはアテナよりも美しい髪を自慢したために、アテナの怒りを買った。そして髪を蛇に変えられたうえに、メデューサが見たすべての者が石に変わるようにされてしまったのだ。それでもアテナの怒りは収まらず、ペルセウスに力を貸しメデューサを退治する。アテナはメデューサの首を盾にはめ込み所持する。

戦争の女神である一方、アテナは織物や裁縫など女性の技術を司る女神という役割も持っていた。

太陽神　アポロン

予言と医療、芸術と音楽の神で、太陽を守護する神でもある。ゼウスとレトの子。狩猟の女神アルテミスの双子の兄だ。別名フォイボス（光り輝く者）という。アポロンは若く力強い美青年として表現された太陽神である。

彼は予言を行うため、ガイアに代わり巨大蛇ピュトンの守護する聖地デルポイへ向かい、そこでピュトンを倒し、神託所を建てた。その場所で巫女たちを通じて予言を告げるのだった。

アポロンは光り輝くだけの存在ではなく、医術の神とともに疫病の神でもあるので、気に食わない人間たちには、疫病をばらまいたりもした。

鍛冶の神　ヘファイストス

ヘラが独力で誕生させた神。母ヘラは息子があまりにも醜く、足が不自由なので他の神々に知られぬようにオリュンポスから海に投げ落とした。彼は海底で９年間テティスに育てられ、そこで鍛冶の技術を教わる。

彼は母への復讐のために、黄金の椅子を作り母へ贈った。ヘラが椅子に座ると、鎖が体を縛りつけ、神々は誰一人として鎖を断ちきることができなかった。

神々はヘファイストスを嫌っていたが、彼をオリュンポスから追い出すことはしなかった。なぜなら神殿や武防器等は彼が作り、その細工は彼しか施すことができなかったからだった。また、ゼウスに頼まれパンドラを作ったのも彼である。

狩猟の神　アルテミス

ゼウスと女神レトの娘であり、太陽神・アポロンと双子の兄妹でもある。アルテミスは、狩りや夜の月明かりなどを司る月の女神。月桂樹の乙女。夜の月明かりの中、動物たちを引き連れて、森を駆け回る野蛮な勇者の女神だ。

また、アテナと同じく処女の女神でもある。処女神ゆえに処女、童貞者の守護者とも考えられ、自分を崇拝する者には純潔であることを求めた。

純潔を誓った者が結婚したりすると醜くしたり、動物に変えたりする。逆に純潔を守り続ける者には守護を与え続けた。

戦争の神　アレス

荒々しき戦いの神である。暴力を好み、道義心に欠ける残忍非道な戦争の神。だが、同じ戦争の神であるアテナには勝つことができない。ゼウスの正妻ヘラの子だ。冷酷で狂暴、邪悪、嘘つきな性格だった。

美と愛の女神　アフロディテ

アフロディテは、美と愛の女神としてよく知られている。愛を司るケストスという帯を所有し、愛の神・エロスの母でもある。

この女神は、クロノスが切断したウラノスの男根が海に落ち、その精子から誕生した。アフロディテという名前は、泡より誕生した者という意味である。

アフロディテは、トロイア戦争の発端を生んだ神でもある。

海洋の支配者　ポセイドン

海洋の支配神。クロノスとレアの子。父の支配権を三人の兄弟で分け合い、海の神となる。地震、泉、川、馬の神でもある。ゼウスに次ぐ威厳を持つ。

黄金のたてがみと青銅のひづめを持つ白馬の引く戦車に乗り、手に三叉の矛《ほこ》を持ち、海の怪物を従えて海原を駆ける。

大地の神　デメテール

デメテールは実りと豊穣の女神であり、母なる大地の神だ。農耕の神で、すべてを生み出す母なる女神として、大地の実りと豊穣を司る。

神々の伝令役　ヘルメス

伝令、そして盗人の神。ゼウスとマイアの子で、ゼウスの伝令役だ。死者の案内人。盗賊、商人、旅人の守護神でもある。

羽が生えた帽子とサンダルを履き、先に二匹の蛇が絡みついた杖を持っている。

ヘルメスは神々の戦争においてガイアに閉じ込められたゼウスを助け、切られた腱を治し、ゼウスはガイアの最後の子・テュポンを倒したのである。

竈《かまど》の神　ヘスティア

聖火を守る女神である。クロノスとレアの娘で、ゼウスの姉になる。炉、いろりの守り神。家庭の守護女神。新しく生まれた子は、彼女の象徴であるいろりに捧げて、初めて家族の一員と見なされた。またどこの家にも彼女のための神聖ないろりがあり、火を絶やしてはならなかった。聖火を守る清らかな処女神だ。

インド神話、ヒンドゥとヴェーダの神々

ギリシャの神々の系譜と同じくらいに深い物語と個性を発揮しているのが、インドを中心に展開しているヒンドゥ教の神々である。

もともと、ヒンドゥ教は、中央アジアの民族、アーリア人の生み出した聖典『ヴェーダ』から始まった。インダス文明が発生する前後から、インドへと侵入してきたアーリア人たちの神と、インド古来の土着宗教の神々が融合し、アジアのカオスの中から誕生したのが、ヒンドゥの神々だといってよいだろう。そして、その一部は日本にも伝来しており、七福神や密教や道祖神として今も息づいている。

ヒンドゥ教の神話は、ギリシャ神話に匹敵する、アジアの神々の物語なのである。

ヒンドゥ教では、さまざまな神が存在するが、その一神一神のキャラクターにも実に多くの言い伝えが存在する。それぞれの流派によっても、神話の解釈は異なっていく。

ここでは、ヒンドゥ教とヴェーダの代表的な神々を紹介する。この中に、興味を持った神様がいたならば、ぜひ、もう一歩踏み込んで調べてほしい。彼らにまつわるさまざまな神話によって、より豊かな神の特性を確認することができるだろう。

ヒンドゥ教やヴェーダなどのインド神話には、この他にも、沢山の神が存在する。その中には、日本でもなじみの深い神も多い。そして、そのキャラクターも親しみやすく、美しいものが多い。新しいデザインも、生まれてきそうな要素は沢山ある。自分の想いをインドの神々に託して、オリジナル・タトゥーを入れるのもいいのではないだろうか。

トオル

破壊と再生の神　シヴァ

ヒンドゥ教三大神の一神。青い身体でコブラを首に巻き、虎の毛皮に座って瞑想《めいそう》する苦行者の姿をとる。ヒマラヤのカイラス山に住む。四つの腕には、斧、三叉戟を持ち、太鼓を打ち鳴らし、信者たちへ恩恵を与えるために印を結んでいる。額にある第三の目は、世界のあらゆる物を見通すことができ、脳天から、ガンジス川が吹き出している。

神の中の神、インドの神話の中では、「ヴィシュヌ」と並び、実質上の主たる神といえる。本来、バラモン教では破壊と創造、両方を司る神であり、陰険で破壊的な面、恩恵を与える面の両方を持つ。あるいは生殖・舞踊の神としても知られ、複雑な多面性を持った神である。

日本の密教仏教においては、「不動明王」「降三世明王」「大黒天」「自在天」として伝えられている。

シヴァを表す姿は、さまざまに伝えられているが、現世と永遠の宇宙の狭間の輪の中で永遠の踊りを続ける「ダンシング・シヴァ」がある。また、生命力の源としてのシヴァ信仰のシンボルとして、シヴァ・リンガと呼ばれる男性器の象徴への信仰がある。実際のリンガは先の丸い円筒形の石柱で、対《つい》を成す女性器を意味するヨーニと呼ばれる円形の台座の中心に起立しているものが多い。日本の道祖神などにも、男女和合を祀《まつ》ったものが多く見られるが、これらはアジアに広く伝わる、土着の宗教からの流れだろう。

男女和合という点では、インドには「シャクティ」という力が存在する。その代表的な姿は、シヴァの妃であるパールヴァティとシヴァが半身ずつ合体して描かれたものである。

再生と創造の神　ヴィシュヌ

ヒンドゥ教三大神の一神。すべてのものを切り裂く、空飛ぶ円盤（チャクラ）、強大な力と権力の象徴である棍棒（ガタ）、ひと吹きで魔物たちを震え上がらせる法螺貝《ほらがい》（シャンカ）、そして再生と創造の力の象徴である蓮の花を携えた慈悲深い表情のヴィシュヌは、シヴァと対照的であり、インドでもシヴァと人気を二分する存在である。「慈愛」に満ちたヴィシュヌには、多くの神と争い、その力を示していったシヴァとは違い、穏やかで温和な力強さが秘められている。

ヴィシュヌは、慈悲深い神のため、自分を信奉する信者たちへ必ず恩恵を与えるといわれている。信者たちの危機を救うために、さまざまな化身となって姿を現し、信者たちを救うという「権化思想」もヴィシュヌを語る重要なファクターだといえる。

ヴィシュヌの化身は、数限りなく存在するといわれているが、その代表的なものは、クリシュナ、ブッダ、カルキ、マツヤ（魚）、クールマ（亀）、ヴァラーハ（猪）、ヌリシンハ（人獅子）、ラーマ王子などである。

維持、宇宙根本原理の神　ブラフマー

四つの腕と顔を持ち、手には「ヴェーダ聖典」「数珠」「水壷」「弓」を携えた、宇宙創造と維持の神。それが、ブラフマーのイメージである。ブラフマーは五面の顔に赤色の身体をしている。五つの顔の中で天空を見つめていた顔は、シヴァを怒らせたときに焼かれ、四面となった。

しかし、ブラフマーはシヴァやヴィシュヌに比べ、具現的な姿よりも観念的に語られることのほうが多い。それは、ブラフマーは「ブラフマン（根本原理）」という理念から発達した抽象的な概念から成り立っているからだろう。

仏教に取り入れられては梵天と呼ばれ、インドラ（帝釈天）と並んで護法の神とされている。悟りをひらいた釈迦に転法輪を勧めた者として知られている。

白雁に乗り、サラスヴァティ（弁財天）を妻とする。

ブラフマーは理念を擬人化しているため、あまり多くのキャラクターが語られていないが、それだけに、イメージを広げてデザイン化することも可能なのではないだろうか。

豊穣の女神　パールヴァティ

シヴァから、最も深い愛情を注がれた、豊穣な女性原理と愛に溢れた女神。シヴァの男性器のパワーを受け止め、創造へと昇華させる起爆剤的な女神である。シヴァとの男女和合による「シャクティ」と呼ばれるパワーは、宇宙のすべてのものを創造するといわれている。

パールヴァティを表した姿に、乳房を露わにした姿や妖艶な衣装をまとったものが多いのは、シヴァのリンガを奮い立たせる役割を担っているためだといわれている。

富と幸運の女神 ラクシュミー

仏教では吉祥天。蓮華の目に蓮華の衣をまとっている、幸運の女神。

維持神であるヴィシュヌの妻であり、ヴィシュヌが輪廻《りんね》するたびに、ラクシュミーもまた生を繰り返す。母なる慈しみの心を持つ女神であり、救済と歓喜を宇宙に与える。

ブラフマーの死により、宇宙が再生される際、ラクシュミーは、千の光り輝く蓮華を無の空間に咲かせる。その蓮華は、新たなブラフマーを誕生させ、宇宙を創造する。

美人でしかも性格も良く、理想的な妻のイメージとしても信仰を集めている。

富と学問の神　ガネーシャ

象の頭をして大きなお腹を丸出しにし、四本の腕を持つガネーシャは、あらゆる障害を排除して、信者に利益と成功を与える、現世利益の神とされている。

仏教では歓喜天と呼ばれ、男女和合の神でもある。

この、ユーモラスな姿で親しまれているガネーシャは、シヴァとパールヴァティの子である。

あるとき、パールヴァティの入浴中の見張りを命ぜられたガネーシャは、そこに訪ねてきたシヴァの行く手を遮った。シヴァは、怒りにまかせてわが子の首をはねてしまったが、パールヴァティは嘆き悲しんだ。そこで、シヴァは最初に通りかかった者の首をつけて、ガネーシャを生き返らせた。その、最初に通りかかった者が象だったという。

何か新しくことを始めるときにガネーシャを拝むとうまくいくといわれ、商売の神として信仰を集めている。乗り物はネズミ。

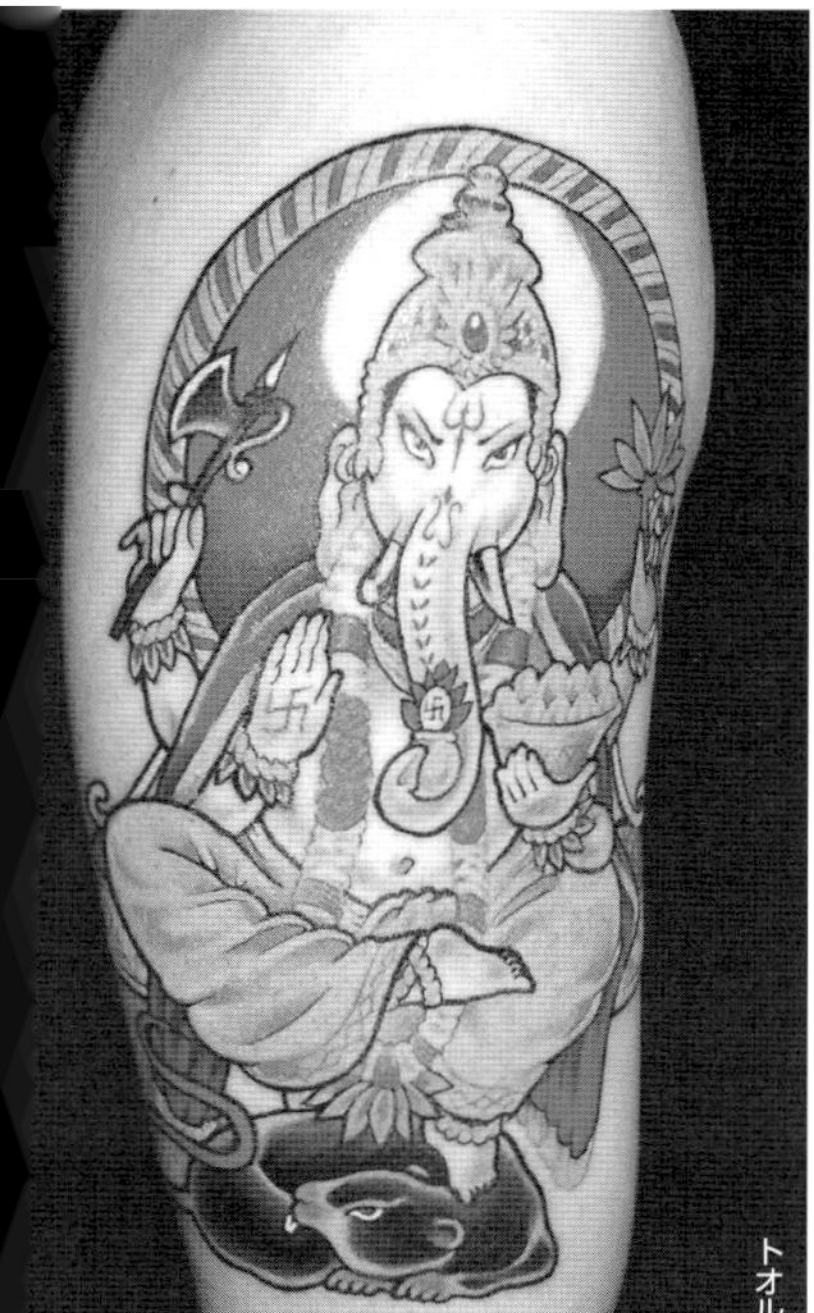
トオル

トオル

学問と芸術の女神　サラスヴァティ

仏教では弁財天と呼ばれ、七福神の一人でもある。

サラスヴァティ河を浄化する人格化された水の女神である。のちに学問・芸術の女神となったサラスヴァティは、白鳥に乗り、弦楽器ヴィーナーを手にした優雅な姿で表される。

この神は初めヴィシュヌの妻であったが、後にブラフマーの妻となる。ブラフマーが生み出した女神だという話もある。

雪子鬼（NS7.DEPT）

猛々しく美しい女神 ドゥルガー

アスラの一員であるマヒシャとの戦いに天界の神々は敗れ、インドラはシヴァ、ヴィシュヌ、ブラフマーに助けを求めた。神々の怒りとシヴァとヴィシュヌの怒りとが交わり、女神ドゥルガーが誕生した。

神々は愛用の武器をドゥルガーに与えた。彼女は、それらの武器を見事に使いこなし、アスラを撃退した。

インド各地で広く敬われ、その性格とは反対に獅子に乗った美女として表されている。パールヴァティの戦闘時の姿であるともいわれている。

ナーガ

姿は人間の上半身にコブラの下半身をしている。

一般には竜として知られ、寺院の入り口を守護する神である。

このコブラは菩提樹の根もとに住んでいたが、ある日、聖者が現れ彼の上に座し瞑想を始めた。そこに嵐が起こり、聖者を吹き飛ばそうとするので、コブラは聖者の身体にとぐろを巻き喉を広げて傘になり聖者を守った。嵐が去ると、コブラは人間の姿になり聖者の前に現れ敬意を表した。聖者が敬意にこたえ、このコブラは竜となりナーガ王となったのだ。

ちなみに女性のナーガは、「ナーギニ」と呼ばれる。

血塗れの女神　カーリー

血走った目と扇情的な舌。十本の手と足には黒い肌に血塗《ちまみ》れの武器や生首を携え、殺した相手の首で作ったネックレスとちぎれた腕で作ったスカートを身につけたカーリーの姿は、暗黒面を受け継ぐ女神にふさわしい。

カーリーは、ドゥルガーとアスラたちとの戦いの最中、怒り狂うドゥルガーの額から生まれてきた。カーリーは、生まれると直ぐに高笑いをあげアスラたちを食い尽くしていった。ドゥルガーはアスラ陣営のラクタビージャを切り裂くが、傷口から流れ落ちた血から、再びラクタビージャが誕生し、切れば切るほど敵の数は増えていった。カーリーはラクタビージャの傷口から血を飲みほし、すべてのラクタビージャを倒した。ラクタビージャの血を飲みほしたカーリーは血に酔い、勝利のダンスを踊ったために大地は震え壊されていった。シヴァは、カーリーの足もとに横になり振動を吸収した。カーリーはシヴァに気づき勝利のダンスをやめた。

ハヌマーン（猿神）

猿の姿をしたこの神は、風の神でもあり、変身することができる。そして、空を飛ぶこともできる。『ラーマーヤナ』の中でシータ姫を救出するために大活躍する、人気の化身である。

あるとき、ハヌマーンがラーマを救出に行く際にスラサが現れ、ハヌマーンを飲み込もうとした。するとハヌマーンは大きくなり、スラサの口を開かせ、次に小さくなると、右の耳穴から抜け出ていった。戦闘中のラーマを、ハヌマーンは数度にわたり助け、不死の命と若さを授かった。

『西遊記』に登場する孫悟空のルーツでもある。

ガルーダ

ヴィシュヌの乗る聖鳥。

仏法を守護する八部衆の一角。迦楼羅《かるら》、金翅鳥と呼ばれる。

胴体は人間。頭、くちばし、ツメと翼は鷲。巨大な身体は黄金に輝くといわれる。ヴィシュヌを助け、大空を駆け巡る。蛇を退治することで、多くの人々の命を救う。

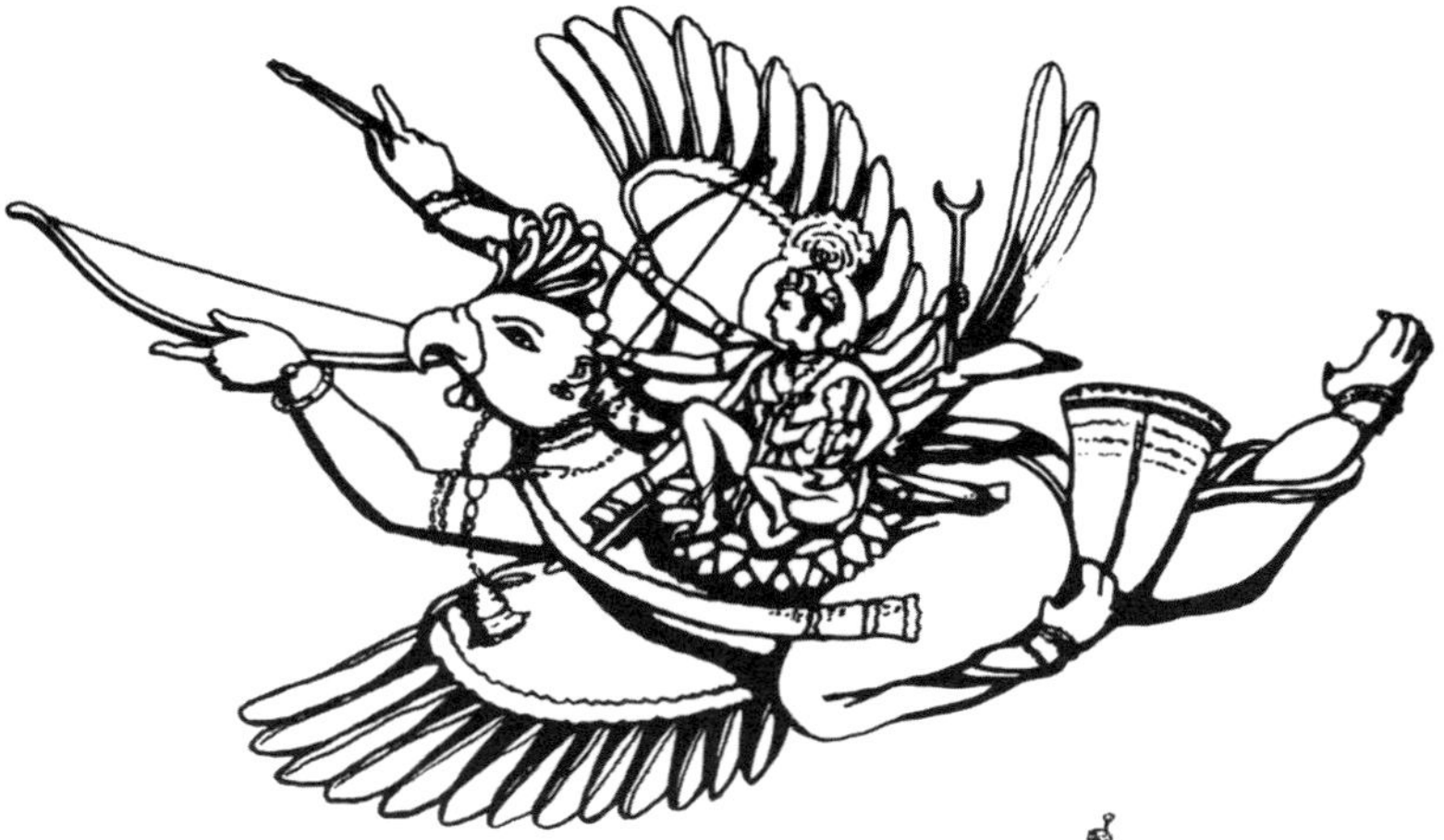

インドラ

仏法では帝釈天と呼ばれている。

黄金の肌とたてがみを持つ、二頭の馬がひく、黄金の戦車に乗り、天空を駆け巡る雷神。稲妻を具現化した法具ヴァジュラ（金剛杵）を使って、煩悩を打ち砕く。

富の守護神　クーベラ

日本では毘沙門天として、親しまれている。

悪霊であった彼は、幾千年もの苦行を成し遂げ、ブラフマーによって神の地位を与えられた。決して男前とはいえないクーベラであるが、心と服装は素晴らしいようだ。

クーベラは、さまざまな装飾品や宝石を身にまとっているという。そして、彼の乗った戦車が天空を駆け抜けると、大地には宝石が降り注ぐといわれている。

カーマ

シヴァの妻の一人であるダークシャニは、彼女の父によるシヴァに対しての非礼のために焼身自殺する。シヴァは悲しみ、ヒマラヤで修行をすることにした。ヒマラヤの神であるヒマヴァンは、娘であるパールヴァティをシヴァに仕えさせた。

その頃、魔人ターラカが神々に対し争いを仕掛けた。神々は、シヴァから誕生する子しか、この魔人に勝つことができないことを知った。神々は、シヴァが修行をやめ、パールヴァティと結ばれるようにするために、愛の神カーマをシヴァのもとへ遣わした。

カーマに修行を妨害されたシヴァは怒り、額にある第三の目から放った炎で、カーマを灰にしてしまう。しかし、カーマが射た一本の矢が、すでにシヴァに当たっていたため、シヴァはパールヴァティと結ばれる。二神の間に誕生したクマラは、魔人ターラカを殺す。シヴァは、カーマの妻ラチィの願いを聞き入れ、カーマを生き返らせた。

豊穣な闇の精霊　ヤクシャ

仏教説話では、夜叉と呼ばれ、人間の精気と血肉を貪り食う魔物とされている。

しかし、インド神話のヤクシャは、滅多に人を襲わない、闇の精霊である。

ブラフマーは、宇宙を創造する中で、誤って「無知」を生み出してしまう。「無知」は、成長し「夜」となりさまざまな魔を生み出していく。ブラフマーの説得により、魔の命の半分は大人しく生きていくことを誓う。それらの命が、ヤクシャである。

ヤクシャは、富の神クーベラに仕え、神の財宝の見張り番をしているという。クーベラ（毘沙門天）の家来だったことから、後の世では、仏法を守護する八部衆の一角として扱われるようになった。

ヤクシャの女性形は、ヤクシー、または、ヤクシニーと呼ばれ、かつてはドリアードやニンフのような山や樹木の精霊として祀られていた。女神としてのヤクシーは、農耕に関わる豊穣の神として、民衆の崇拝を受けていた。

精霊としてのヤクシーは、豊満な身体つきを誇る、魅力的な女性の姿をしているという。しかし、神の財宝に手を出すものには、情け容赦はない。

雪子鬼（NS7.DEPT）

第七章 魂と生きる聖なる住人たち

TATTOO AGE CHAPTER 7

オリジナリティを求めて

雨の中、僕と彼女は代官山の街並を歩いていた。

「今日は本当に大丈夫かな?」

不安そうな表情で、彼女は言った。

「大丈夫だよ。事前に連絡を取って、予約を入れてあるし」

僕は明るく、彼女にそう言った。雨雲に遮られ、夕闇は一層深くなっている。彼女が不安に感じているのには、ある理由があった。

先日、僕たちは今日と同じこの道を歩いていた。すると偶然、彼女が一風変わったタトゥー・スタジオの看板を見つけたのだ。絵柄探しの手がかりになるのではないかという話になり、僕と彼女は**アポイントなしで、いきなりそのスタジオを訪ねてみた**のだ。

インターフォンを押し、話を聞きたい旨を伝えてみる。すると、スピーカー越しに、女性がきっぱりとした声で言った。

「**ここはショップではなく、プライヴェート・スタジオです。ただいまアーティ**

横浜・彫のぶ

ストは施術中のため十分な対応ができません。申し訳ありませんが、予約した上で、あらためて来て下さい。日程のご都合はいかがですか」

僕らは、突然の来訪を詫びた上で、カウンセリングの予約をした。そして、今日、再び代官山を歩いているという訳だ。

エレベーターを降り、先日と同じドアの前に到着した。ドアには、シルバーの装飾で、スタジオ名が掲げられてある。

〈SPIRAL TATTOO〉

ヨーロッパの紋章を思わせるそのロゴが、このスタジオの主のフィーリングをイメージさせる。来訪の旨を伝えると、僕はゆっくりとその扉を開いた。

「どうぞ」

奥から声がする。

僕らはエントランスに傘を置き、スタジオへと入って行く。

モノトーンで統一されたスタジオ内。コンクリートや銀色の金属ネット、そして黒い大理石などからも、このスタジオのイメージとオーナーの強い趣向が感じられる。女性に案内されてテーブルにつくと、さらに奥の方から男性の声がした。

「ちょっと待ってもらって」と女性に一言。

タトゥー・マシーンの、低い金属音が聞こえる。多分、奥の部屋で作品を彫っているのだろう。

雪子鬼（NS7.DEPT）

横浜・彫のぶ

シックな内装とは対照的な野鳥の声のＳＥが、静かに流れている。

そわそわと落ち着かない様子の彼女は、アーティストが座る椅子の横に置かれたヒョウの剥製《はくせい》に気をとられながら、物珍しそうに辺りを見回している。

マシーンの音が止み、来客者とのやり取りが終わると、先程の声の主が現れた。

「お待たせして申し訳ない」

細身の彼は、そう言いながら、名刺を差し出す。彫師というよりも、画家やミュージシャンのような繊細な印象を受ける。

「初めまして、**テリーさん**ですね。先日は突然お邪魔して、大変失礼しました」

僕は、そう言いながら一礼すると、横にいる彼女も、一緒にペコリと頭を下げる。

「いやいや。ただ、**タトゥー・ショップなら、お店がオープンしていれば、大抵は来店可能だろうけど、ここはプライヴェート・スタジオなので、予約が必要になるよね**」

「それはおっしゃる通りですよね。画家のアトリエや音楽家のレコーディング・スタジオへ、突然訪ねることと同じですからね」

「そうとも言えるね。でもまあ、今日はゆっくりとお話を伺いたいので、気にしないでリラックスしよう」

「ありがとうございます」

黒い革張りのソファーに座り直すと、僕は言った。

「早速ですが、スタジオとショップの違いは、他にどんなことがあるのですか」

「一概には言えないが、密閉された雰囲気が特徴的なスタジオに対し、**ショッ**

雪子鬼（NS7.DEPT）

トオル

プにはフラッシュという下絵のサンプルが多数ディスプレイされている。来客者は、そのコレクションの中から気に入ったデザインを選んだり、それらに少し変更を加えたものをオーダーする。来店して、すぐにタトゥーを彫ってもらえる可能性は高い。思いつきでタトゥーを入れたくなったとしても、彫師の手が空いていれば、その場で彫ってもらうことも十分にあり得る。しかし、これは**スパイラル・タトゥーでは、まずあり得ないこと**なんだ」

「と言うと？」

「ショップだのスタジオだのといった門構えの違いよりも、まず作品に対する根本的な考え方の違いから話す必要があるようだね。僕は早い時期から、既存のジャンルには一切目を向けず、常に独自のスタイルのみを追求してきた。そのオリジナルスタイルをもって、白紙の状態からラフを起こし、一人ひとりのオーダーをわざわざ一点モノとして描き下ろす。**オリジナリティを追求するには、下絵を起こす段階から、それなりの手間と時間が必要**なんだ」

「なるほど」

「僕は彫る前に、その人とコミュニケーションをとってから下絵に着手する、ということをずっと続けてきた。最終的に相手が僕に何を望んでいるのか、どんなタトゥーを求めているのかを知るためにね。ちなみに、他の作品を模写したようなものや、既存のスタイルに沿ったもの、あるいは他の人間でもできるようなことを僕にオーダーする人は、まずいない。ところで、君はどんなデザインを考えているのかな？」

テリーさんは、彼女に向かって言った。彼の問いかけに不意をつかれたよう

ケルベロスをはじめ、ギリシア神話中、数々の伝説獣を産んだ母・エキドナ。僕が最初に好きになったキャラクター（ＴＥＲＲＹ談）。

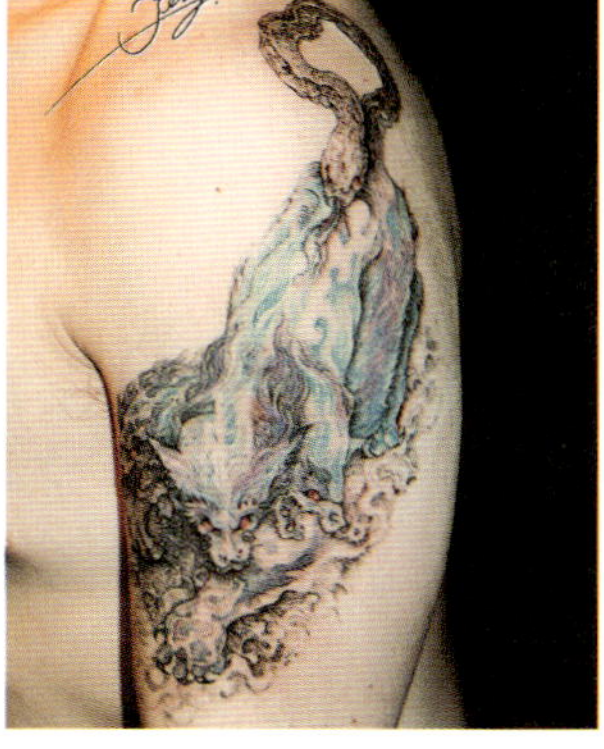

エキドナから生まれた狼のような3つ首の獣。地獄の門番といわれ、「死者の門」を厳しく見張る重要な役目（ＴＥＲＲＹ談）。

に見えた彼女は、少し困ったような笑顔で言った。

「まだ、何も決めていないんです。漠然としかイメージできなくて……でも、**自分なりのタトゥーを入れたいって気持ちはある**んです」

「なるほど。まずは自分らしさを追求していく気持ちがあれば、それで十分だよ。**生涯共に過ごしていく大切な絵柄**をゆっくりと探していけばいい。きっと答えが見つかるはずだから。逆に、自分の嫌いな色とか、このデザインのタトゥーは絶対に入れたくないっていうものはあるよね」

「ええ、それは」

「そこら辺からデザインを絞ってゆく方法もあるよ」

テリーさんは、クールに、しかし、優しく彼女に言った。

「テリーさんの今までの作品の写真があったら、参考にさせてもらえますか?」

と僕。

マガジン・スタンドに整理されているファイルを数冊、手に取ってみた。そこには、過去のテリーさんの作品の写真が、丁寧に整理されていた。確かに、どの作品も個性的なものばかりである。

中でも、特にテリーさんが強い思い入れを注ぐという神話・伝説獣。この分野をモチーフにしたデザインのそれは、タトゥーというより、エッチングのような繊細な印象を受けるものばかりである。

食い入るように写真ファイルを見続ける彼女と僕。テリーさんは言う。

「**希望するデザインのヒントとなるようなもの**、例えば、何かのイラストだったりモチーフとなる写真でもいいから、気になるものを提示してくれると、よ

迫り来るケルベロスを正面からとらえた強インパクト作品。胸全面の大迫力と押し出しの強さは圧倒的(TERRY談)。

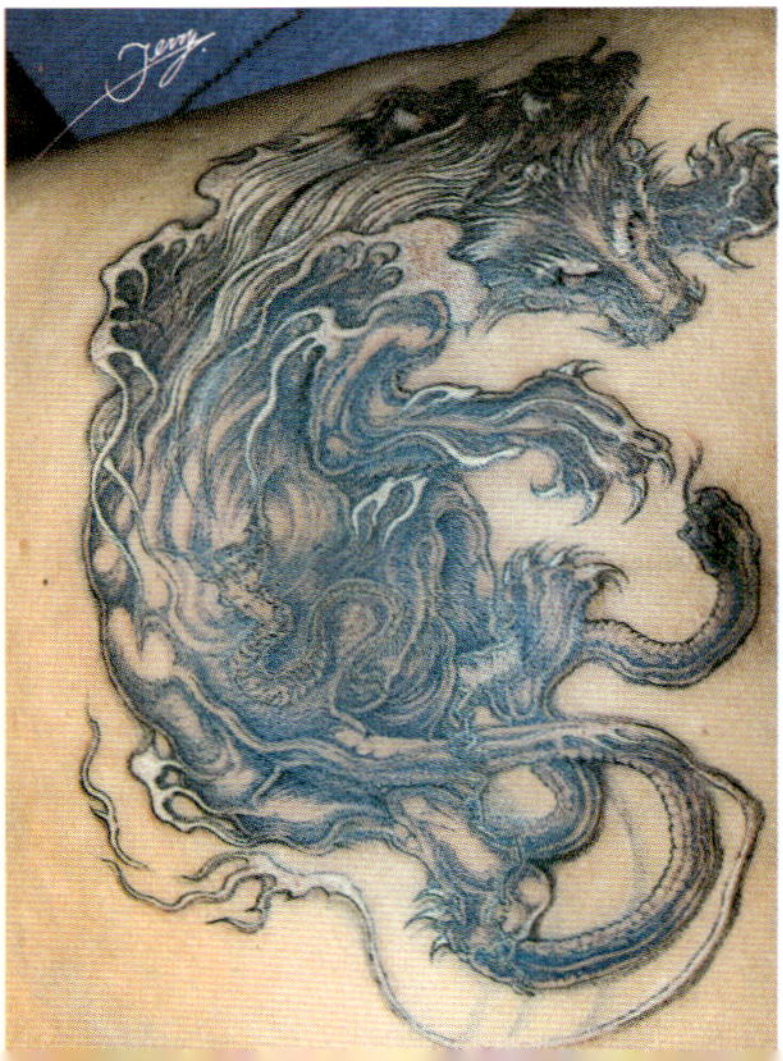
マニアックなファンから支持されるケルベロスをスパイラル流にアレンジ。腰の辺りにエキドナ……小技を効かせた作品(TERRY談)。

り具体的になるよね。ただし、**他の彫師さんの作品写真を持って来て、これを彫ってくれという注文には絶対に応じられない**」

「やはり、そうですか」と僕。

「一般に資料として存在するデザインを活用する行為は良しとしても、**個人の作品として完成されたものを無断で転用してしまう行為は明らかにルール違反**だよ。作者にきちんと使用許可を得るならまだしも」

「著作権侵害の問題でもある訳ですね。これは、アーティスト同士、最低限のエチケットですね」

「その通り。作品に限らず、僕は他人（特に同業者）を真似することも、他人に真似されることも気に入らない。自分らしさを保つためにも、この暗黙のルールだけは守っていくことに決めている。そもそもプライドのある彫師なら、こんな注文はスッパリ断れるはずだからね」

「なるほど」

　写真に食い入るように見入っていた彼女は、ファイルから顔を上げて、テリーさんへ躊躇いがちに質問した。

「料金のことなんか、聞いてもいいですか？」

「どうぞ」とテリーさん。

「雑誌とかを読むと、ワンポイント1、2万円からとか書いてありますが、本当はいくらぐらいかかるのか、全然分からなくて……」

「よくみんな**タトゥーの料金を他と同じようにだとか、本当はいくらくらいだとか一定に決めたがるけど、それは無理がある**んだよ。タトゥーはチェーン店

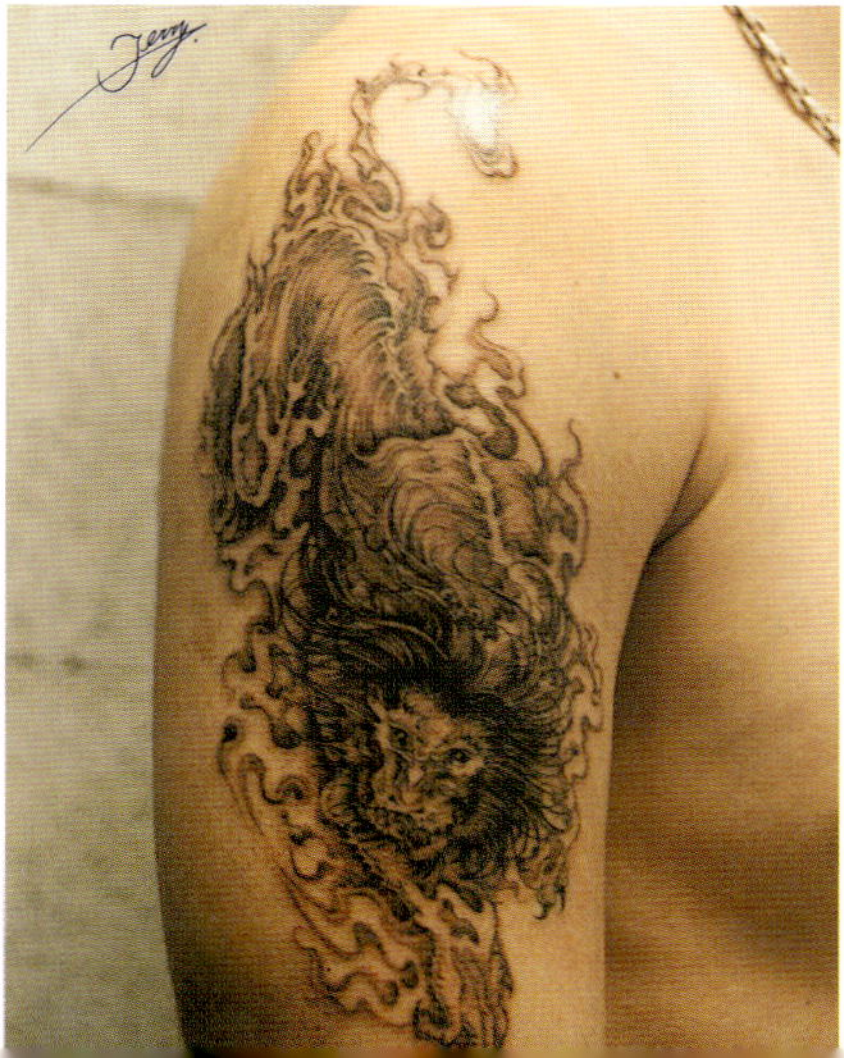

エキドナが産んだ「ネメアのライオン」という伝説獣がいる。写真は「百獣の王」としての獅子だが、黒一色の渋さが印象深いもの（TERRY談）。

ダークブルーの髪が鮮やかに見えるのは、極めて白い肌ならでは。トゲのある冷たい顔だちも好印象（TERRY談）。

のように、どこで買っても同じ商品でないことは分かるでしょう？ 彫師は一人ひとり違う人間な訳で、キャリアも指向も人それぞれ。その人間たちの手によって一点ずつ生み出される作品がタトゥーというものなんだ。**タトゥーの料金体系は大別すると、1時間でいくらという時間制と、ワンポイントの面積によるサイズ割りなどがあるみたいだけど、それらは僕みたいなオーダー・デザインの場合には、あてはまらない**んだよ」

「どうしてですか？」

「君はまだ何を入れたいか決めていないよね。どんなタトゥーを入れたいのかが決まっていないうちは、料金的な話も見えてこないんだ」

「でも、初めて入れる人にとって、料金は不安な面がありますよね」

「確かにそれはあると思う。ただ、**一つの目安として、過去の作品に関してなら、どれでも答えることは可能**だよね。今までスパイラル・タトゥーにオーダーを入れた人たちを振り返ってみると、求める大きさもグレードもみんなバラバラなんだ。大まかには三つのグレードに分かれるけど、一点ごとに定める必要があるため、時間はいっさい関係ない。毎回時間で割り切れるような均一な内容とは限らないから。同じ大きさでも絵柄の内容によって手間も違うので、相談のうえ確認してほしいんだ。**一点モノの絵画を買うようなもの**だからね」

「それは、そうですね。じっくりとディスカッションしながら、納得のゆくものを作ってゆくということですね。ある意味、タトゥーは彫師と入れる人間との、セッションということになりますね」

「その通り。アーティストとしての僕と、僕の作品に納得した人間とだけ、セッ

数少ないインキュバスの中でもレアな、地上座り型の作品。人間の女性に悪魔の子を宿す（TERRY談）。

雄のインキュバスに対し、同じく美しい雌のサキュバス。男達は夢の中、彼女の虜となって死んでゆく（TERRY談）。

ションする。スパイラル・タトゥーを訪れる人は、直感一発で決めてくれた人がほとんど。他にいろいろな彫師の作品を見た上で、改めて来てくれる人もいる。何よりも、皆、オリジナリティを求めているからこそなんだと、僕は考えてるよ」

「やはり、入れる人間は、自分が納得するまで、リサーチすべきなんですね。でも、最後は、決めた彫師さんを信頼することが大切ですよね。ところで、技術的な質問なんですが、**発色しやすい色とか悪い色**とかはあるんですか？」

「まあ僕がわざわざ答えなくてもいいような質問だけど、強いて言えば、**白は何度か突かないとうまく発色してくれない**場合があるよ」

そう言って彼は、ある写真を見せた。

それは『白虎』というデザインだった。白虎は、中国に伝わる東西南北の西方を守る四神獣の一つであり、その他に、玄武・青龍・朱雀がある。

日本でも有名な神獣たちであり、これらの神獣の色は大相撲の吊り屋根にある『白房』『赤房』などにも形を変えて、現代にも息づいている。テリーさんは、続けて言った。

「**発色の善し悪しは、その人の肌の色素やコンディションにもよる**。彫られる人に一番必要なことは、施術時にいかに良いコンディションを保てるかだと僕は考えている」

「一つ質問なんですけど、10年後とか、時間が経つと、**タトゥーってだんだんボケてくって聞いた**んだけど……」と、彼女が言った。

「うん。当然、**時間が経過すればタトゥーの上に何層もの新しい皮膚ができる**

中国四神獣の一匹。スマートな体つきと全身を包む青白い炎は、スパイラル流のアレンジによるもの（ＴＥＲＲＹ談）。

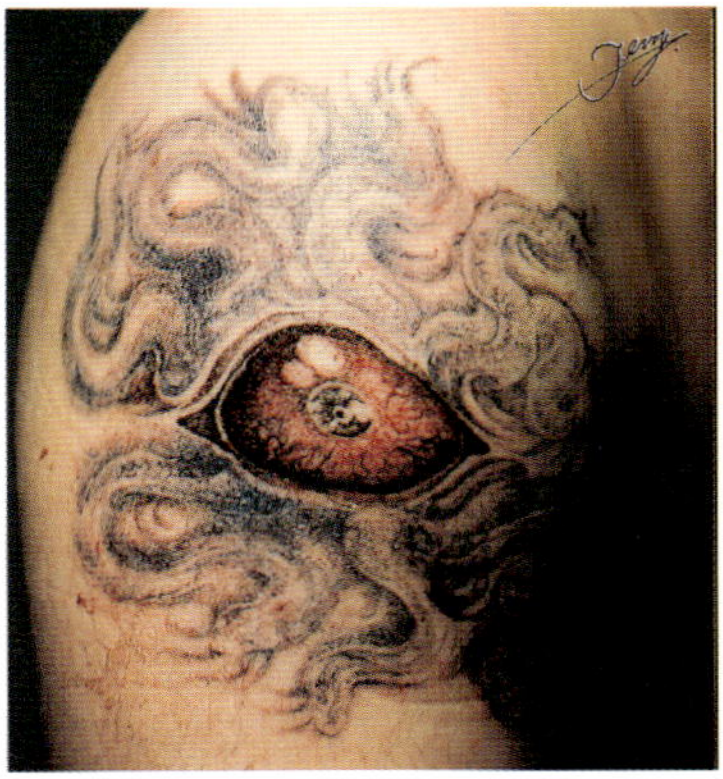

映画「タイタンの戦い」のラストボス。睨んだ者を石化する邪眼と多頭の蛇、特徴のみを凝縮した意欲作（ＴＥＲＲＹ談）。

から、徐々に見え方が変化してゆくよね。そうやって自分のタトゥーが身体になじんでいく様も楽しんでもらいたいと、僕は思っているんだ」

真剣に質問をしている彼女の横顔を眺めながら、僕は充実した気分を味わっていた。結局、タトゥーを彫るという行為は、オリジナリティを求めようとする人間の本能そのものなんだと、僕は感じていたのだ。

炎と水のドラゴンに挟まれた中央でドラゴンJr.が疾風を巻き起こす。広い背面ならではの作品(TERRY談)。

他にはない姿のスパイラル流鳳凰は、黒一色のリクエストが多い。左側に寄せた流れるようなスタイルが特徴の作品(TERRY談)。

聖なる力を得るために

聖獣、または幻獣、妖精などの幻想生物を図案にしてタトゥーを入れる志向がある。聖獣たちはどんなふうに生まれてきたのだろうか。

動物でいえば、ライオンやイーグルなど、人間が獰猛《どうもう》な動物を恐れ、そして憧れるところから生まれてきたのではないだろうか。

特に獅子は本来アフリカにしか存在しないが、ヨーロッパにまで伝搬していった。日本にも、唐獅子や狛犬《こまいぬ》として、あるいは沖縄のシーサーなどにその影響が見られる。獅子舞も一例であるが、日本の神話でいうと、「獅子」というのは必ずしもライオンだけを指す言葉ではなく、猪や鹿も獅子とみなされる場合があるという。獅子舞を見ると明らかに角が生えているものもある。人間が持つさまざまな獣のイメージが統合、純化され、聖獣や幻獣として結実しうるのだろう。

そういった現実世界の上では踏み込めない場所にいる動物たち。人間の力をはるかに超えたものが、聖獣になっているケースが多々見受けられる。

蛇や龍や鯉は、基本的に水から生まれてきている。水、川、虹が蛇になったり龍になったりしている場合も多い。

妖精は、基本的には精霊といわれているものが形を変えて伝えられているものだろう。ある場合は、植物から生まれたりしている。特に女性が好

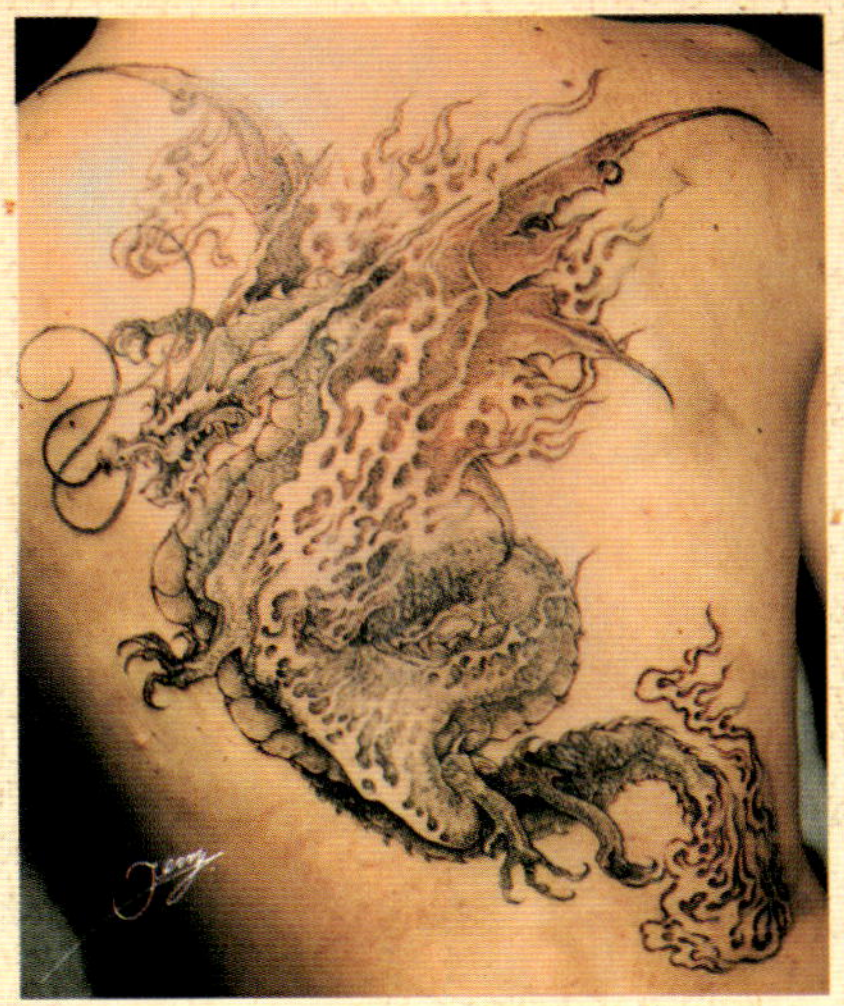

舞い降りるドラゴンを側面から描く大型ワンポイント。翼へ吹き上げる炎は、スパイラル流アレンジの基本技（TERRY談）。

むタトゥーの絵柄の一つでもあり、可愛らしさといたずら心をあわせ持つ。見た目に美しいものが多い。

また、聖獣や幻獣を彫る人も男女共に多く、特に最近は男性にも負けない強さを求める女性から強い支持を集めているようだ。最近では『ファイナルファンタジー』をはじめ、ゲームの世界にこうした聖獣や幻獣が数多く登場し、若い世代の間ではとてもなじみやすい存在にもなっている。

聖獣や妖精は、確かに存在する。僕らのイマジネーションを超えた領域で、密かに呼吸しているのだと思う。それをシンボルとして彫るということは、彼らの持つ不可思議なパワーや美しさに自分を同化させる、あるいはそのエネルギーをもらいながら生きていくということだ。

例えば、ドラゴンも幻獣の一つである。サラマンダー、リバイアサン、ワイバーンなどの種類が存在し、ヨーロッパのいろいろな地域に伝承されている。初期のドラゴンは、翼のない巨大で長い蛇状の、ワームといわれる姿をしていた。時間が経つにつれ、コウモリの翼に、蛇のような長い身体、強力な顎《あご》を持つようになった。そして、硬いウロコに覆われている。特殊能力も、空を飛べる、火を吐く、毒を吐く、言葉を話す、魔法を使うなどさまざまだ。一生の間成長し続けるため、年老いたドラゴンほど大きくなり、強力な力を持っている。

ドラゴンを彫ったら、眠っている間にも、彼がさまざまな厄災から守ってくれるような気がする。

では、代表的な聖獣、幻獣、妖精を紹介しよう。

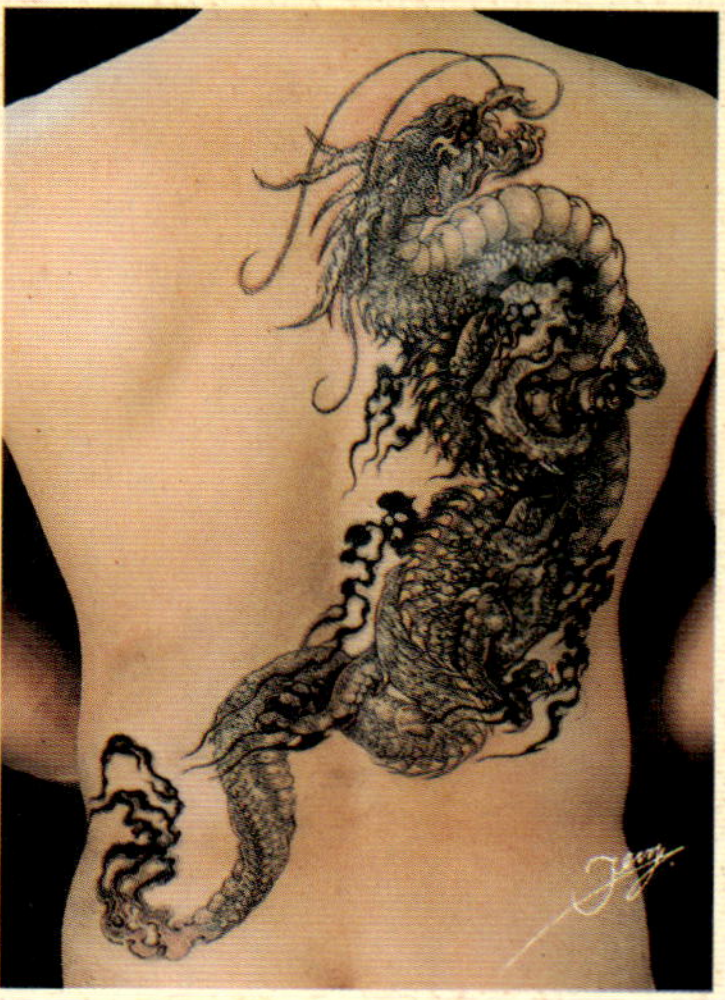

西洋のドラゴンとの比較という意味で並べた東洋の龍。長い胴体が重量感を放ち天へ昇ってゆく姿（ＴＥＲＲＹ談）。

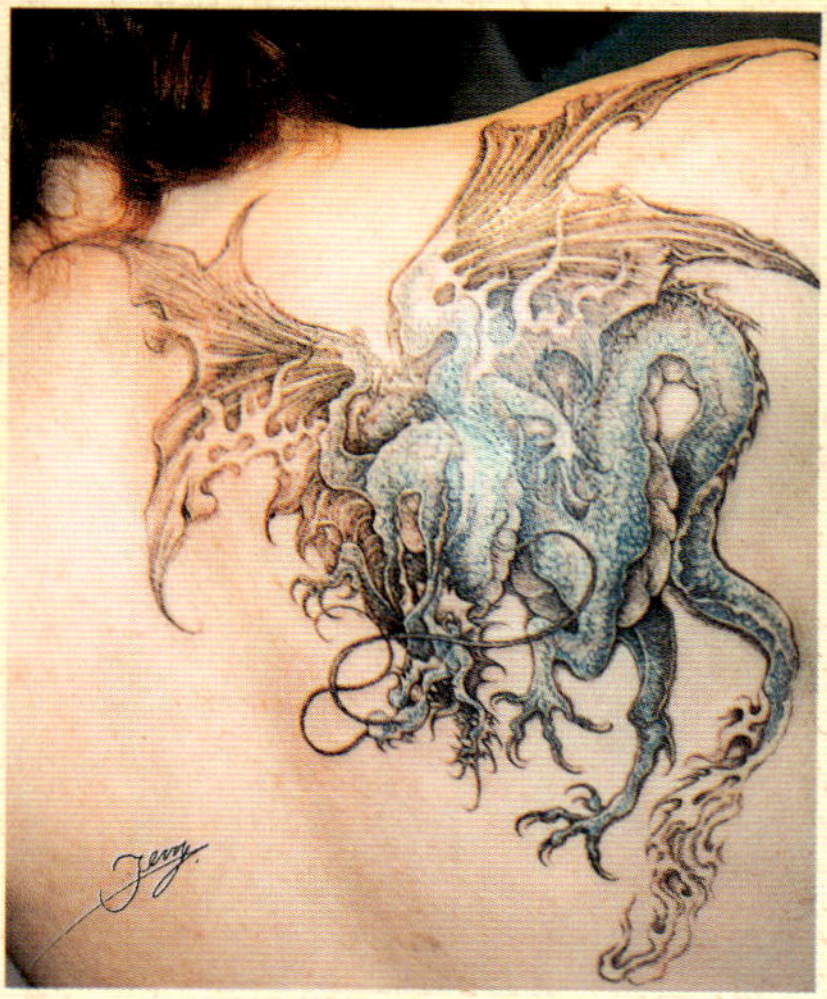

東洋の龍に対する西洋のドラゴンは大きな翼が特徴。鮮やかな青は、やはり地肌の白さによるもの（ＴＥＲＲＹ談）。

サラマンダー（Salamander）

ヨーロッパに伝わる精霊。中世の錬金術師パラケルススが唱えた、四大精霊（火、水、風、土）の一つで、サラマンダーは火の精霊だ。蜥蜴《とかげ》として描かれるのが一般的だが、人の姿という説もある。日本では火蜥蜴。

鱗は燃える炎でできており、中世では石綿を、サラマンダーの皮だとして珍重していたという。サラマンダーという名称は、ラテン語の山椒魚を意味する「サラマンドラ（Saramandra）」からきている。

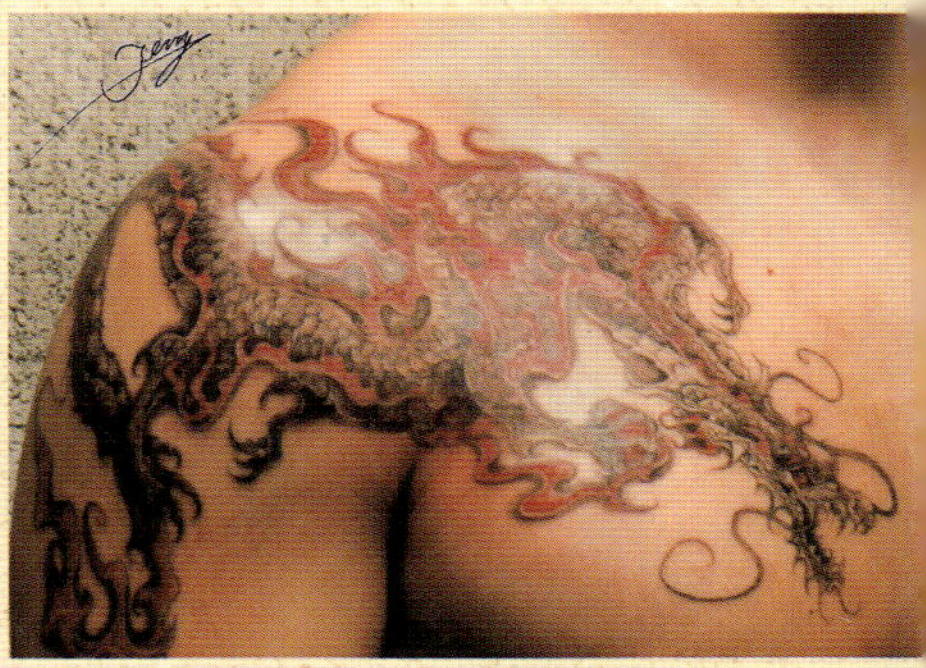

炎に包まれた攻撃的なスタイル。炎に着色するかは個人の好みによるところ（TERRY談）。

ワイヴァーン（Wyvern）

翼竜、または飛竜と呼ばれる、ブリテンの２本足のドラゴン。ワニのような口とコウモリのような皮膜の翼を持つ。先端にトゲのある毒蛇の尾を持つ。ブリテンでは４本足のものをドラゴン、２本足のものをワイバーンと区別して呼ぶ。

紋章にも描かれ、「強い敵意」を表し、戦争時や軍隊で用いられた。

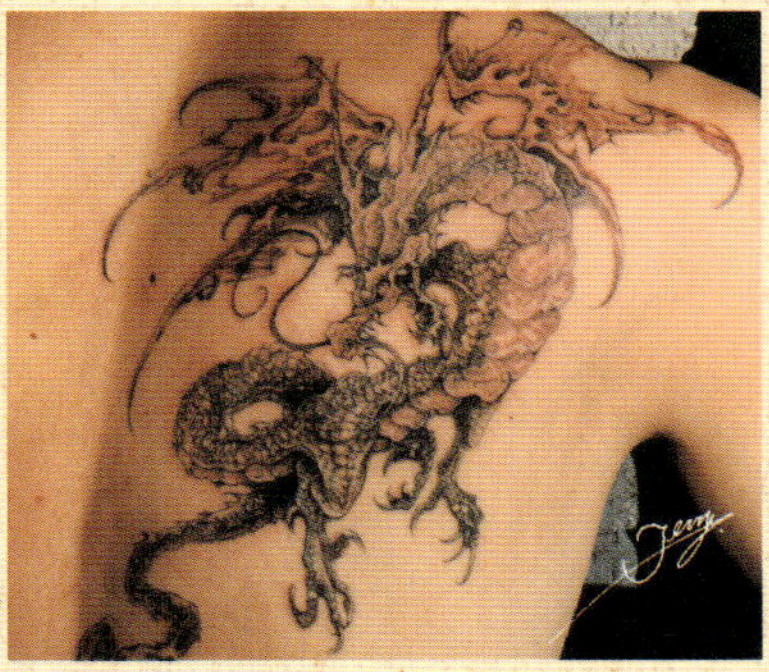

背面約4分の1を使って両翼を広げるワイヴァーン。あえて小さ目の前足を加えるのはスパイラル流アレンジ（TERRY談）

リヴァイアサン（Leviathan）

旧約聖書で描かれている、天地創造の物語の５日目に作られた海に住むドラゴンの仲間。太陽の光を暗くする黒い光をヒレの部分から発することを神が嫌い、神は雄の鰭の上に海や大地を乗せて世界を背負わせた。雌も殺され、神はその肉を陸地の動物に食べさせた。終末の日に復活し、世界を破壊すると言われている。しかし、最後に殺され、その死骸は地上に残った心が清い人の腹を満たしたといわれている。

海の支配者リヴァイアサン。波しぶきをたてながら勢いよく水面を駆けのぼる（ＴＥＲＲＹ談）。

セイレーン（Siren）

美しい女の顔に、海鳥の身体をした魔物。

ギリシャ神話で登場するこの魔物たちは、美しく甘い歌声で不思議な歌を歌い、何隻もの船を沈めている。セイレーンの歌声を聞いたものは、永遠に歌を聞き続けたくなってしまい、そのまま船は難破してしまうのだ。セイレーンの住処は、歌声に魅せられ死んでしまった船乗りたちの白骨で白くなっていると伝えられている。歌声は強力で、ほとんどの場合、無事にはすまない。

ギリシャ神話で無事にすんだのは、オデュッセウスとオルフェウスぐらいだった。オデュッセウスがセイレーンに遭遇したときは、彼は自分の身体を船に縛りつけて動けなくし、なんとか歌声に耐えたのである。オルフェウスのほうは、ギリシャーといわれるほどの竪琴の名手で、素晴らしい歌によってセイレーンの歌声を寄せつけなかったのだ。

シー・サーペント（Sea Serpent）

世界中の海で目撃例のある海蛇。体長は10メートルの場合が多いが、大きいものでは50メートルを超える場合もあるという。

海に棲息する生物は、陸の生物とは比べものにならないほど巨大に成長する種類がいるが、シー・サーペントもそうした海棲生物の一種だと思われる。

毛に覆われており、たてがみがあったとも報告されている。普通の蛇と違い、鱗状ではなく、皮状の皮膚をしており、背などにヒレがあるらしい。

すぐに襲いかかる凶暴な性格なので、船乗りたちにとっては脅威。しかし、アギという植物の樹脂を撒いておくと、その匂いを嫌ってシー・サーペントは現れないという。

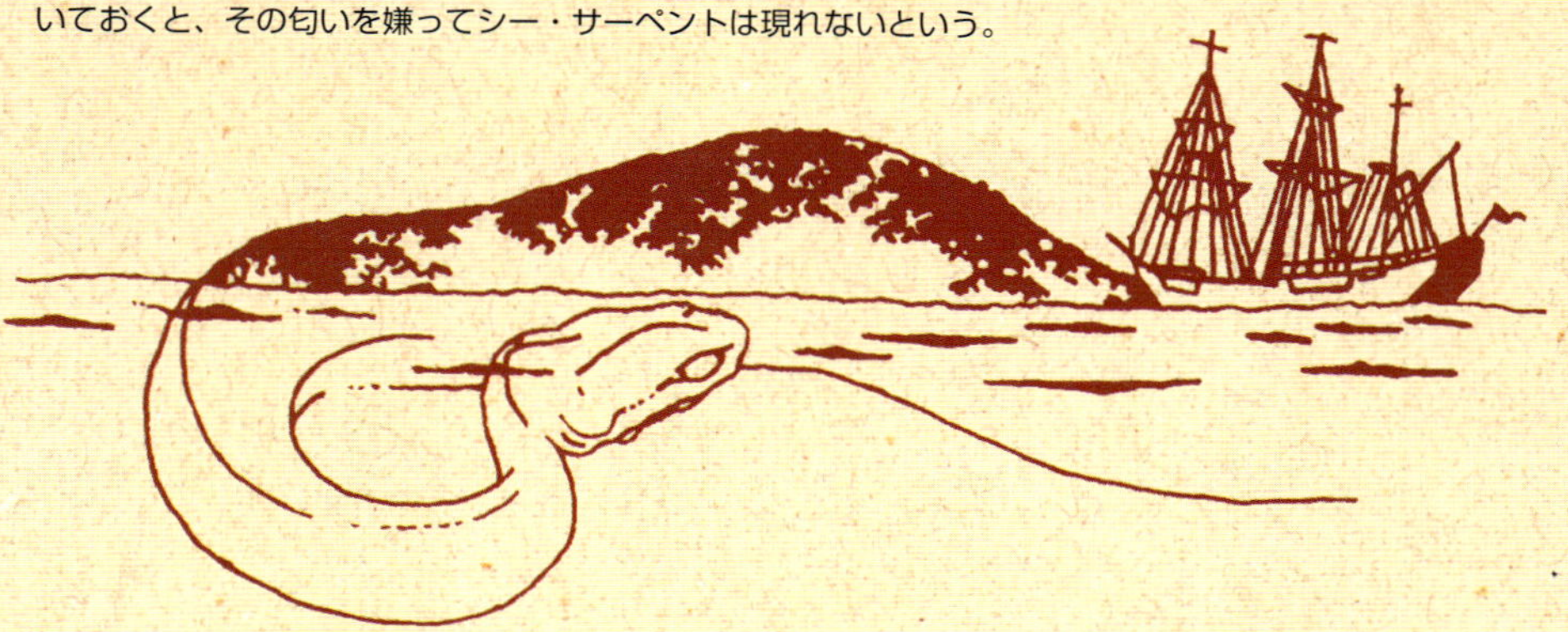

ヒュドラ（Hydra）

水蛇の意味の言葉で、ギリシャ神話に登場する。頭が９つある蛇の怪物で、強力な毒を持つ。真ん中の首は不死身だ。他の首は斬られると、新しく２本の首が生えてくる。

ギリシャ神話では、ヘラクレスの１２の難行の一つにヒュドラ退治がある。アミュモネの泉に棲んでいたが、ヘラクレスと従者のイオラオスが退治にくる。ヘラクレスはヒュドラの首を斬り落とすが、そこから２つの首が生えてきて、きりがない。そこで、イオラオスが切り口を火で焼いていくと再生しなくなった。不死の首は、どうしようもないので、大岩の下に埋めた。

マーメイド（Mermaid）

上半身が人間で、下半身が魚の、海に住む種族だ。地域によっていろいろな呼び名があるが、いちばん有名なマーメイドは、海を意味する「マー（Mer）」と乙女という意味の「メイド（Maid）」の合成語のようである。

民話などに出てくるマーメイド（人魚）は、背丈は人間と変わらない。多くの場合、上半身は美しい女性で、下半身は魚の尾になっている。青緑色の髪（金髪のこともある）をしており、手鏡やクシを持っている場合が多い。

とはいえ、地方などによっても若干の違いがある。

マーメイドは、人間に好意的な者として、反対に悪い精として登場する場合とがある。前者は、人間と恋に落ちたりするが、後者は、海に引き込もうとしたり、嵐を起こして船を沈めようとしたりで、手におえない。またマーメイドは、空気中でも活動できる。岩などの上に上がって、髪をとかしたりもする。人の姿に変わって、陸に上がってくることもある。

男の人魚だったら、マーマン（Merman）、女の人魚なら、マーメイド（Mermaid）。

人気キャラとして定着しているマーメイド（水上型）。水面を伸びやかに泳ぐ人魚らしい作品（TERRY談）。

数あるマーメイドの中でも落ち着き感のある陸上座り型。なんとなくしっとりとした雰囲気が特徴（TERRY談）

グリフォン（Griffon）

廃墟などを住処とする。鷹の上半身と獅子の下半身、そして翼を持つ魔物。黄金を好むグリフォンは金塊や砂金などを大量に巣に蓄えている。

ギリシャ神話では、ゼウスやアポロン、ネメシスなどの車を引き、聖書の話ではエデンの園の門番をしている。

コーカサス山中が住処。

中世のヨーロッパでは、紋章のデザインにグリフォンが好まれた。

雪子鬼（NS7.DEPT）

雪子鬼（NS7.DEPT）

ハーピー（Harpy）

上半身は人間の女性、下半身は鳥の身体をした魔物で、集団で空を飛び、獲物を見つけると舞い降りてきて、襲う。

ギリシャ神話に登場し、ピネウス王を襲い、食事を奪う魔物として描かれている。セイレーンに似た姿をしているのだが、セイレーンのような美しいイメージでは描かれていない。

一方、クレタ神話では、美しい女神として描かれている。時代や民族の違いや伝承の中で、神々の性格も変化していくのだ。

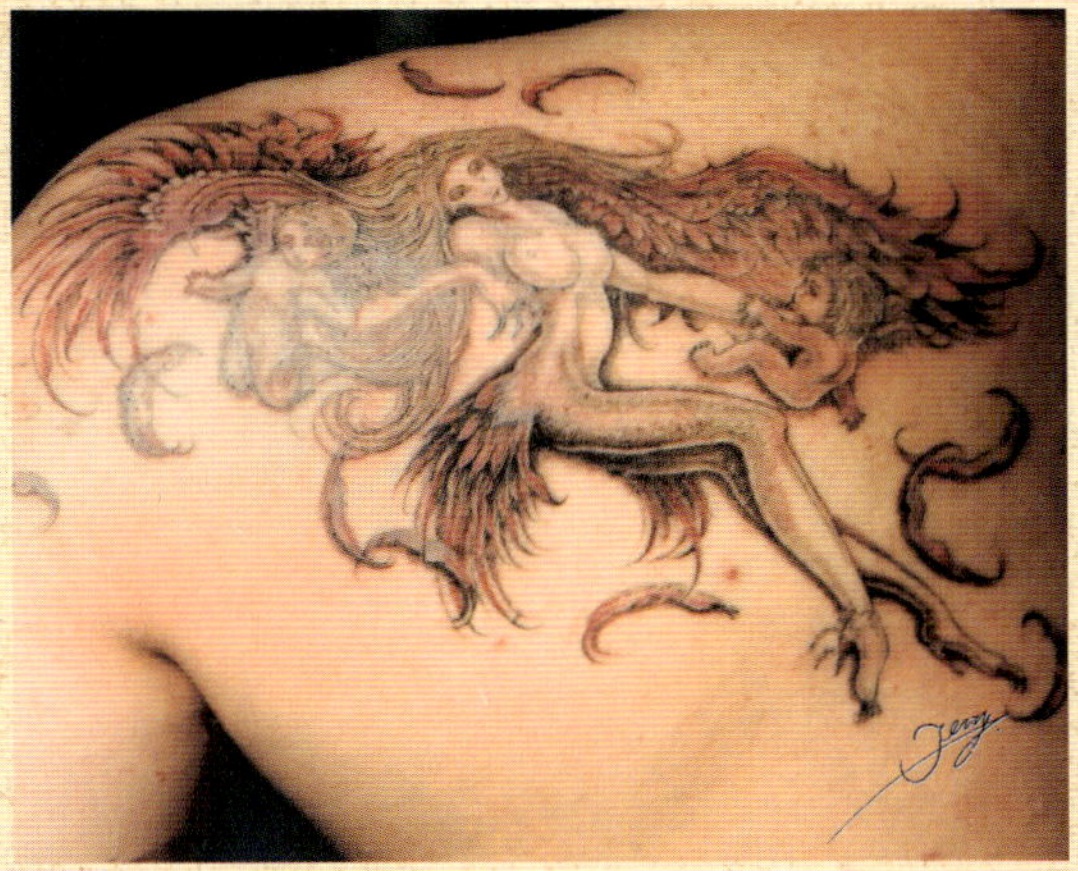

後に魔物として伝わるハーピーだが、この作品は僕が注目するクレタ時代の美しさにこだわったもの（TERRY談）。

黒一色で彫ったハーピー。魔物としての攻撃的な姿と女性としての華やかさ。足元にからむ蛇はスパイラル流アレンジ（ＴＥＲＲＹ談）。

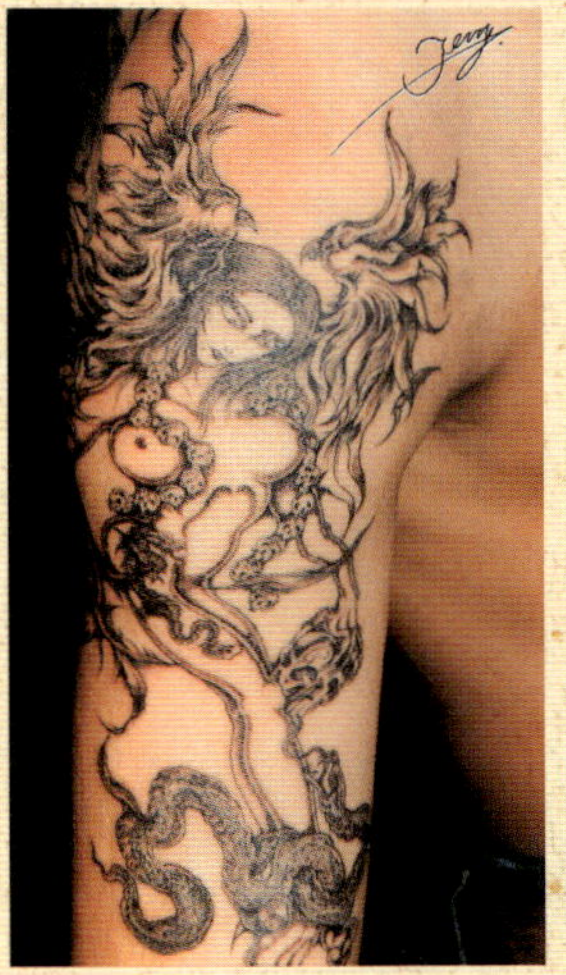

ラミア（Lamia）

上半身は美しい人間、下半身は蛇の姿をしている。

ギリシャ神話では、子供などをさらって食らう怪物だったが、中世頃から、半魔獣のような姿になった。体長は 10 メートルを超えることもある。

相手を誘惑し、生き血を吸う。正体がばれると、襲いかかってくる。外見とは裏腹に、大蛇の身体を持つラミアは怪力の持ち主なので、強敵だ。

ギリシャ神話では、ラミアはゼウスに見初《みそ》められて子供を産むが、そのたびにヘラによって殺されてしまう。そのうち子供を殺され続けた彼女は気が狂ってしまった。そして、母親から子供を奪う怪物となってしまう。それでもヘラの怒りは収まらず、さらに彼女を苦しめるために眠りを奪った。ゼウスは彼女を憐れに思い、その目をはずせるようにし、休息を与えた。

エキドナＶＳラミア。怪物の母エキドナ（上）と鬼子母神ラミア（下）。女性系キャラの極めてゴージャスな組合わせ（ＴＥＲＲＹ談）。

サキュバス（Succubus）・インキュバス（Incubus）

ヨーロッパの伝承に登場する悪魔、夢魔である。妖艶な美女の肢体に、コウモリの翼を持っている。夜中、サキュバスは夢を装って男の部屋を訪れる。その美しさで男を虜にし、精気を吸い取るのだ。

男は日々衰弱していくが、それでも夢の中の美女と会うのをやめられない。そして、やがては死んでしまう。

サキュバスは、女の姿の夢魔で、男性から精子を集める。また、インキュバスは男の姿の夢魔で、女性を襲い、子供を産ませるという。この二つは同じ夢魔ともいわれ、男性の前にはサキュバスとして、女性の前にはインキュバスとして現れる。

夢で男を殺す魅力的なサキュバスの宙を舞う姿。周囲にはばたくコウモリはスパイラル流アレンジの基本（TERRY談）。

こちらは夜の女の象徴サキュバス。目元をより邪悪なものにアレンジ。スラリと伸びたエナメルブーツがポイント（TERRY談）。

デビル（Devil）、デーモン（Demon）

地獄に住んでいる悪魔たちのこと。さまざまな容姿、能力を持った者が存在する。もともとは、それぞれの国の神だったが、キリスト教などの布教によって、魔物や神に敵対する悪魔としての扱いを受けるようになった。それが、デーモンだ。キリスト教などの一神教では、神は一人であり、異国の神は神ではなく邪悪な存在であるという考え方だったのだ。

ルシファーやベルゼブブ、サタンなどが有名。

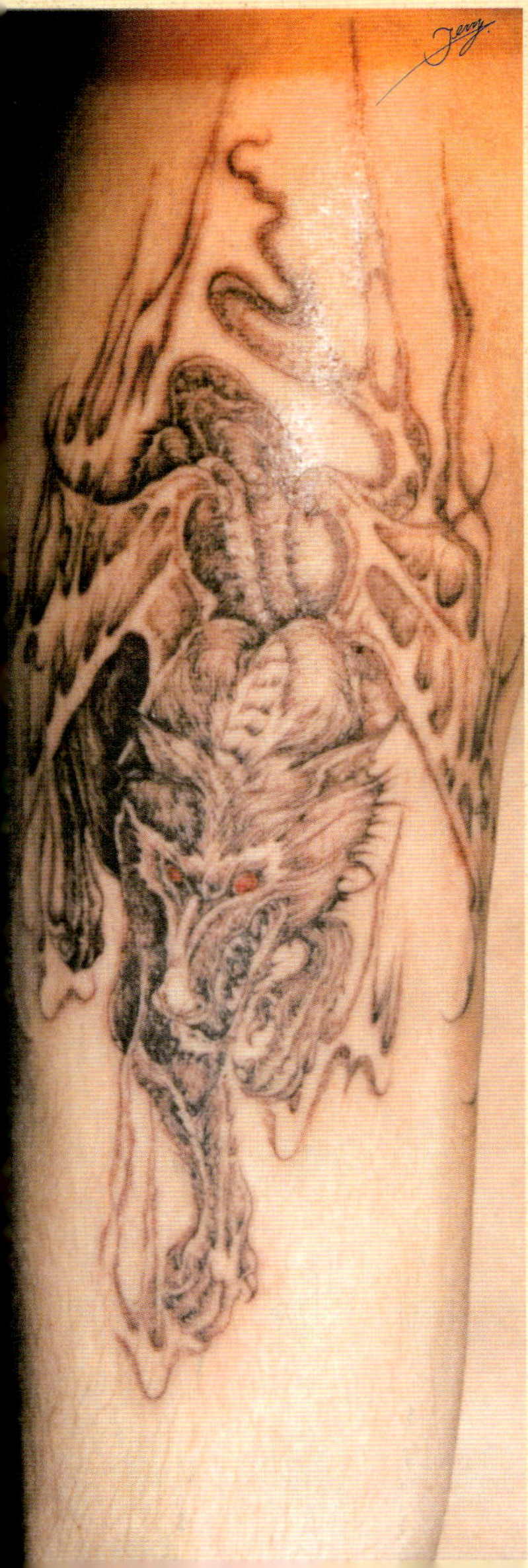

マルコシアス。17世紀の魔術書に記される元天使だった強力な悪魔。翼のある狼の姿。身体を包む炎はスパイラル流アレンジ（TERRY談）。

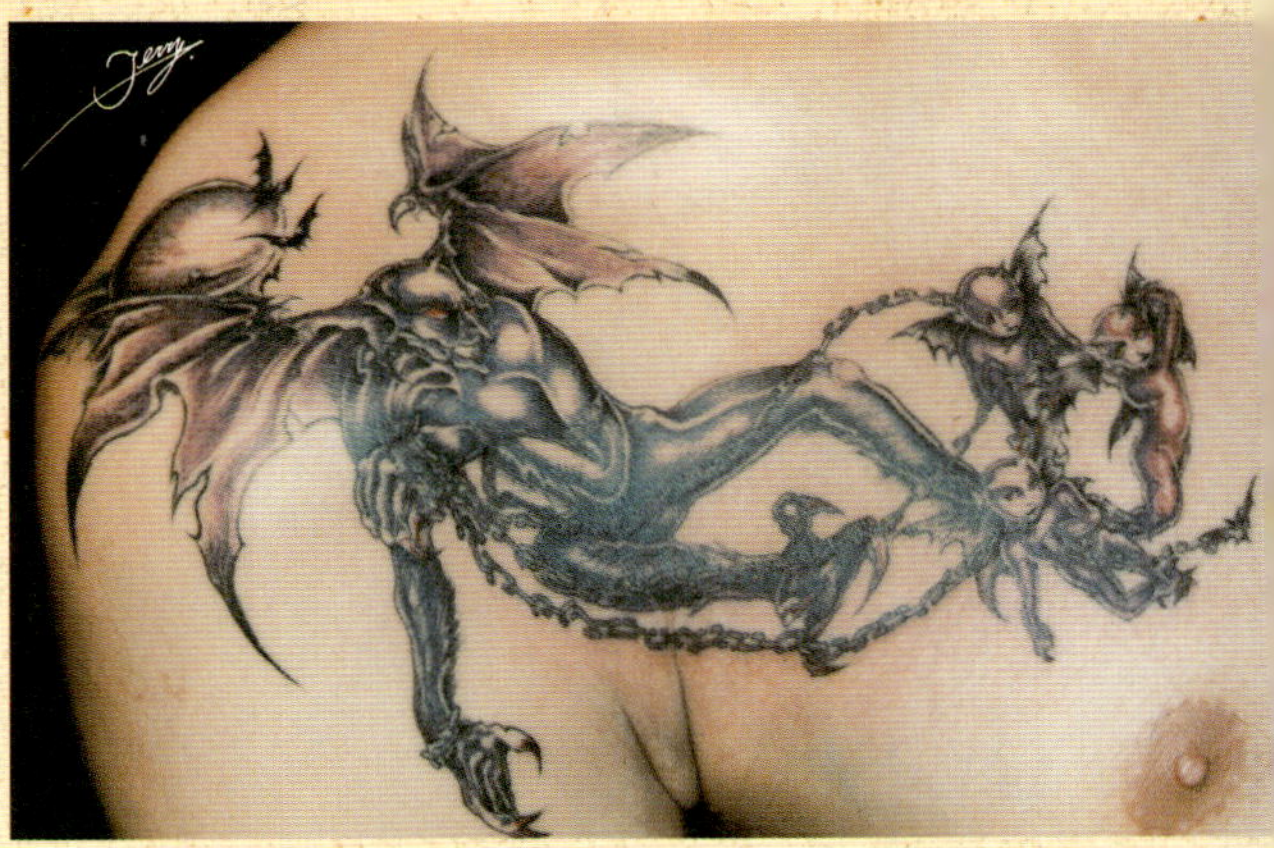

ガーゴイル。キリスト教寺院の屋根に備えられた魔除け（？）の悪魔像。この石像に動きを与えたスパイラル流アレンジ作品（TERRY談）。

アモン。圧倒的な強さを誇る代表的な悪魔の一人。フクロウの頭に狼の姿。背中の翼は、スパイラル流アレンジ（TERRY談）。

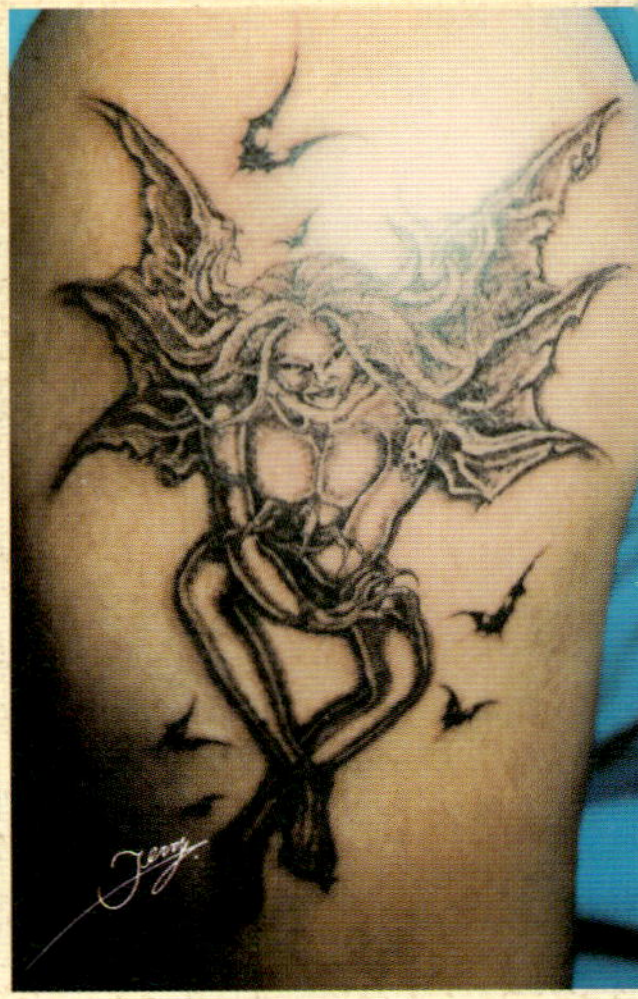

ルシファー。最も邪悪かつ品のある悪魔の王。元々は他を圧倒する美しさをもった天使たちの首領であった（TERRY談）

バジリスク（Basilisk）

世界中の動植物に関する話を集めた古代の書物である、プルニウスの『博物誌』に記される。北アフリカの砂漠にバジリスクという生物が生息し、それは強力な毒を帯び、バジリスクのいるところでは草が枯れ、鳥は落ち、流れる川は毒の川に変わるという。

もっとも、今に伝えられるバジリスクは、中世に考えられたもののようだ。姿は大きなトカゲのようで四対八足の足を持ち、頭にトサカがある。その視線は、すべての生物を石に変えてしまい、身体から出る毒は辺りを枯らして砂漠に変えてしまうのである。

バジリスクに対しては、有名な対処法として、鏡で視線を跳ね返すというのがある。そうすれば、自らの視線によって、バジリスクは石化してしまう。

アンドロ・スフィンクス（A.Sphinx）

ギリシャ神話では、人間の顔とライオンの身体、鳥の羽を持つとされる。他説では、牛や犬の身体にライオンの爪を持ち、尾には毒針があり、背中の羽で自由に空を飛ぶことができると言われている。

テュポーンとエキドナの間に生まれた。テーベの丘に住み、旅人たちに謎をかけては、答えられぬ者を次々と食べていった。テーベの王もスフィンクスの餌食となったため、スフィンクスを退治した者を、テーベの王にするというお触れが出た。英雄オイディプスは、スフィンクスの謎かけの答えを言い当てる。スフィンクスは謎を解かれたことを恥じて身を投げ、オイディプスはテーベの王になったという。

ギリシャの歴史家ヘロドトスは、スフィンクスを「人間の頭部を持つアンドロ・スフィンクス」「隼の頭のヒエラコスフィンクス」「羊の頭のクリオスフィンクス」の三つに分類している。しかし、アンドロ・スフィンクス以外の物語は残っていない。

神話キャラの中でも極レア種。たとえ倒れる運命であろうとも、荒々しくも美しいボスキャラとしての魅力は色あせない（ＴＥＲＲＹ談）。

フェニックス（Phoenix）

ギリシャ神話に登場する美しく輝く羽を持つ不死鳥であり、「炎」「再生」「復活」「太陽」「不滅」の象徴。500年に一度、自ら香木を積み重ねて火をつけて焼死し、その灰の中から再び幼鳥となって現れる。

そのイメージの源は、エジプトにある。

朝焼けのナイルの水面から飛び立つサギは、水平線から昇る太陽の象徴であり、「ひとりでに発生したもの」であった。サギは、神の「輝かしい霊」とみなされており、死から復活するオシリスにも結びついている。ギリシャ人はこれらのイメージから、フェニックスを創造した。

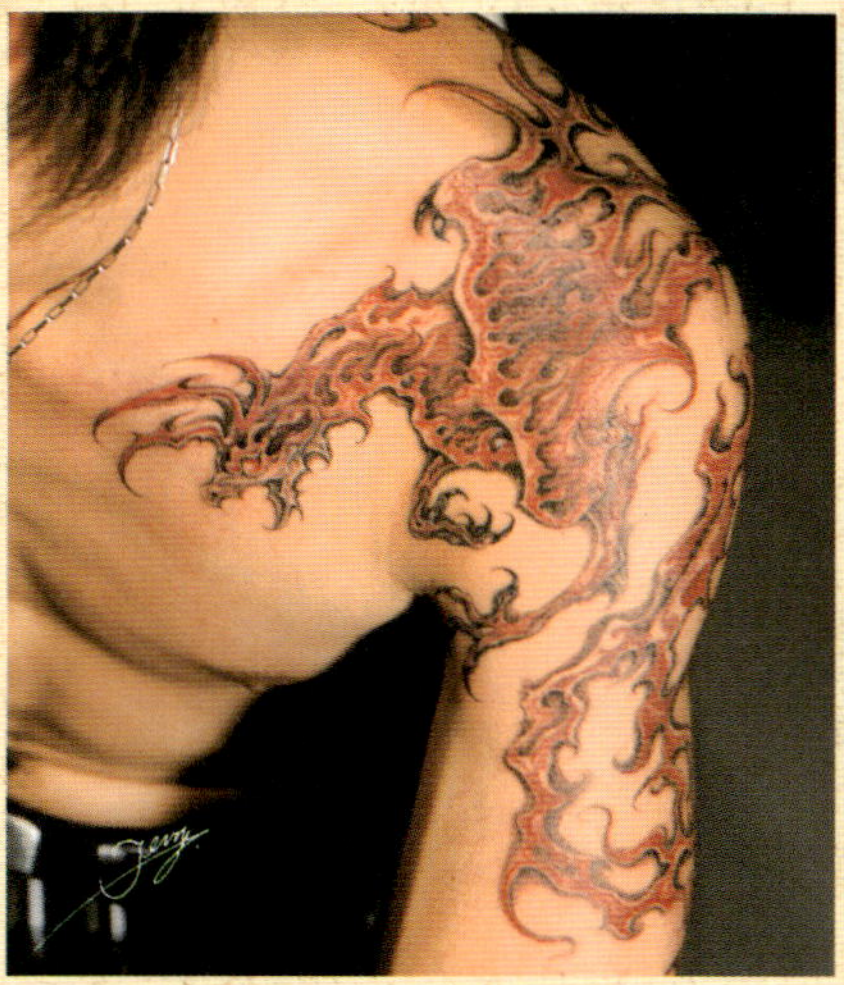

全身が炎そのものである火の鳥が胸・肩・腕の三方向へ広がりを見せる。様々な角度からの見せ場が嬉しい（TERRY談）。

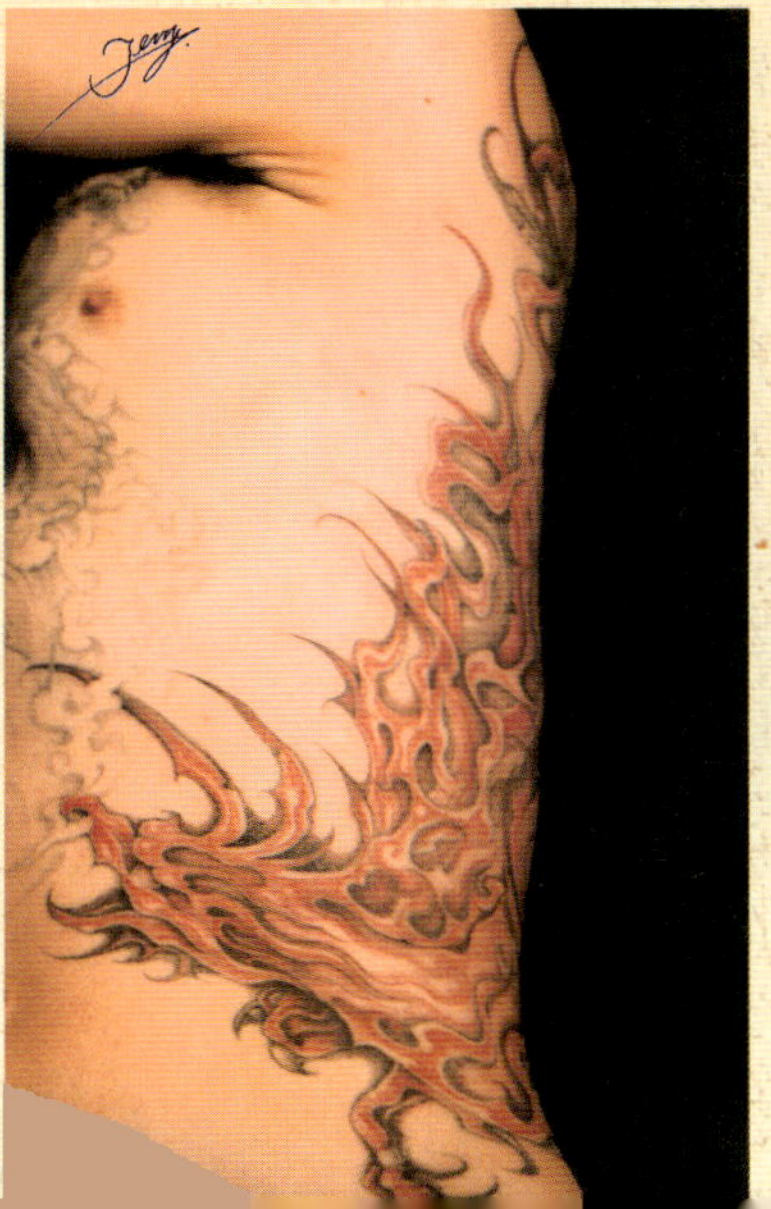

左肩から背中を下る不死鳥の大物柄。写真はこの作品最大の見せ場である腰から腹部をとらえたもの（TERRY談）。

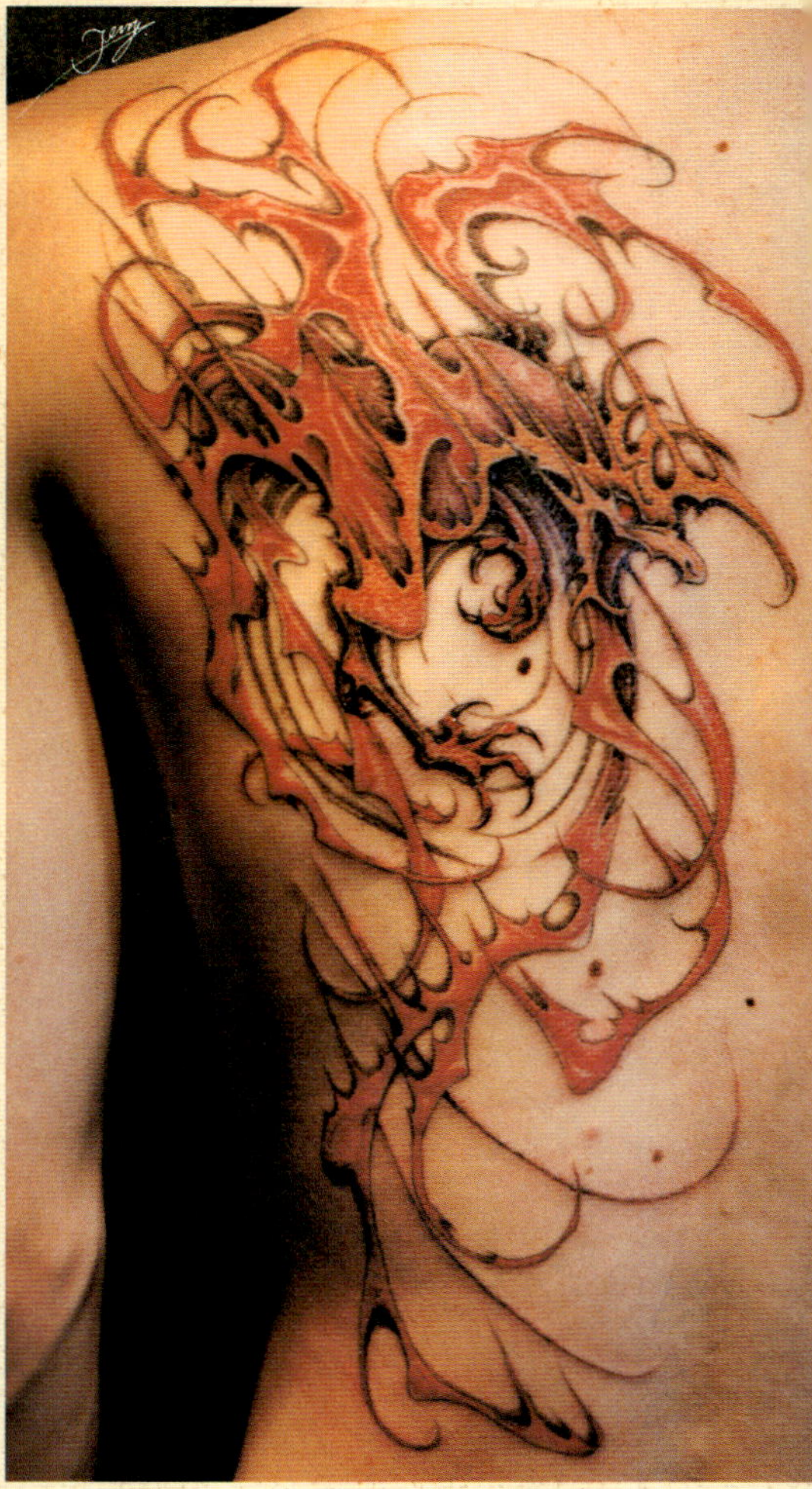

特に鋭さを強調したシャープな姿はスパイラル流アレンジ。背面片側を大胆に使ってスピード感を表現（TERRY談）。

バンパイア（Vampire）

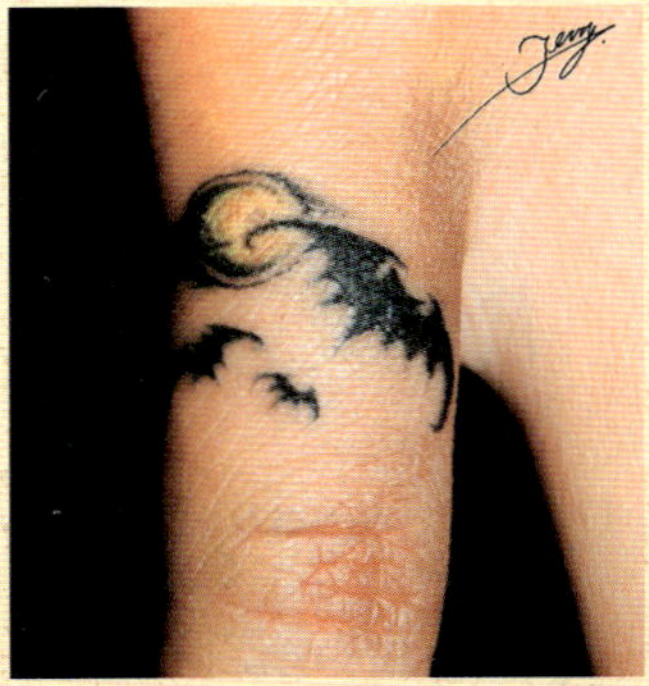

月夜のコウモリ。吸血鬼そのものではないが、そんな雰囲気を思わせるちょっとしたアイテム（TERRY談）。

吸血鬼。日光を浴びると灰になるため、昼間は棺の中などで眠り、夜中に活動する。

その姿はほとんど人と同じだが、肌がとても青白く、よく見ると口元には鋭い牙がのぞいている。

彼らは夜の街を徘徊し獲物となる人間を見つけるとその首筋に噛みつき、血を吸う。血を吸われて死んだ人間もまた、バンパイアとなって蘇るのだ。

パンパイアは不死だが、十字架やニンニクの匂いを嫌う。銀の武器や聖水などを使えば、傷を与えることもできる。心臓に杭を打つのも有効な手段だ。

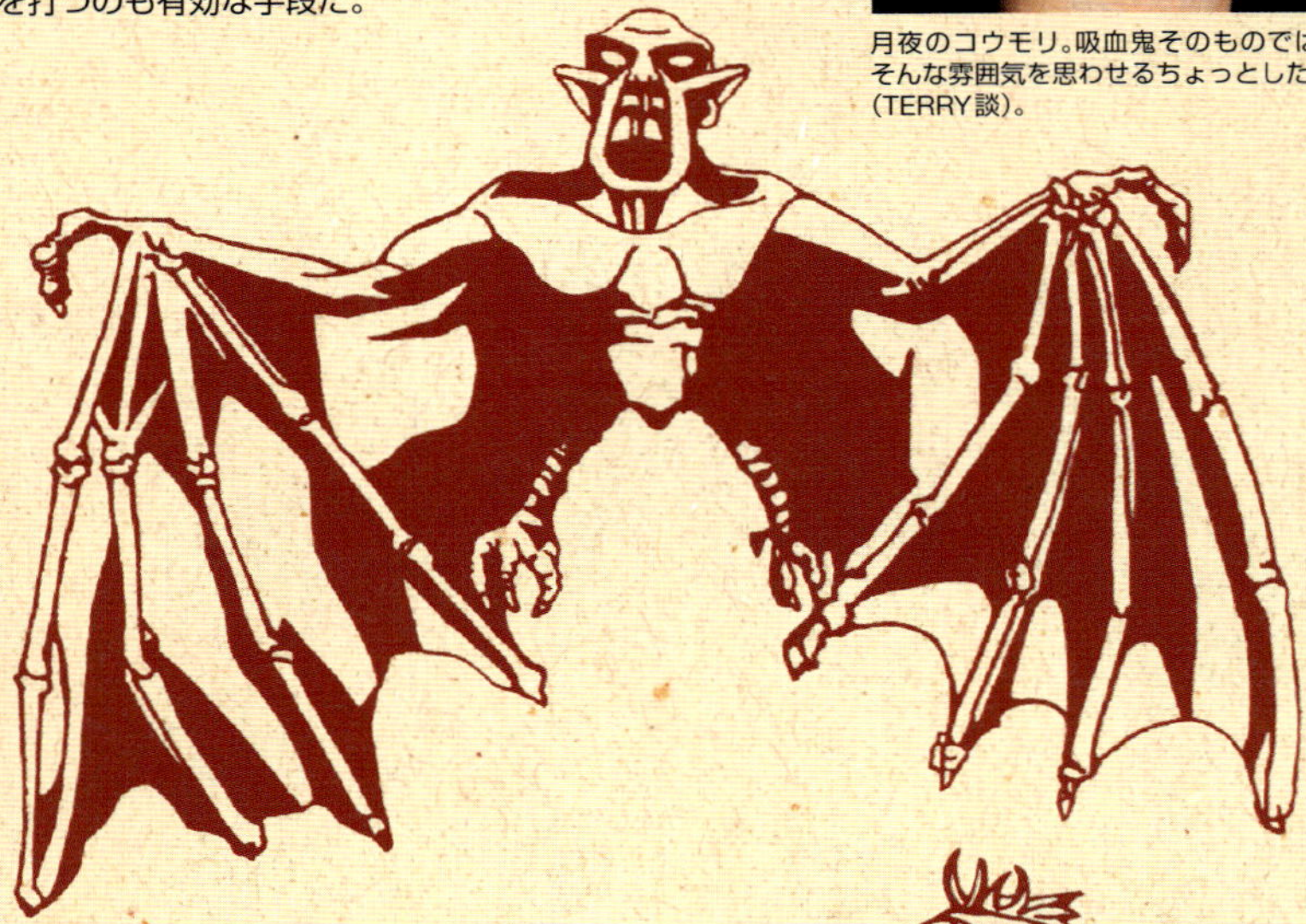

コカトリス（Cockatrice）

ヨーロッパの伝承に登場する魔物で、触れると石化する。雄鳥が産み落とした卵を、ヒキガエルが温めるとコカトリスが孵化《ふか》するという。鶏の頭に鱗《うろこ》のある胴体、二本足で、蛇の尾を持つ怪物だ。バジリスクという別名もある。

今は違う魔物としてだが、昔はコカトリスとは、バジリスクのことだった。

フェアリー（Fairy）

フェアリーは、各地方に伝えられるシルフ、シルキー、バンシーなど、いろいろな妖精の総称だ。だが、最近ではもっと細かく分類され、小さい妖精をピクシー、人間に近い妖精をフェアリーと呼ぶことが多いようだ。また妖精は人が踏み込めないような特別な場所に住んでいるので、森などに妖精が出てきているとき以外は、出会うことはめったにないといわれている。

フェアリーは、人間と同じぐらいの背丈をしていて、少しとがった耳、背中に生えた羽が特徴的だ。

雪子鬼（NS7.DEPT）

F　a　i　r　i　e　s

シルフ（Sylph）

中世の錬金術師パラケルススが唱えた四大精霊の一つで、シルフは風の精霊。透き通るように美しい女性の姿をしている。パラケルススが考え出したもののため、古い伝承、神話などには登場しない。シルフが登場し始めるのは中世になってからのことである。

空気に近いような身体をしているので、軽くて少し透明、透けて見えるという。風のように気まぐれで、自由奔放な性格。また、浮気な女性が死ぬと、シルフになるともいわれている。

エルフ（Elf）

森に住んでいる妖精、精霊。映画化もされた『指輪物語』にも登場するので、今では世界的にポピュラーだろう。長くとがった耳が特徴的な、繊細で美しい種族だ。人よりも長命であり、森に独自の文化を築き上げている。弓の扱いが上手く、魔法の力にも秀でているため、見かけとは違って強力な種族だ。ライトエルフとダークエルフとがいるが、一般的にエルフと呼ばれているのは、ライトエルフのほうだ。

ピクシー（Pixy）

静かな森や林などに住む、体長20センチメートルぐらいの小さな妖精。フェアリーと並ぶ代表的な妖精だが手の平サイズで、警戒心が強く、また透明になることもできるので出会うことは希《まれ》だ。平和を望む種族なので、見つけても攻撃してはならない。

バンシー（Banshee）

アイルランド、スコットランドの妖精。緑のマントを羽織って、泣き腫らした赤い目をしているが、アイルランドでは、若くして死んだ乙女の精だといわれている。一方スコットランドでは、鼻がなく、大きく飛び出した歯、乳房がたれているといった醜い老婆のイメージだ。死を伝える妖精であり、死期の近い人のそばにきてすすり泣く。死を予言するものとして不吉がられたが、バンシーが死を嘆くものは、偉大な人物であるともいわれ、バンシーに泣かれるということは、名誉なことともされた。

また、スコットランドのバンシーには面白い話がある。老婆のようなバンシーに気づかれないように、そっと近づき乳房を吸うのである。そうできたなら、バンシーの養子として願いを叶えてもらえるのだそうだ。

シルキー（Silky）

イングランドの伝承の中の妖精、幽霊。白いシルクのドレスをまとい、それが擦れて音をたてることから、シルキーという呼び名がついた。

古い旧家などの家に憑《つ》く幽霊だが、普通に人にも見えるし、別に特別なことができるわけではない。家事手伝いなどをする召し使い的な娘という感じで、美人の場合が多いらしい。炊事、洗濯、掃除など、テキパキとこなしてくれ、細かいことにも気がつく。しかし、怒らせたりすると、部屋を散らかしたり、物を壊したりして、嫌がらせの限りを尽くされ手におえなくなる。そして、最終的には住人を家から追い出してしまう。

第八章 花々の言葉とタトゥー

TATTOO AGE CHAPTER 8

ドラッグとピアッシングとタトゥー

青山の喫茶店で、僕は女友達と向かい合っていた。

最初に入れるタトゥーの図案は何がいいのか、話し合っていた。話が途切れたとき、彼女がバッグから小さな紙包みを取り出した。

忘れていたのだが、その日はバレンタインデーだったのだ。

「お、悪いね、義理チョコ」

「あ、そういう言い方はないんじゃないの？　感謝の気持ちを込めてるのに。それから、これも」

チョコの横に、彼女は小さな花束を置いた。バッグに入れて持ち運びができる程度の小さなミニバラの花束だ。

僕らは、顔を見合わせた。その瞬間、同じアイディアが閃いた。

「**花ってのもいいかもしれない**」

彼女がつぶやくように言い、僕はうなずいた。

「植物って、**ドラッグライクでいいよな**」

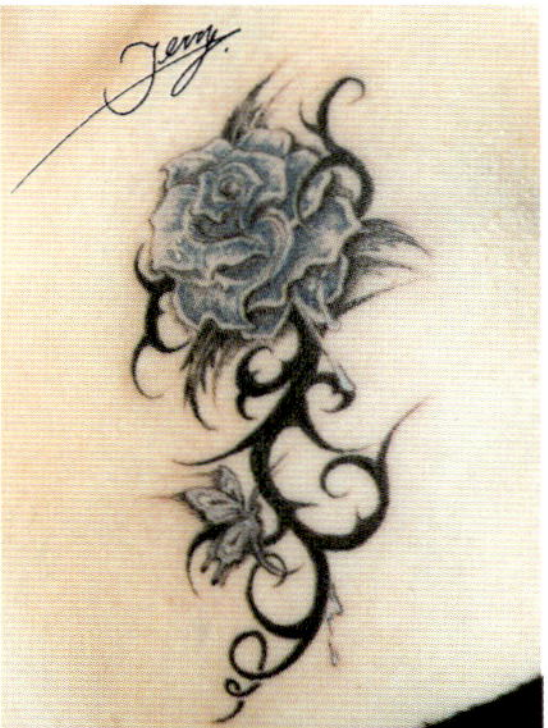

「どういうこと？」

「いや、ドラッグってさ、植物からできるものだから」

彼女は曖昧にうなずく。どうやら、よく分かってないようだ。

「**植物には精霊が宿っているん**だよ。彼らは俺たち人類に、長い間、夢を見させてくれているんだ」

「夢？」

「うん、その夢たちが、もう一つの世界を垣間見させてくれるんだよ。タトゥーも同じ夢を見せてくれると思うんだ」

「でも、ドラッグなんてやったら、逮捕されちゃうじゃない。あたし、絶対にやらないよ、ドラッグは。それに、**最近はナチュラル・ハイのほうがカッコイイ**ってみんな言ってるよ」

「勿論、ナチュラルが一番だよ。俺が言いたいのは、タトゥーはドラッグと同じように、俺たちの人生に、もう一つのリアル・ライフを見せてくれるってことだよ。当然だけど、**タトゥーは合法的な行為だし、しっかりした自己表現の手段**だと思うよ」

「なぁんだ、そういうことか。何か一瞬恐くなっちゃったよ、タトゥー入れるのが」

「ごめんごめん、脅かすつもりはなかったんだけどさ。でも、自己を見つめるという意味で、タトゥーは**サイケデリック・カルチャー**に匹敵する力を秘めているんだと思うんだよね」

「タトゥーは**フラワー・チルドレンにも繋がっている**ってことね」

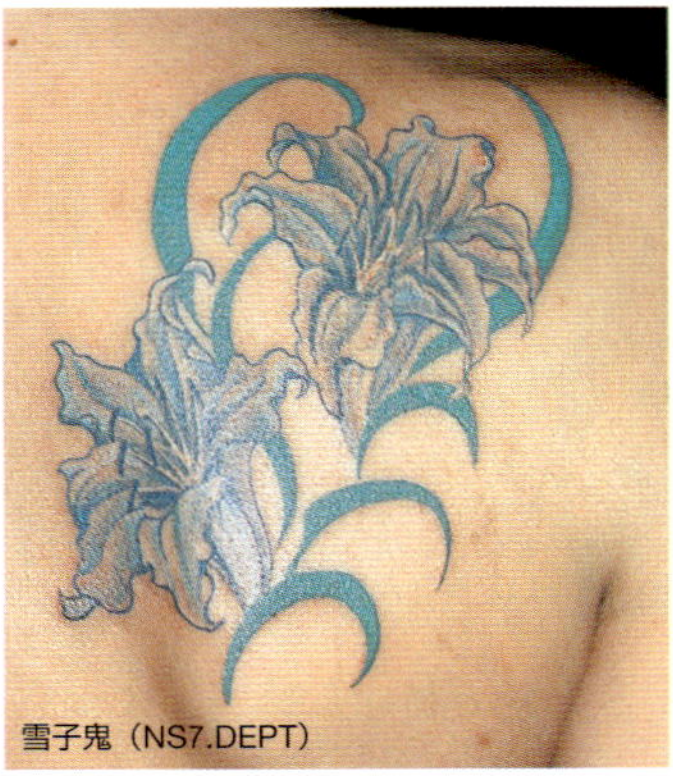
雪子鬼（NS7.DEPT）

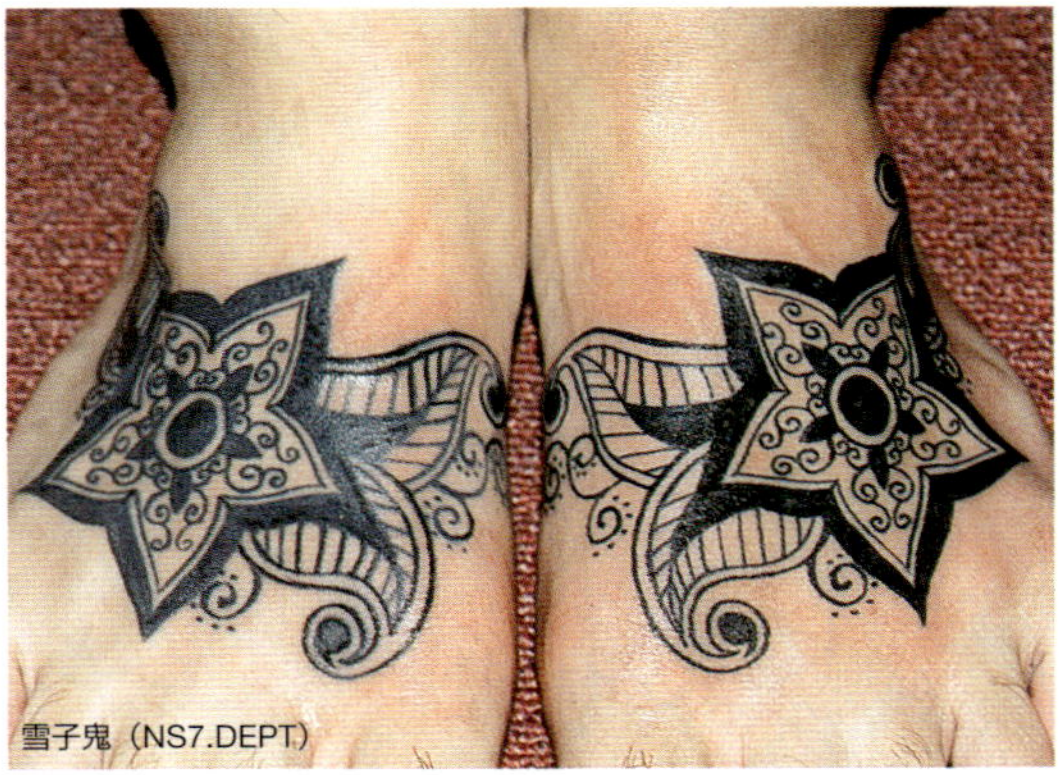
雪子鬼（NS7.DEPT）

「そういうこと」

彼女はテーブルに置かれた、愛らしい花束を見つめると、そっと、その花弁に指で触れた。

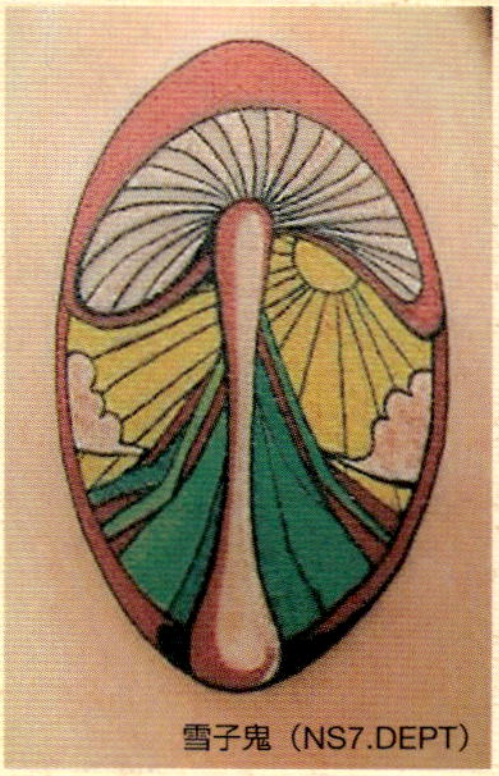

雪子鬼（NS7.DEPT）

雪子鬼（NS7.DEPT）

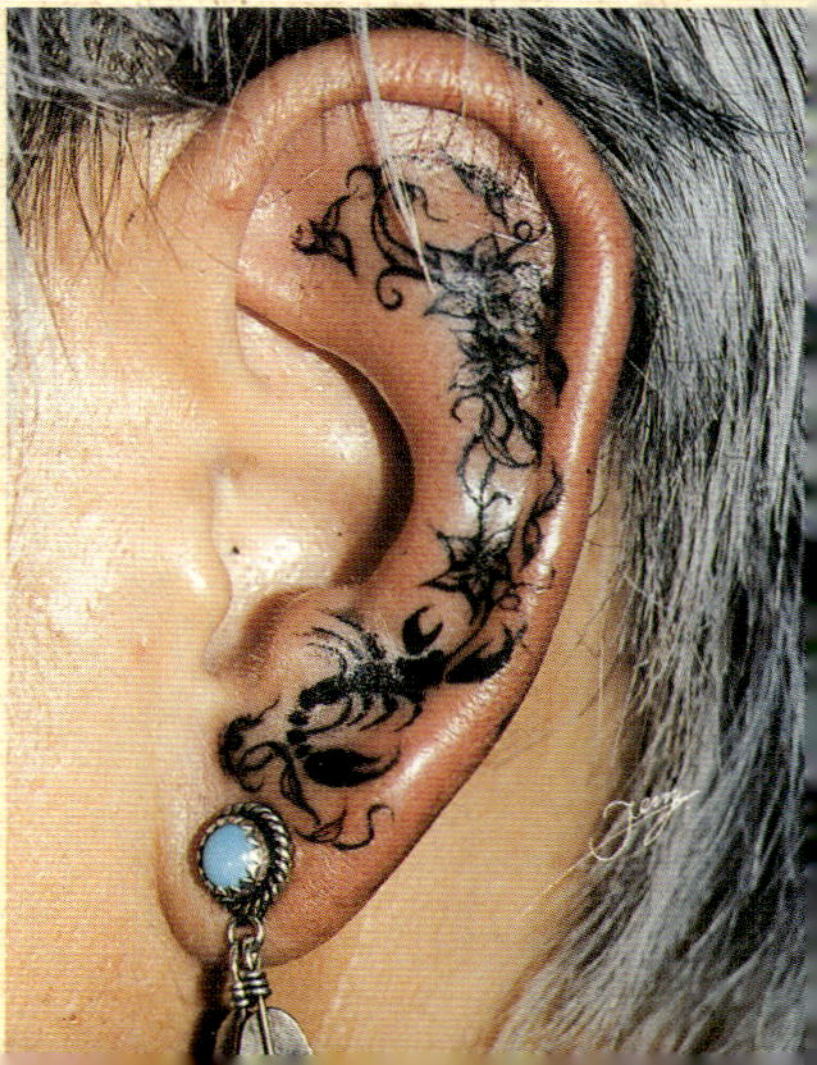

自己認識としてのタトゥー

地球上にはいろいろな種類のドラッグがあるが、それぞれのドラッグには方向性や性格というものがある。サボテン、麻、キノコ、コカ、マオウ、ケシ、アヤワスカ……世界中のさまざまな植物に、サイケデリックな力が秘められている。そのなかでも精霊を見せる力を持つのは、キノコやサボテンなどである。

これらの植物から化学的に作られたLSDやメスカリンなどのドラッグは、70年代のサイケデリック・カルチャーの発火点となり、その後の人類の生き方を大きく変えていった。

サイケデリックな世界を垣間見た人々は、もう一つの現実の世界を認識していった。その中から、ヒッピー・カルチャーやフラワー・ムーブメントを生み出していったのだ。ドラッグ・カルチャーが、その後の僕たちの自己認識を促していったといえるだろう。

自己認識という点で、タトゥーもドラッグの一種だと僕は思う。それを入れることによって、非日常的な生き方、考え方ができるようになるからだ。非日常というのは、決して逃避というわけではない。むしろそこに望んで行くのであれば、ポジティヴな生き方ができる。ただ一度足を踏み入れたら、そこからは逃げられないものだし、覚悟する必要はある。

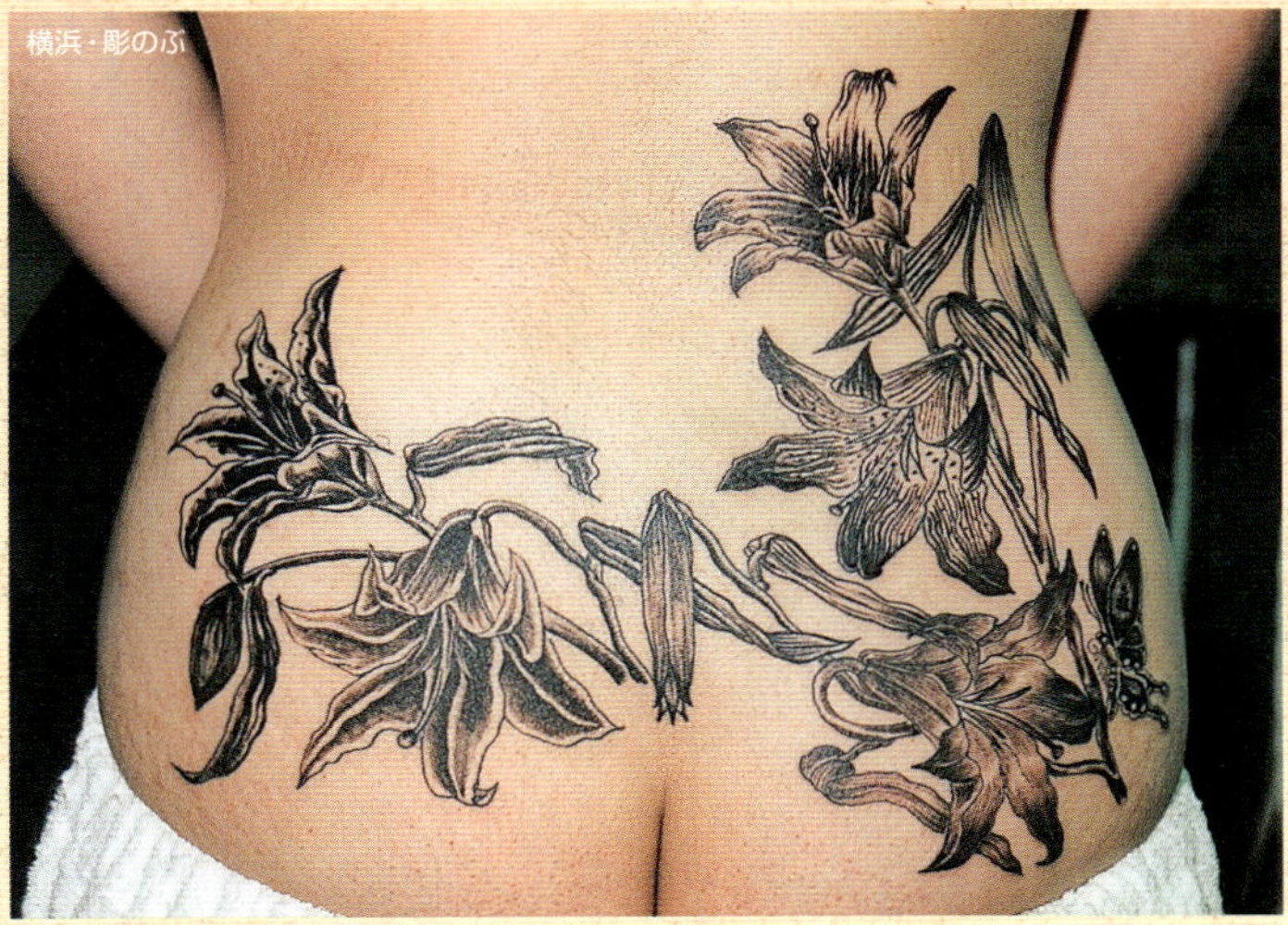

横浜・彫のぶ

勿論、タトゥーとドラッグには大きな違いがあるのも事実だ。それは、ドラッグが非合法であるのに対し、タトゥーは合法的な身体装飾の手段であるという点である。

この点は十分に認識しておいてほしい。

世界的に今のタトゥーの源流になっているのは、アメリカの戦後のタトゥーの展開だ。それは、アメリカン・トラディショナルといわれているジャンルの中から始まっていて、これは明らかに第二次大戦中の海軍と飛行機乗りの人たちが入れていたものだろう。

海軍の船乗りたちは腕や身体に直接入れたが、飛行機乗りたちは、飛行機の機体にアメリカンコミックスみたいな図柄のものを入れた。大戦が終わると、飛行機の爆撃チームであった、例えばヘルスエンジェルスというチームが、飛行機ではなくてオートバイに乗るようになる。それが変化していって全米中に広がった。

彼らはそこで海軍から受け継いだタトゥーを身体に入れるようになった。そして、ヘルスエンジェルスとグレートフルデッドなどのロック・コミュニティが融合していき、ロックとタトゥーがドラッグを真ん中に融合していったものが、今の流れではないかと思う。

つまり、今のタトゥーの多くの潮流は、ドラッグ・カルチャーとは無縁ではないということだ。

あるいはボディピアスとタトゥーも無縁ではない。

精神的な部分では、痛みに耐えるという点がピアスにもある。U2のボノは、デビュー当時から耳の軟骨にピアスを入れていた。この部位はいち

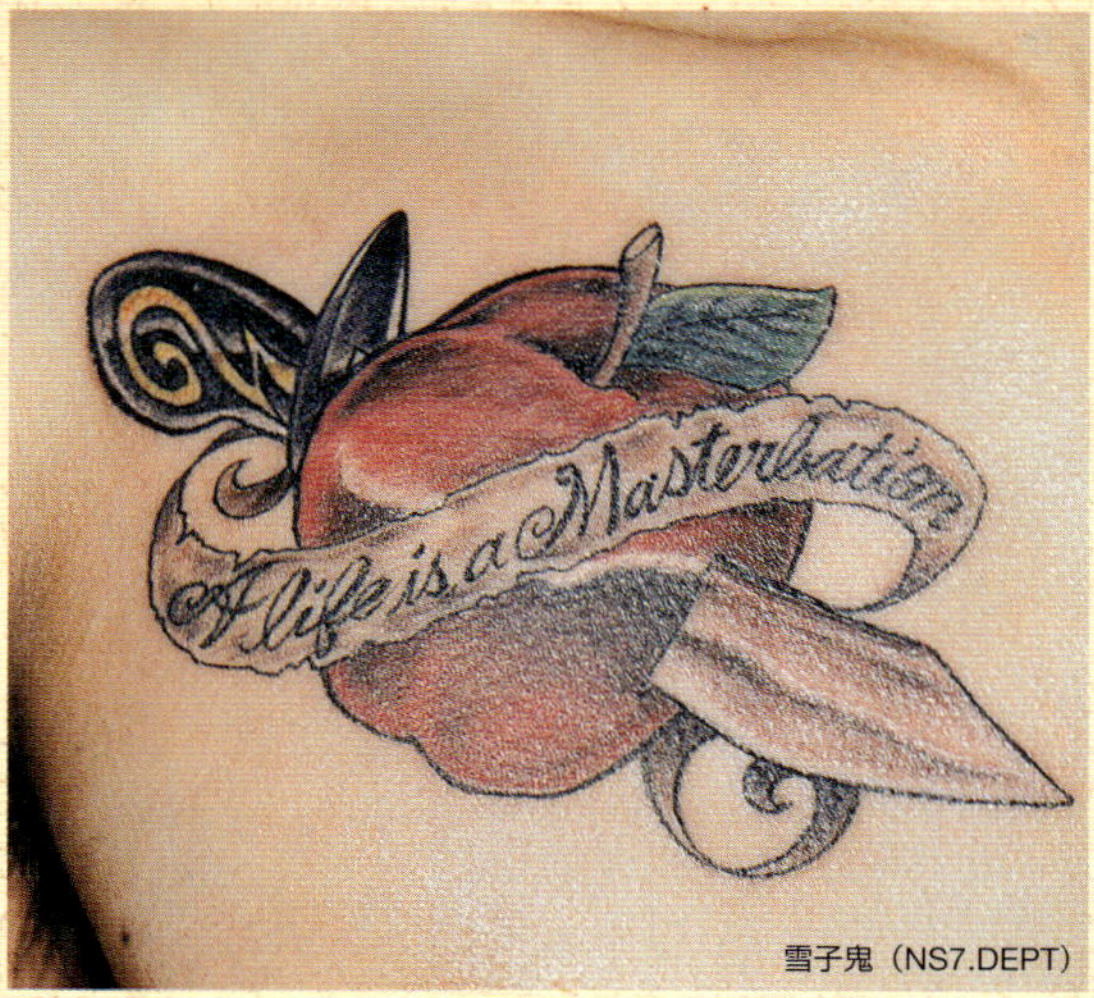

雪子鬼（NS7.DEPT）

横浜・彫のぶ

ばん痛い所であり、そこにピアスを入れるということは勇者の印ということだろう。

性的な意味でも、性器や乳首に入れることもあるので、そのあたりもタトゥーと同じ意味がある。舌を二つに割るスプリットタン、セラミックで骨を作って頭に角をつけたりするインプラント等も同様である。

タトゥーにも蛍光色を使ったり、紋様を3Dにしたりという潮流もある。ドラッグ、ピアッシング、タトゥー。

それらは、肉体レベルで自己を改造してしまうものだ。じつはこうした行為は、自傷行為にとても近いのかもしれない。今ここにある漠然とした自分というものを傷つけることで、傷や痛みそのものが自己を感じさせてくれる、というような。少なくとも物理的な行為として考えるのなら、ピアッシングやタトゥーは自傷行為に近似している。勿論、そのどれもが、自己装飾という点で、等価であるのはいうまでもない。彼らが、その行為を芸術の域へ高め続けているのも事実である。

だが、タトゥーは表現であるという一点において、錬金術のような魔法を起こすことが可能なのだ。自傷行為に近いその行為が、カラフルな図案とその背後に潜むストーリーによって、すなわち意味というものによってポジティヴに輝き始める。

タトゥーが、ドラッグのような化学変化をもたらす瞬間だ。

ワンポイントの花は、十二分にドラッグをイメージさせると思う。

雪子鬼（NS7.DEPT）

横浜・彫のぶ

横浜・彫のぶ

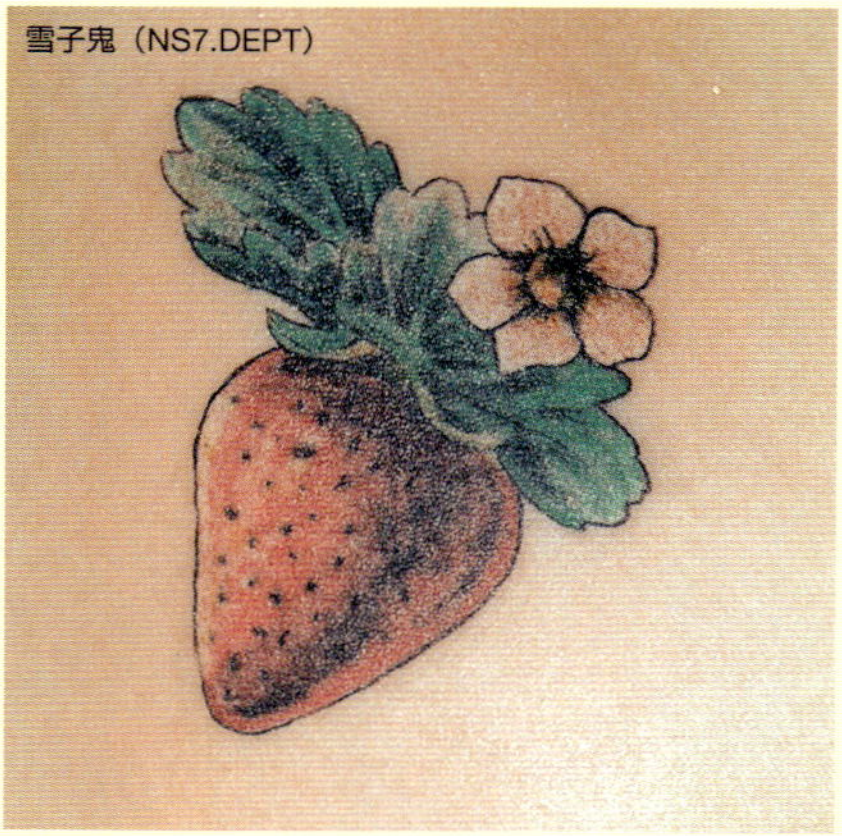

雪子鬼（NS7.DEPT）

トオル

花言葉を知る

花を彫る場合は、基本的には自分の好きな花を入れればいいと思うが、花言葉などの意味を分かったうえで入れないと間抜けなことになりかねない。

アイリス
愛・消息・あなたを大切にします・伝言・優雅・恋のメッセージ・使者・変わりやすい

アサ
運命・宿命・結果

アサガオ
はかない恋・固い約束・愛着・愛情の絆・仮装

アザミ
権威・触れないで・独立・厳格・復讐・満足・安心

アジサイ
ほら吹き・移り気・あなたは冷たい・元気な女性・高慢・無情・辛抱強い愛情

アネモネ
はかない希望・恋の苦しみ・君を愛す・はかない恋・見放される・真実

アヤメ
神秘的な人・よい便り

アロエ
健康・信頼・迷信

イチゴ
先見・尊重と愛情・誘惑・甘い香り

イチジク
子宝に恵まれる・実りある恋・豊富・裕福・平安

カサブランカ（ユリ）
雄大な愛・威厳・高貴

カトレア
あなたは美しい・優美な貴婦人・純愛・魔力・成熟した魅力・優雅な女性

カミツレ（カモミール）
逆境に負けぬ強さ・逆境の中の活力・親交・仲直り

カンツバキ
謙譲・愛嬌

キウイ
ひょうきん

キンギョソウ（スナップドラゴン）
おしゃべり・出しゃばり・大胆不敵・欲望・清純な心・仮定・図々しい・推測・傲慢

クチナシ
とてもうれしい・幸福者・私はあまりにも幸せです・喜びを運ぶ・清潔・清浄・夢中・優雅

グラジオラス
堅固・尚武・情熱的な恋・忍び逢い・用心・用意周到

クローバー
堅実・幸福・約束・私を想ってください

エーデルワイス
初恋の感動・尊い記憶・大切な思い出

エンジェルトランペット（ダチュラ）
愛敬・偽りの魅力・変装

オニユリ
愉快・華麗・陽気・富と誇り・賢者

オリーブ
平和・知恵

オレンジ
花嫁の心・寛大・気前の良さ・純潔・花嫁の喜び・清純・豊富

カーネーション
あなたを熱愛する・情熱・熱烈な愛情

ガーベラ
神秘・崇高美

雪子鬼（NS7.DEPT）

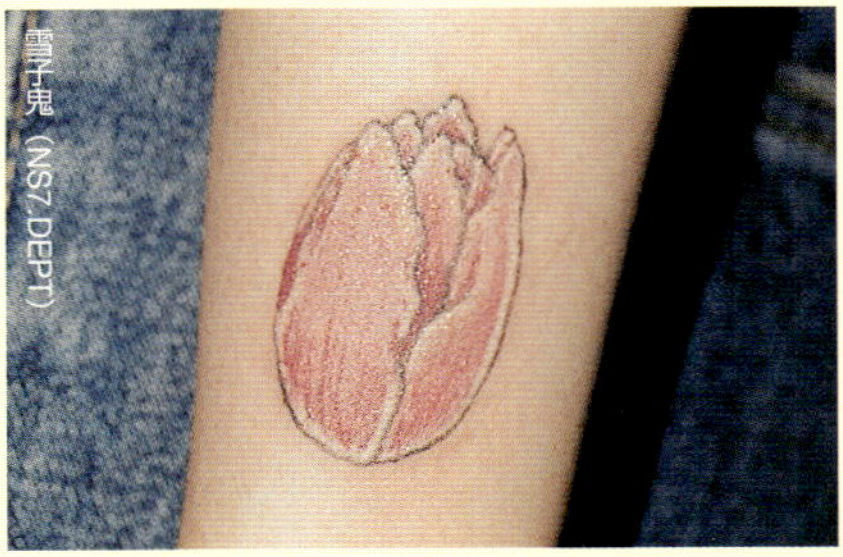
雪子鬼（NS7.DEPT）

ケシ
きたるべき恋

ゲッケイジュ（月桂樹）
栄光・輝ける将来・勝利・名誉

コスモス
乙女の純潔・乙女の心情・真心・調和・美麗

サクラ
高尚・純潔・心の美・優れた美人・精神美・淡白

サクランボ
小さな恋人・上品

ザクロ
円熟した優美

サボテン
温かい心・内気な乙女・秘めた熱意・燃える心

シクラメン
はにかみ・内気・嫉妬・遠慮・切ない私の愛を受けてください・疑惑

ジャスミン
愛の通夜・愛らしさ・官能的・優美・清純・喜び・素直・気立ての良さ

スイートピー
ほのかな喜び・繊細・優美・門出・デリケートな喜び・別離・優しい思い出・微妙・青春の喜び

スミレ
温順・謙虚・慎み深さ・愛・純潔・誠実・小さな幸せ

セントポーリア
小さな愛・小さな心・深窓の美女

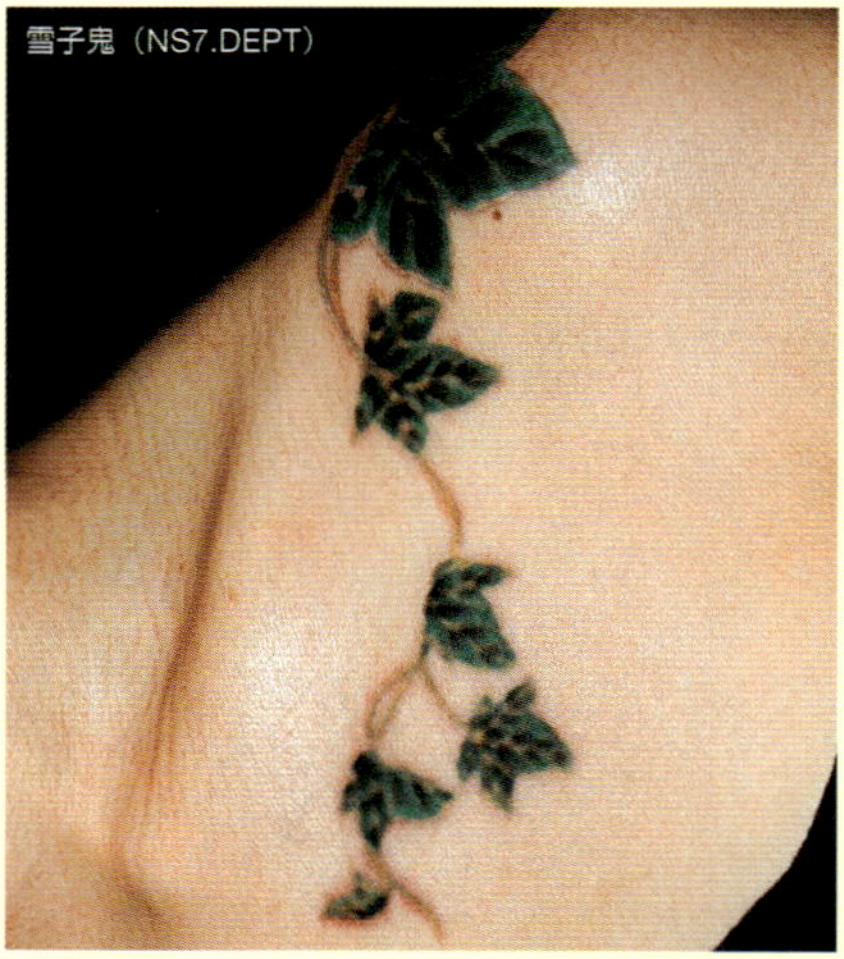
雪子鬼（NS7.DEPT）

横浜・彫のぶ

トオル

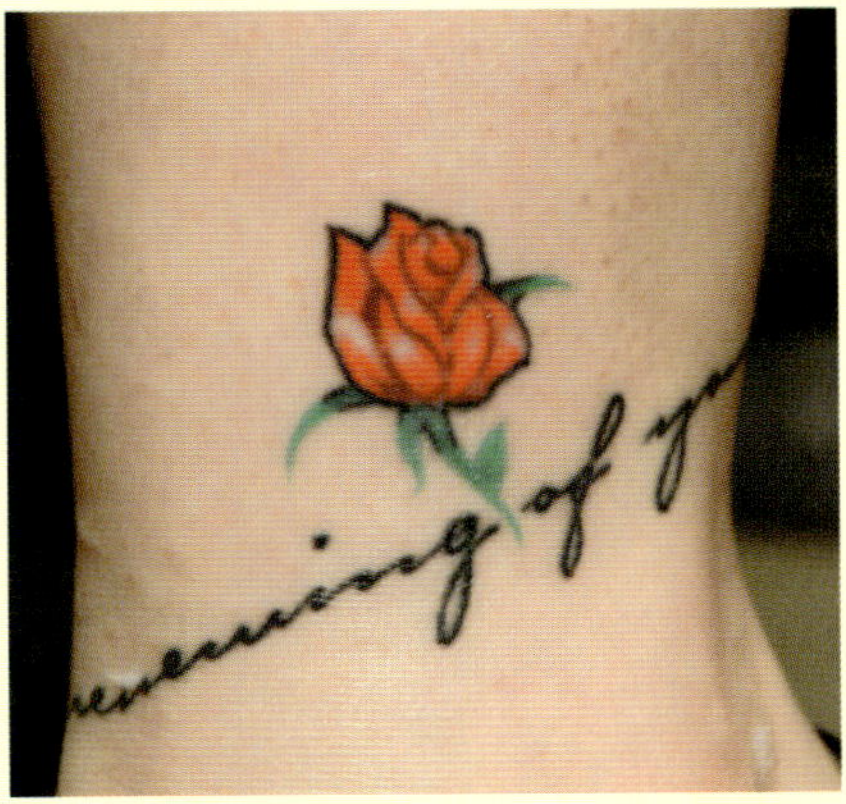

トオル

トオル

タバコ
ふれあい

ダリア
華麗・移り気・不安定・優雅・威厳・感謝・気紛れ

タンポポ
真心の愛・神のお告げ・別離・軽率・思わせぶり・明朗な歌声

チューリップ
永遠の愛情・愛の告白・思いやり・正直・恋の告白・真面目な愛・誘惑・博愛・美しい瞳・名声・名誉

ツバキ
完璧な魅力・誇り・控えめな美点・美徳

デージー（ヒナギク）
あなたと同じ気持ちです・無邪気・おひとよし・乙女の無邪気・無意識・純潔・明朗

トウガラシ
旧友

トウモロコシ
財宝・豊富・同意

トゲ
厳格

ハイビスカス
私はあなたを信じます・常に新らしい美・繊細な美・新しい恋

パイナップル
あなたは完璧・完全無欠

ハナミズキ
私の想いを受けてください・返礼

バラ
愛・嫉妬・あなたを尊敬します・愛情・美・温かい心・照り映える容色・私はあなたにふさわしい・内気な恥ずかしさ・恋

パンジー
平穏・私を想ってください・物想い・純愛・心の平和

ヒイラギ
機智・剛直・先見・用心

ヒマワリ
あこがれ・熱愛・あなたを見つめる・愛慕・光輝・敬慕・敬老の日・情熱・輝き

ブーゲンビリア
情熱・熱心

ブドウ
好意・信頼・陶酔・思いやり・親切

プラタナス
天稟・天才・非凡

フリージア
あどけなさ・無邪気・純潔・慈愛・親愛の情・親愛

ヘチマ
ひょうきんな

ヘリオトロープ
愛よ永遠なれ・永久の愛・献身的な愛・熱望

ボダイジュ（洋種）
結ばれる愛・結婚・熱愛・夫婦の愛

マーガレット
心に秘めた愛・誠実・貞節・慈悲・予言・真実・恋占い

横浜・彫のぶ

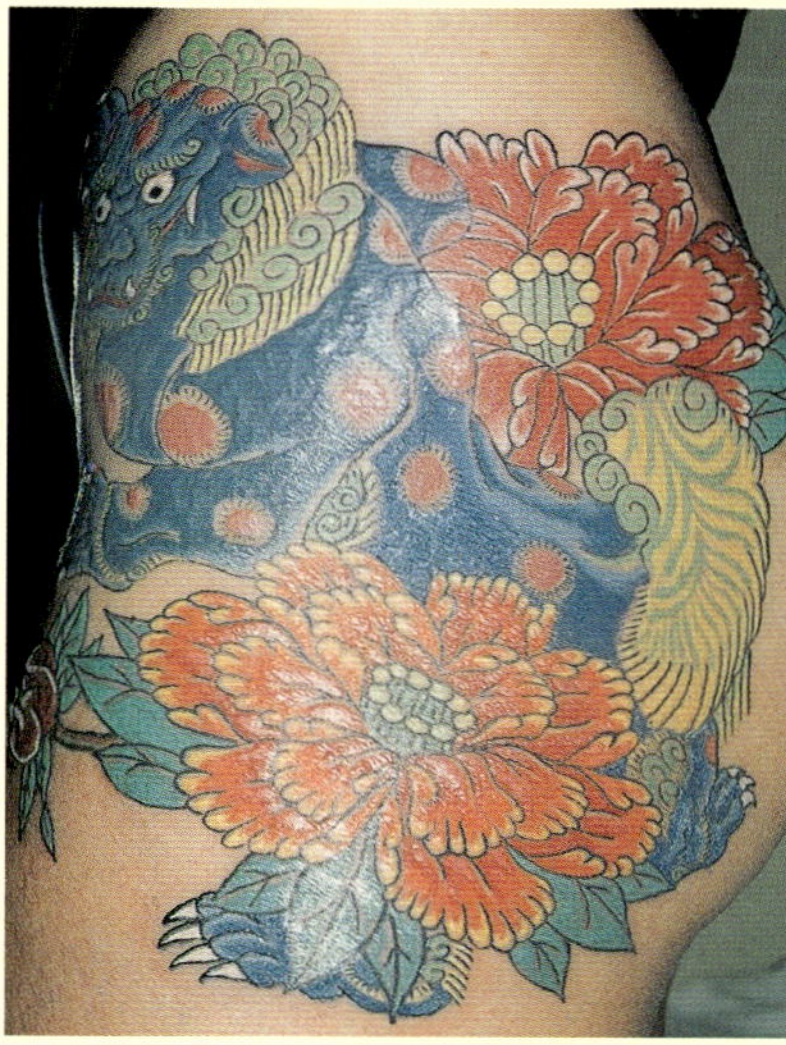
横浜・彫のぶ

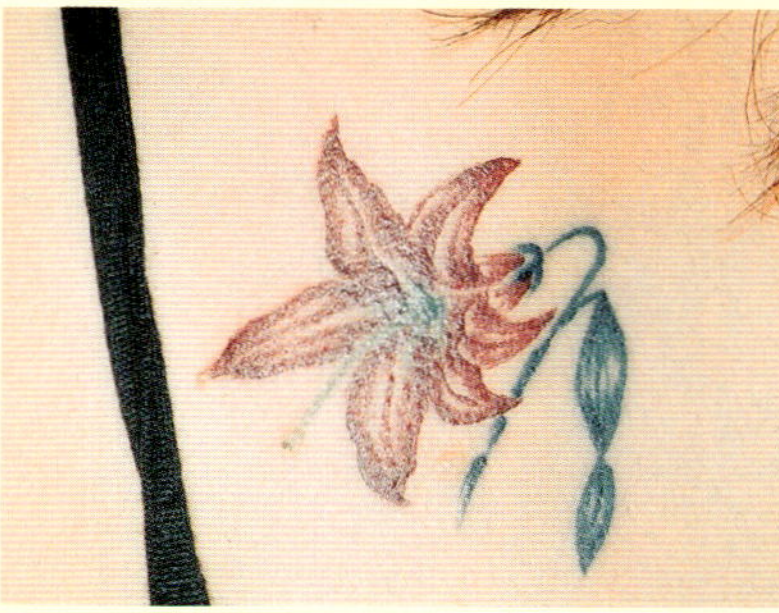
横浜・彫のぶ

ヤナギ
わが胸の悲しみ・愛の悲しみ・自由・従順・素直

ユリ
威厳・純潔・無垢

ライラック
愛の芽生え・愛の最初の感情・青春の喜び・若き日の思い出・初恋の感動・無邪気・若さ・友情

ラベンダー
あなたを待っています・期待・疑い・不信・疑惑・沈黙・豊香・私に答えてください

ラン
美人

リンゴ
選ばれた恋・選択・名声・誘惑・最も優しき女性に

レモン
愛に忠実・心からの思慕・熱意・誠実な愛

マツ
同情・慈悲・不老長寿・永遠の若さ・勇敢

ミカン
あなたは純潔です・花嫁の喜び・清純

ムギ
音楽の魅力・裕福

メロン
豊富・潤沢・飽食・裕福・多産

モミジ
遠慮・自制・大切な思い出・秘蔵の宝

モモ（花）
気だての良さ・私はあなたに夢中・天下無敵・恋の奴隷・私はあなたのとりこ

横浜・彫のぶ

横浜・彫のぶ

雪子鬼（NS7.DEPT）

雪子鬼（NS7.DEPT）

桜が風に揺れるまで (横浜・彫のぶ)

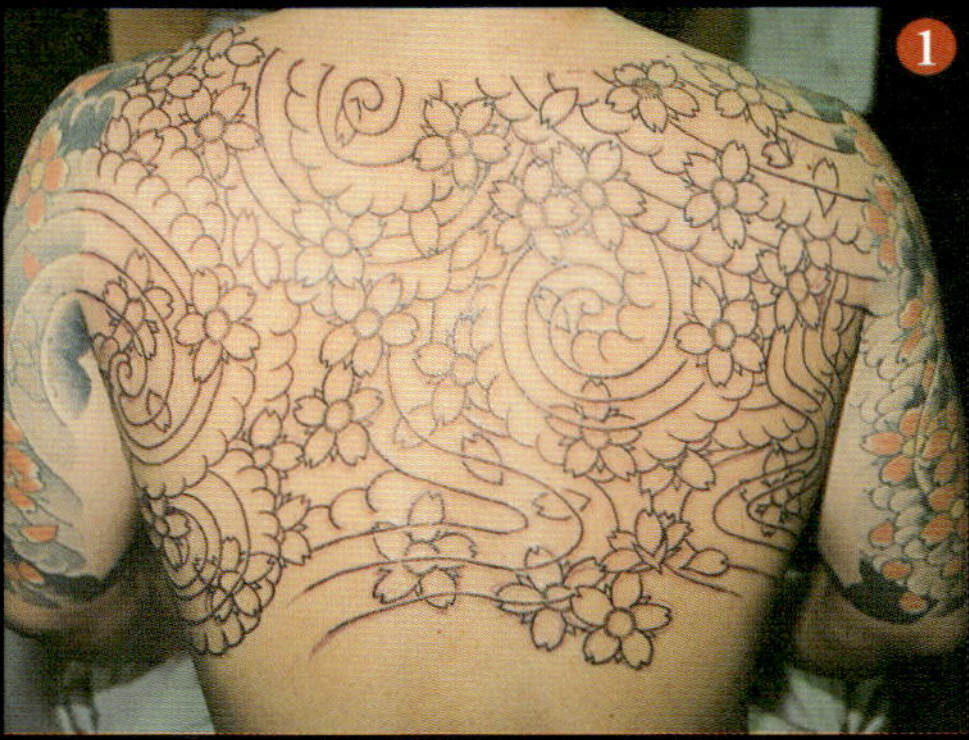

すでに彫られている腕の模様に合わせて下絵を描き、その上を筋彫りしていく。

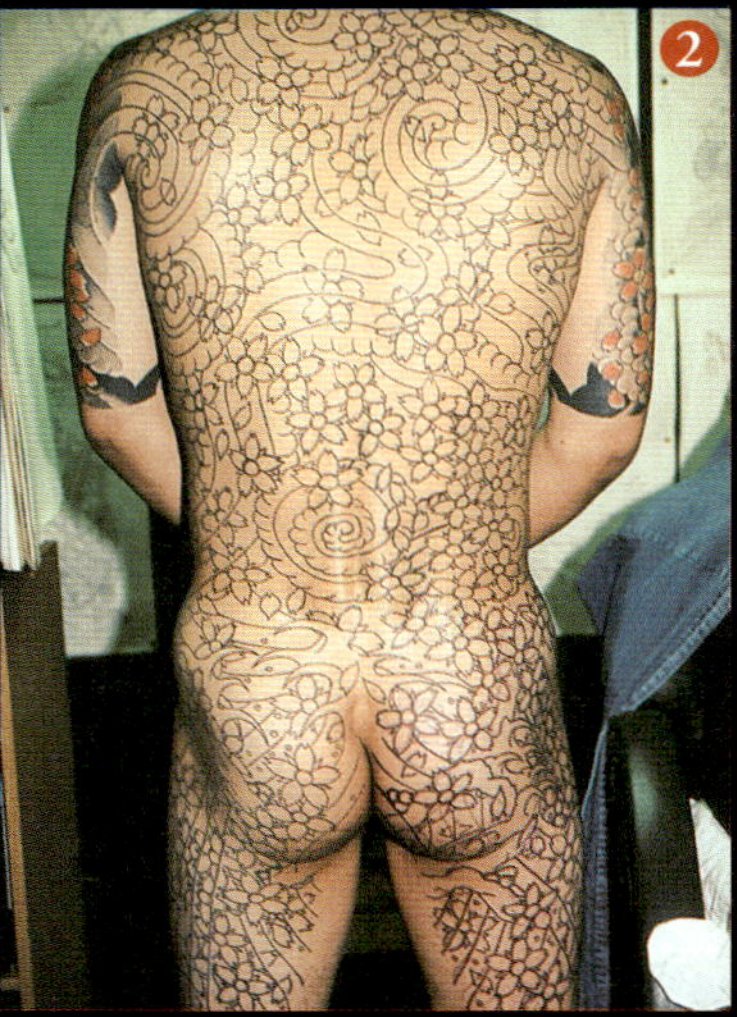

筋彫りの完成。

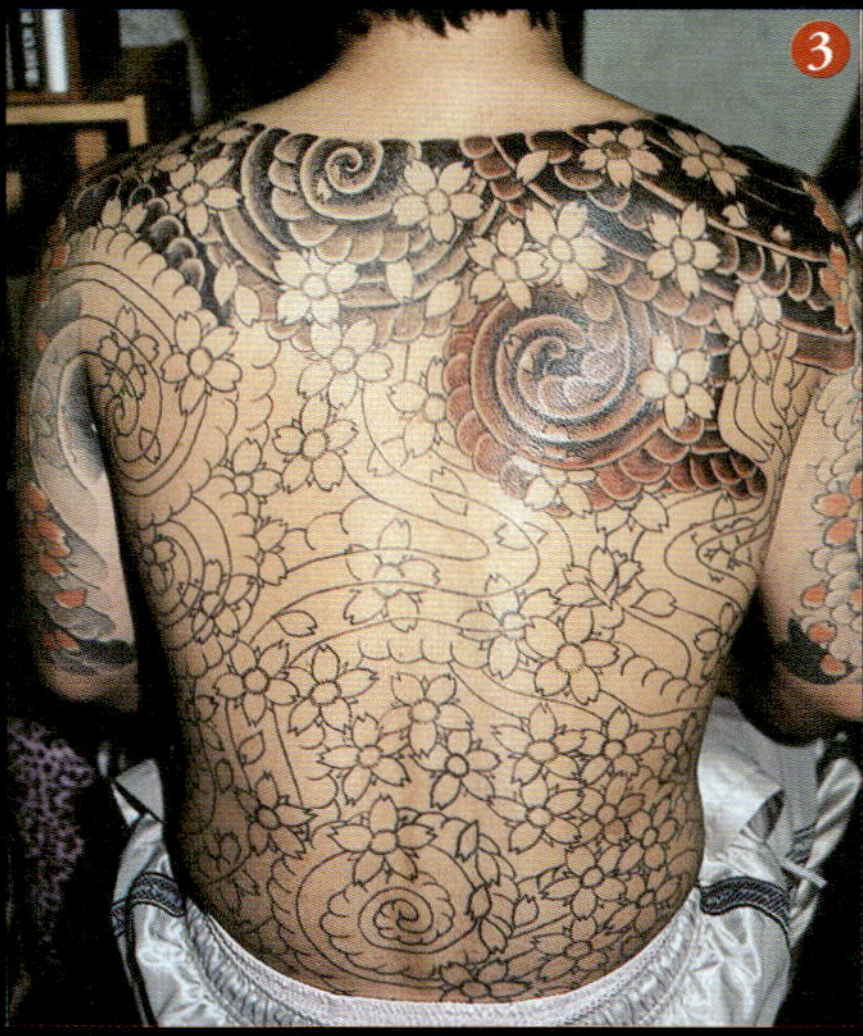

筋彫りの内側に、まずは墨でグラデーションを入れていく。赤いのは、入れた直後の出血と腫れのため。

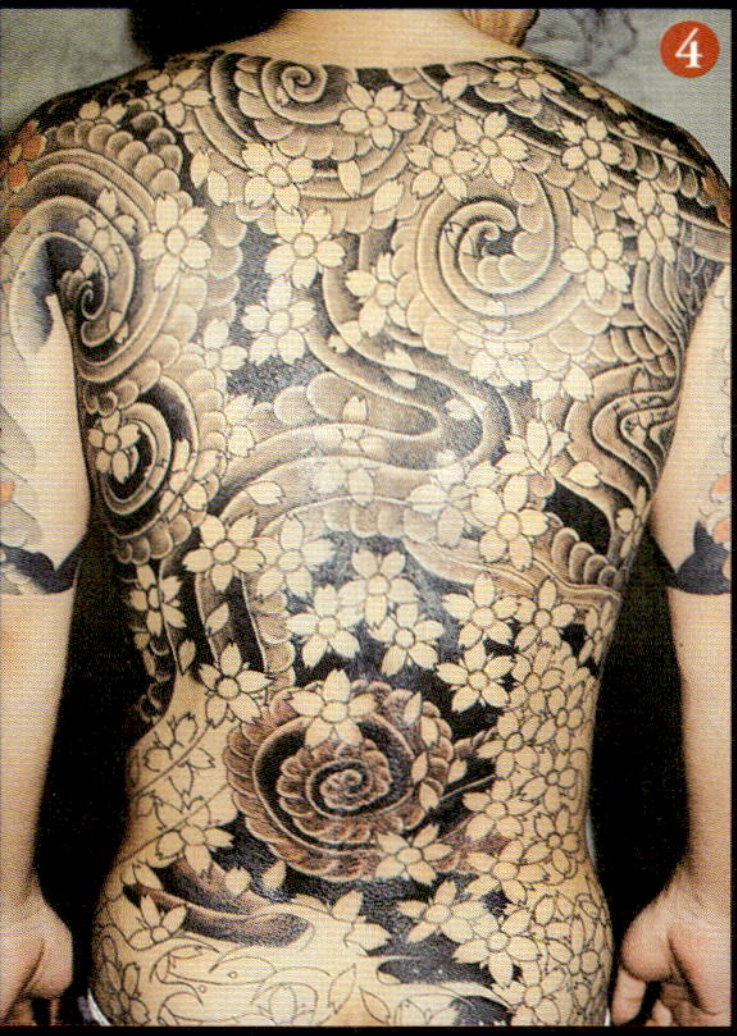

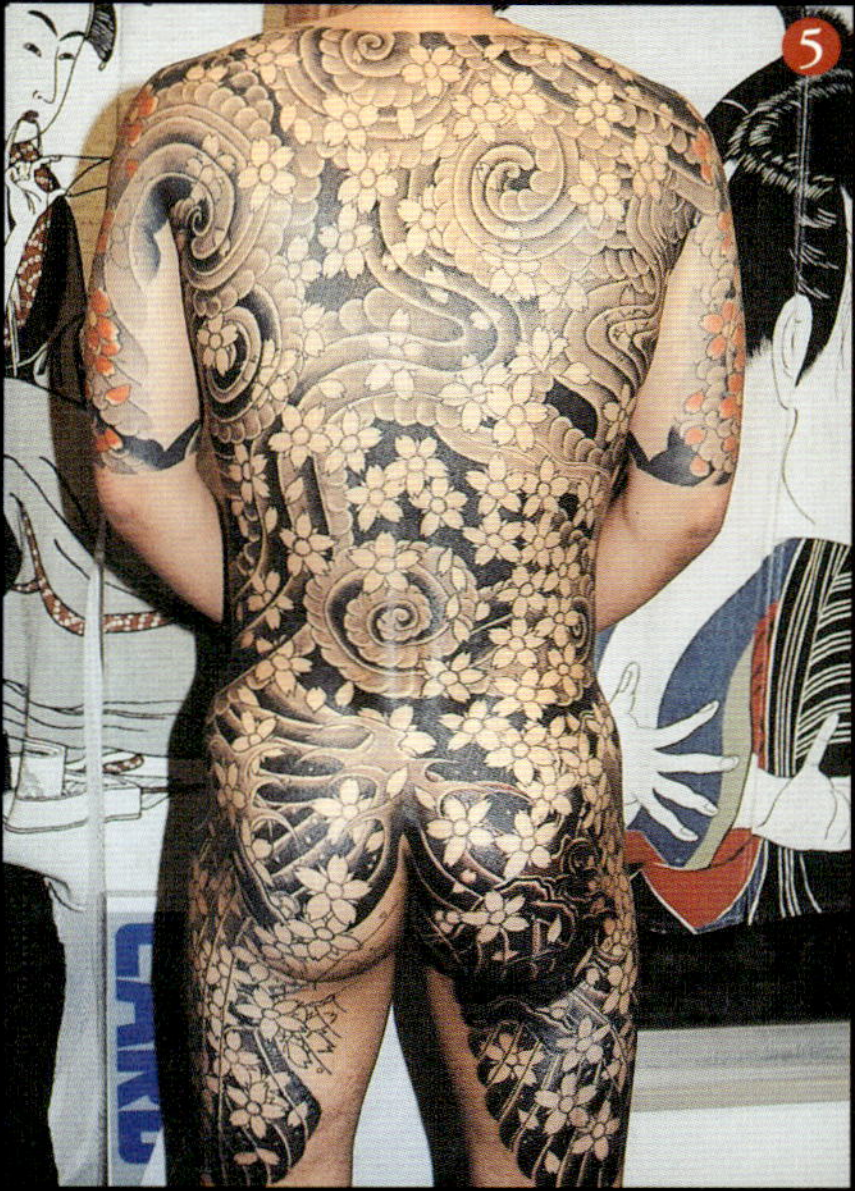

墨入れが完成。色も落ち着いて、綺麗な墨のグラデーションとなっている。

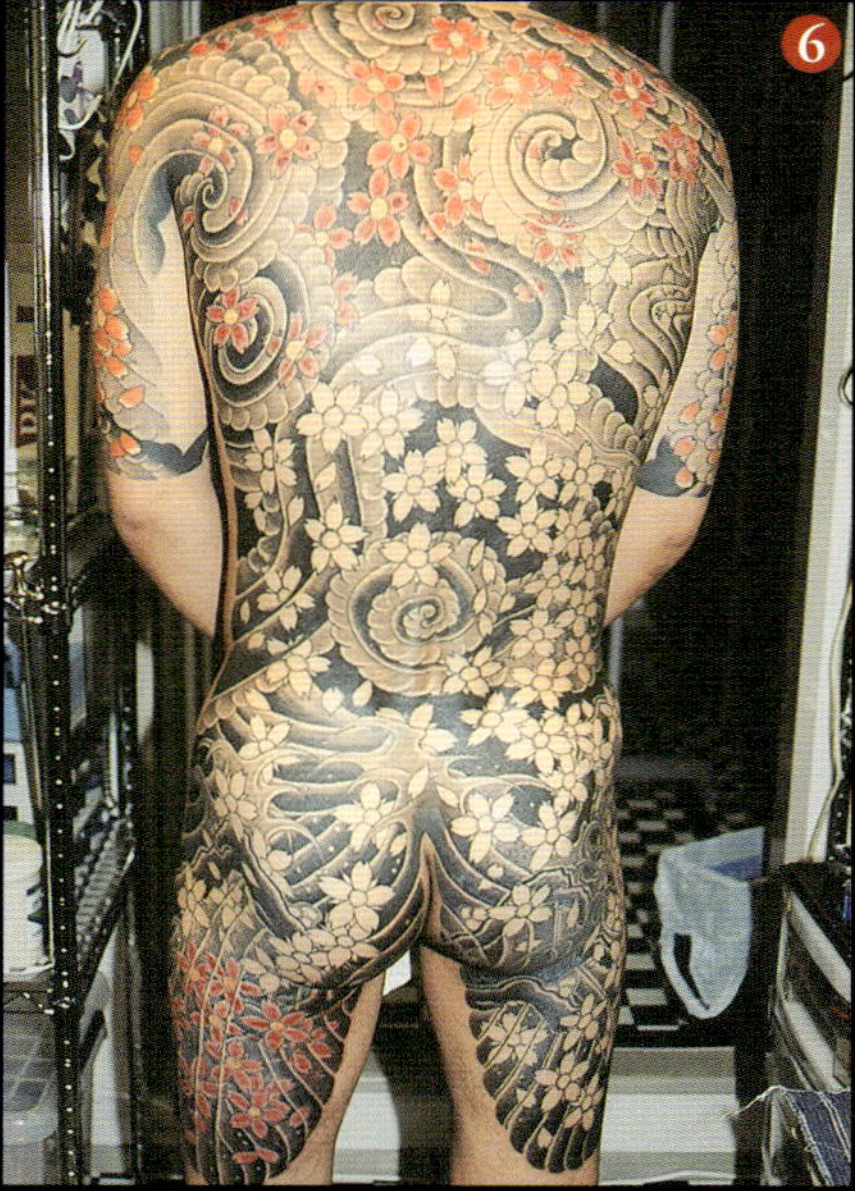

花びらに桜色と、花心部の黄色を入れていく。

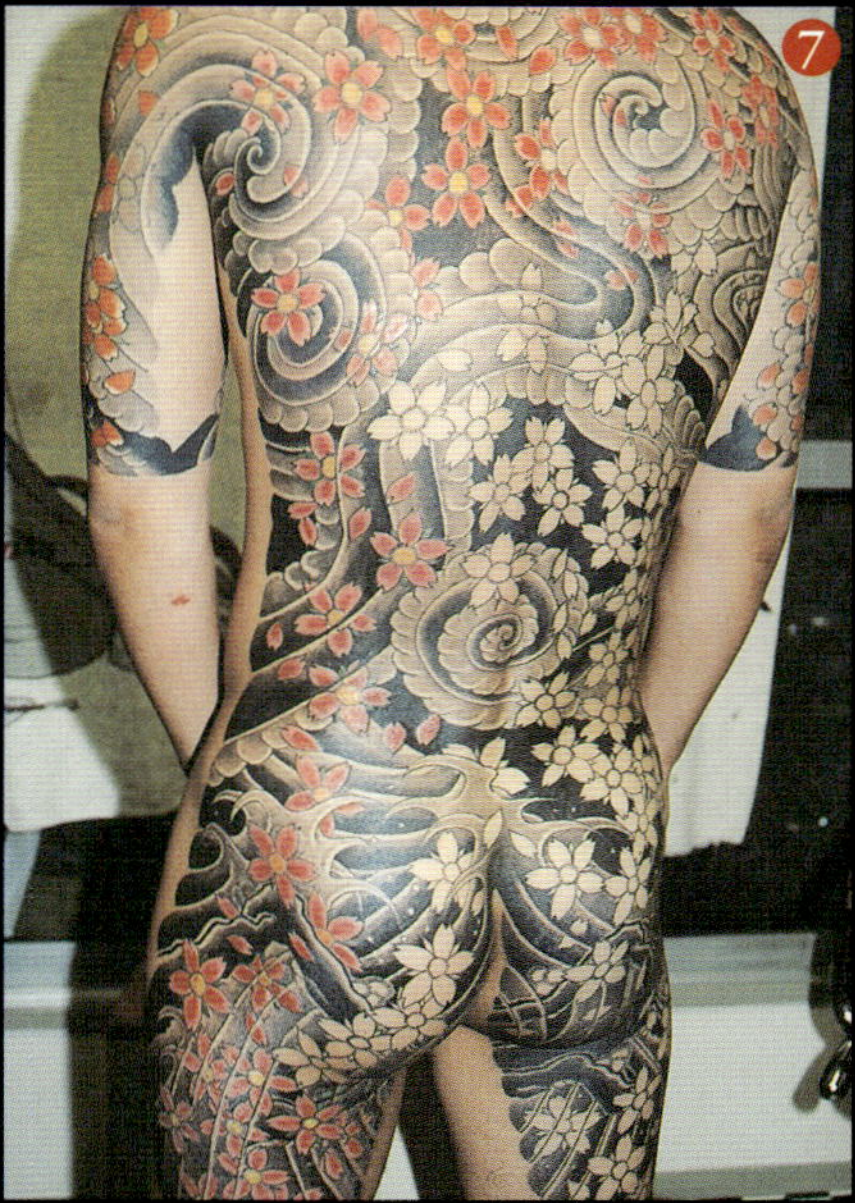

完成

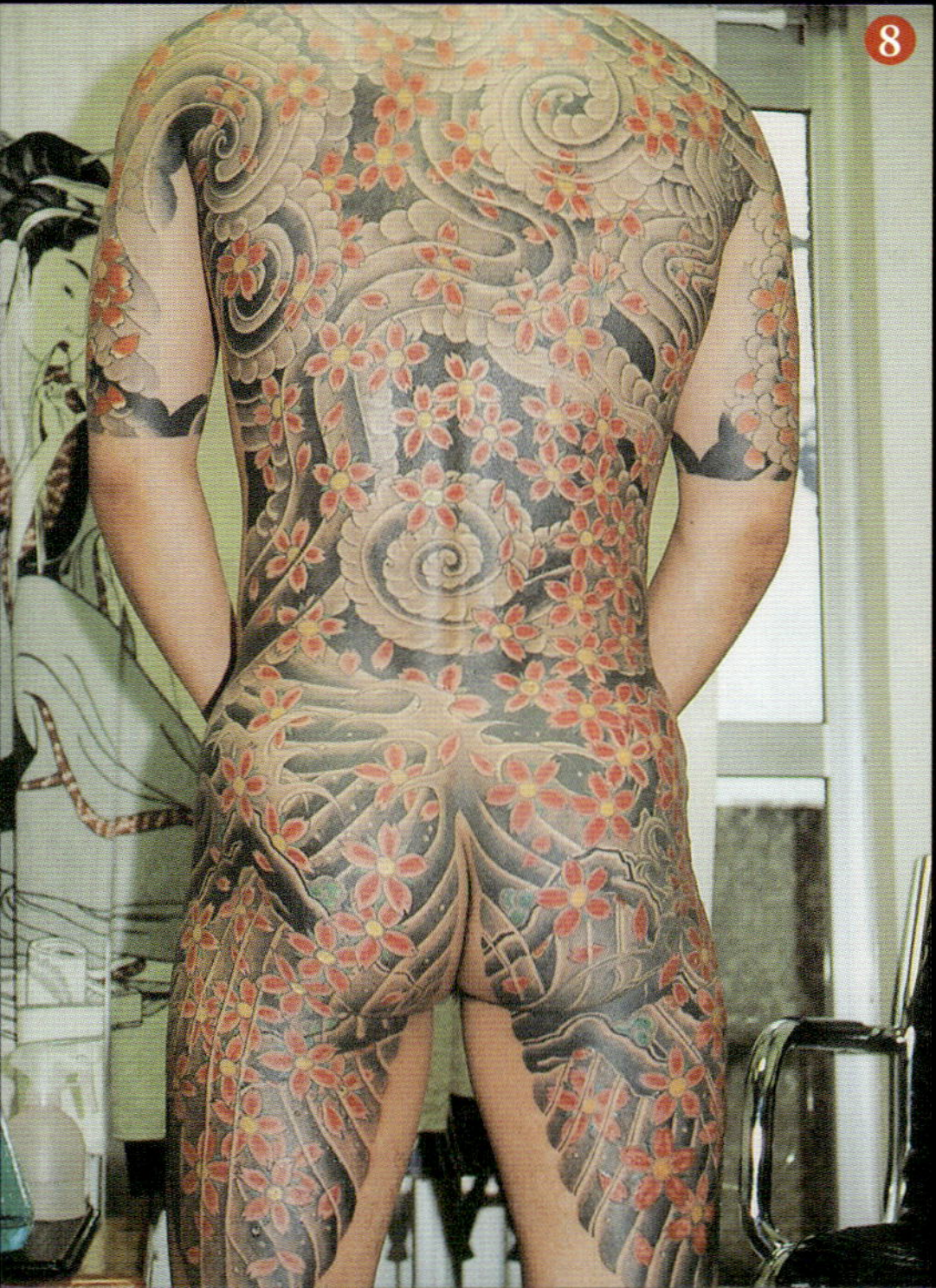

第九章

今、ポスト・ニュースクールの時代

TATTOO AGE CHAPTER 9

新たな日本伝統との出会い

明日は彼女の誕生日である。僕は、その前夜祭と称して、彼女を食事に招待したのである。桐のイメージで統一されたその店は、麻布にあった。

二席しか設置していないカウンターに座る僕たちの前には、金色の屏風が、壁一面に掲げられていた。**加藤東一という20世紀を代表する日本画家**の手によるその屏風には、若々しい竹林が描かれていた。その画風は、日本画というよりも**ポスト・モダン**の作品のような印象を受ける。

「あーあ、また一つ歳とっちゃうよ」

彼女は、グラスに注がれた白ワインを眺めながら、ため息まじりにそう言った。

「いいじゃないの、そうやって味わい深い人生を歩んでいきなさい。もう、大手を振ってタトゥー入れられる歳なんでしょうが」

「ありがとうございます。おかげさまで、十八歳は越えましたので」

彼女はそう言うと、ワインを一口飲んだ。

「はい、プレゼント」

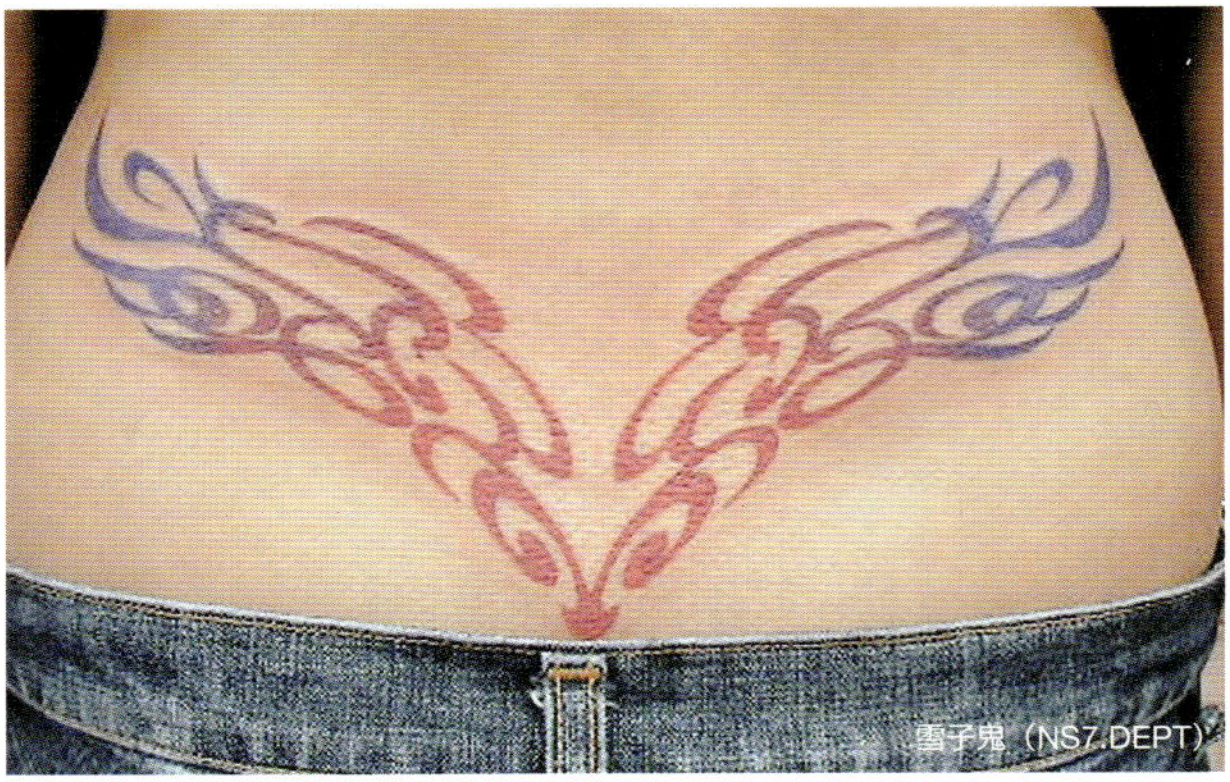

雪子鬼（NS7.DEPT）

僕は、ディパックの中から、小さな包みを取り出すと、彼女に手渡した。

「ありがとう、開けていい？」

彼女は、僕の返事を待たずに、丁寧に包装紙を開くと、萌葱《もえぎ》色の和紙で作られた小さな小箱のふたを開けた。

「わぁーカワイイ！　凄く不思議な形」

柔らかい曲線で表現されたその白い陶磁器は、ティーカップというよりは、能舞台の白州に敷き詰められた玉砂利を連想させる。

「イサム・ノグチって人の作品なんだ。勿論、レプリカだけどね」

「いさむ・のぐち？　日本人？」

「お父さんが日本人でお母さんがアメリカの人。20世紀を代表する彫刻家であり舞台美術家なんだ」

「そうなんだ。だからかな？　何かこのカップも日本ぽい感じがするね」

「うん。日本と西洋が調和してるよね。そこが好きなんだよね。**日本の粋は世界に通用する美意識**だと思うな」

「ふぅん。世界的って、ほかにどんな人がいるの？」

「俺が好きなのは、**有田焼の深川忠治**とか、**日本伝統刺青の祖ともいえる歌川国芳**とか……それこそきりがないくらい沢山いるよ」

「日本のデザインって、凄いんだね」

「日本の彫師にも、世界的に有名になった人がいるよ。この麻布に住んでいた**二代目彫芳**という人なんだけど、この人の作品がアメリカで紹介されて、日本の彫り物の素晴らしさにみんな感動したんだよ」

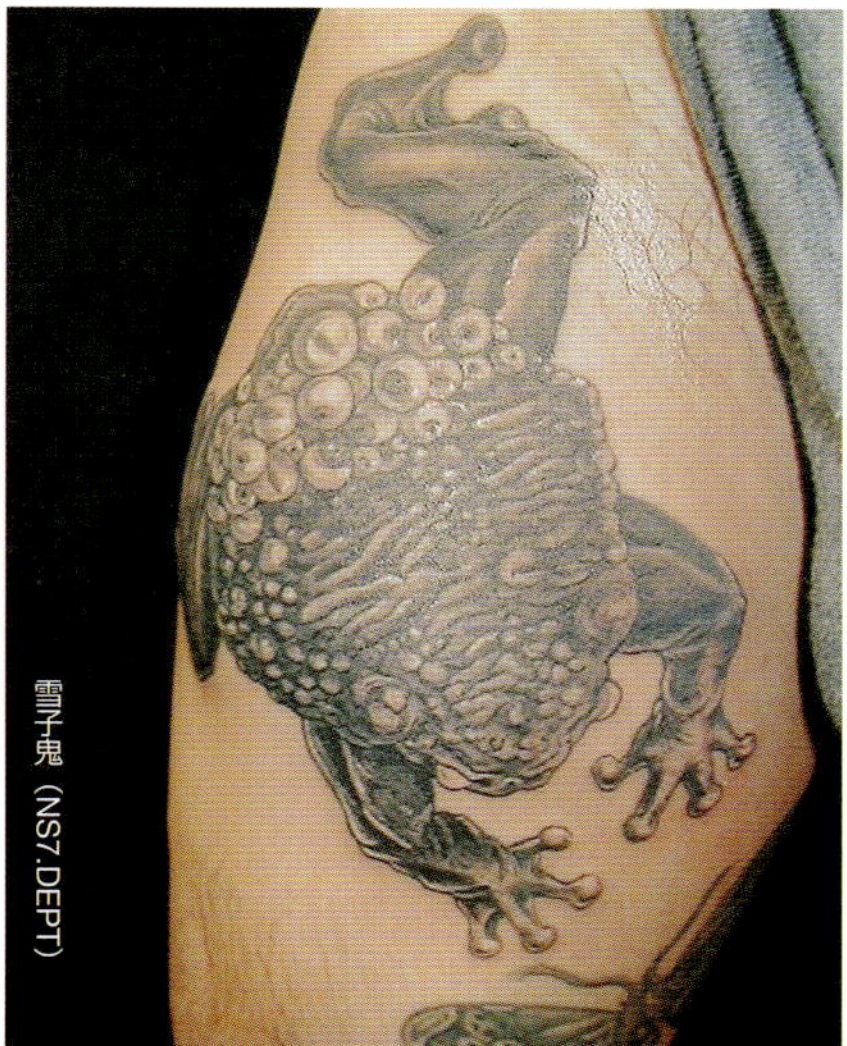

雪子鬼（NS7.DEPT）

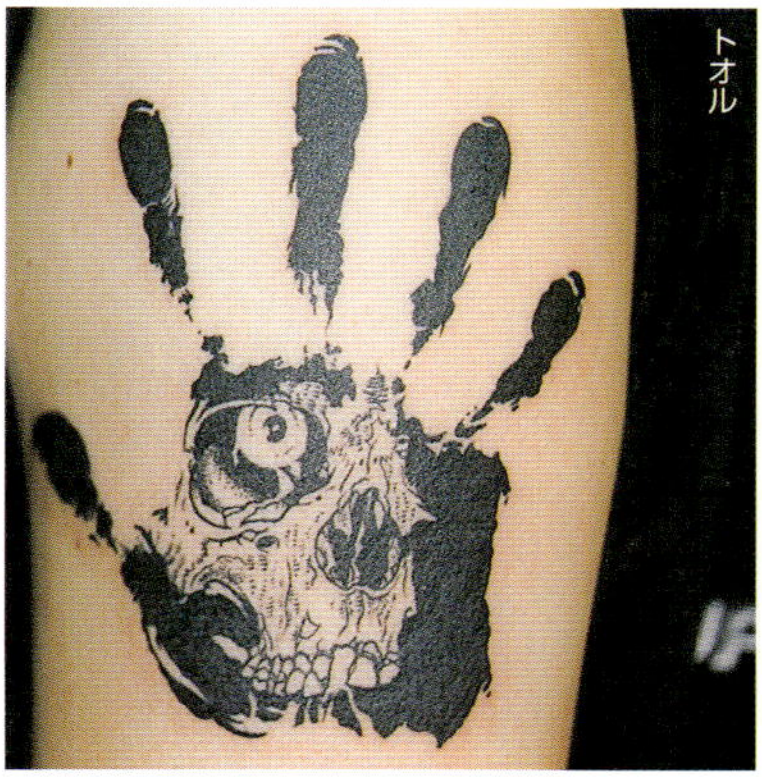

トオル

「ジャパニーズ・スタイル？」

「いや、日本伝統刺青は**ジャパニーズ・トラディショナル**って呼ばれているんだ。この日本の刺青を探求していった**エド・ハーディたちが、ジャパニーズ・スタイルを確立していった**んだ」

「綺麗だよね。日本の刺青って」

「そうだね。それを一歩押し進めたエド・ハーディも、俺は尊敬するな」

「日本のデザインから、もう一度探してみるのも面白いかも」

「そうだね。日本の、特に江戸の粋の世界からは、まだまだ多く学べることがあると思うよ。着物や手ぬぐいの柄とか……例えばマリファナの葉をタトゥーにしたりする代わりに、麻の紋とか麻柄をトライバルっぽく入れるとか。技術的な面での日本と西洋の再融合も考えられるよね」

「そうかぁ、まだまだ新しいデザインは出てきそうね」

「そのためには、もう一度、日本のことを見つめ直す必要があるかもね」

「わぁ、美味しそう」

運ばれてきた鹿の刺身を目にすると、彼女は歓声をあげた。

僕は、目の前にある美しくモダンな屏風を眺めながら、グラスを口に運んだ。

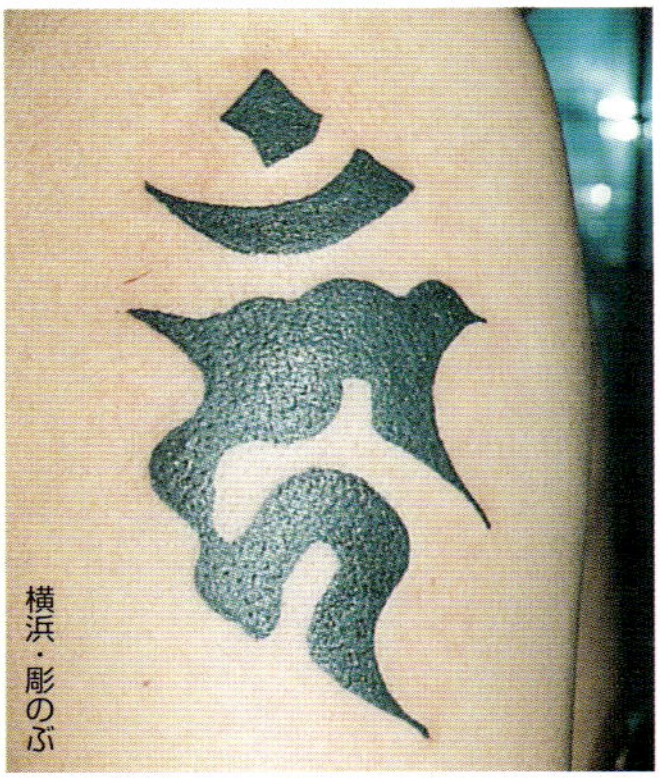
横浜・彫のぶ

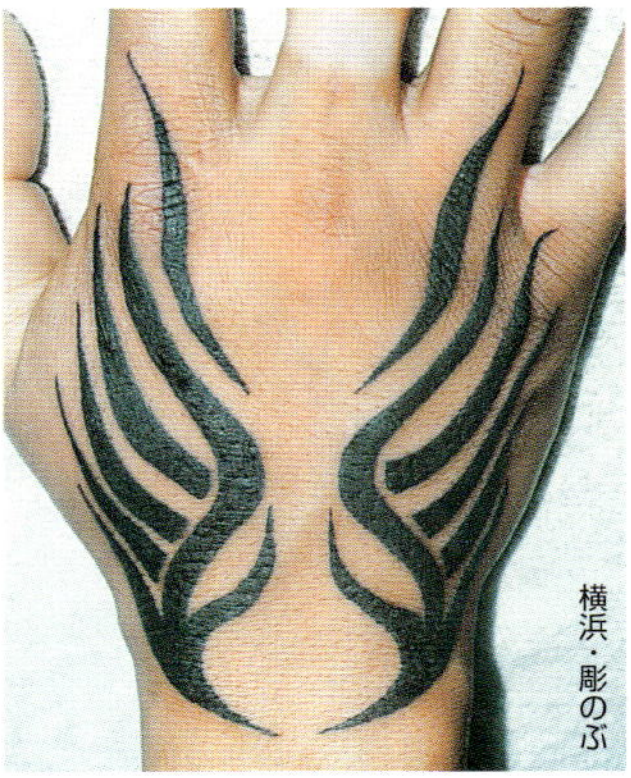
横浜・彫のぶ

ポスト・モダンとしての粋の世界

日本では、縄文時代から肌に墨を入れるという行為があった。土器、土偶の顔に紋様が描かれているのがあり、それが「イレズミ」である。

南方から流れてきた民族はイレズミを施していたし、イヌイットやアイヌなどの海洋民族、海からきた人たちはイレズミを施しているといわれている。この海洋民族は、メソポタミア辺りから流れてきた人たちと共通するものがあったのではなかろうか。彼らはポリネシアのほうからアリューシャン列島まで流れていったのではないかといわれている。

『古事記』には、イレズミを施している人々が登場し、イレズミをマサキと呼んでいる。南方のある民族でも、タトゥーについて同じ「マサキ」という言葉を使っている。

その後、刑罰としてのイレズミが中国から入ってきたことにより、罪人たちがイレズミをするようになっていった。

日本のイレズミは、長い年月をかけて、独特の文化を形成していった。今のイレズミの形になるのは江戸時代である。日本における特徴は、顔には彫らなくなっていったことだろう。

明治時代に来日したベルツというドイツ人の学者が日本のイレズミの調査をし、籠《かご》かきとか木場の鳶職や火消しなど、日本でイレズミを入れてい

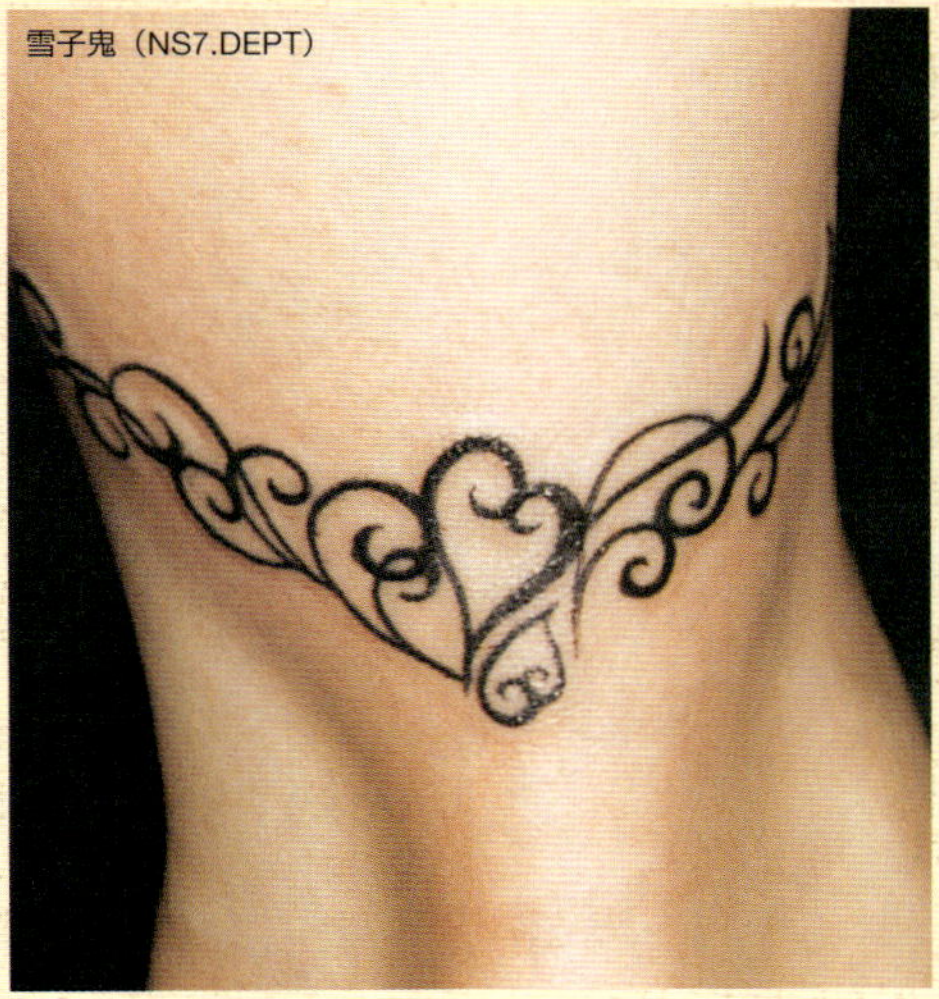
雪子鬼（NS7.DEPT）

横浜・彫のぶ

る人たちは、裸で仕事をしていることが多く、肉襦袢《にくじゅばん》といわれるように着物のように彫っている、と書き記している。

日本人自身は意識をしていないが、日本のイレズミは衣服の代わりだとベルツは述べている。

それぞれの職業によって、腕や太股の七分までとか半分までとか、入れる場所や範囲が決まっていた。武士階級は入れていない。イレズミは、いわば町人文化だといえよう。

そのなかでも、町奴から流れた侠客《きょうかく》がイレズミを入れ始めた。江戸の侠客というのは、もともと武士だった人たちが土地を追われて武士ではなくなり、刀狩りを逃れるために、法規制ぎりぎりの長さの長ドスを持って、町の人間たちに奉仕をするという形で侠客になっていった。こうした人たちは自らの意志によってイレズミを入れていた。

今でも日本伝統刺青の世界では、歌舞伎の一場面を描いた浮世絵と同じ図柄のものが多く存在している。義侠心だとか、強い力を持っている者に憧れている男たちが入れるのだ。

文字を入れることも、以前は見られたようである。一心太助は、大久保彦左衛門に与えられた言葉、「一心白道」を首すじに彫っていたといわれている。

「南無妙法蓮華経」と大きく背中に彫っていた人もいた。

豪華な、今見られるような背中一面に彫り物をする以外に、自分の気持ちを込めたい言葉を二の腕に縦に彫るということも多く見られたそうだ。中に、自分の好きな相手の名前を彫る者も出てきた。本来は、男が惚れた

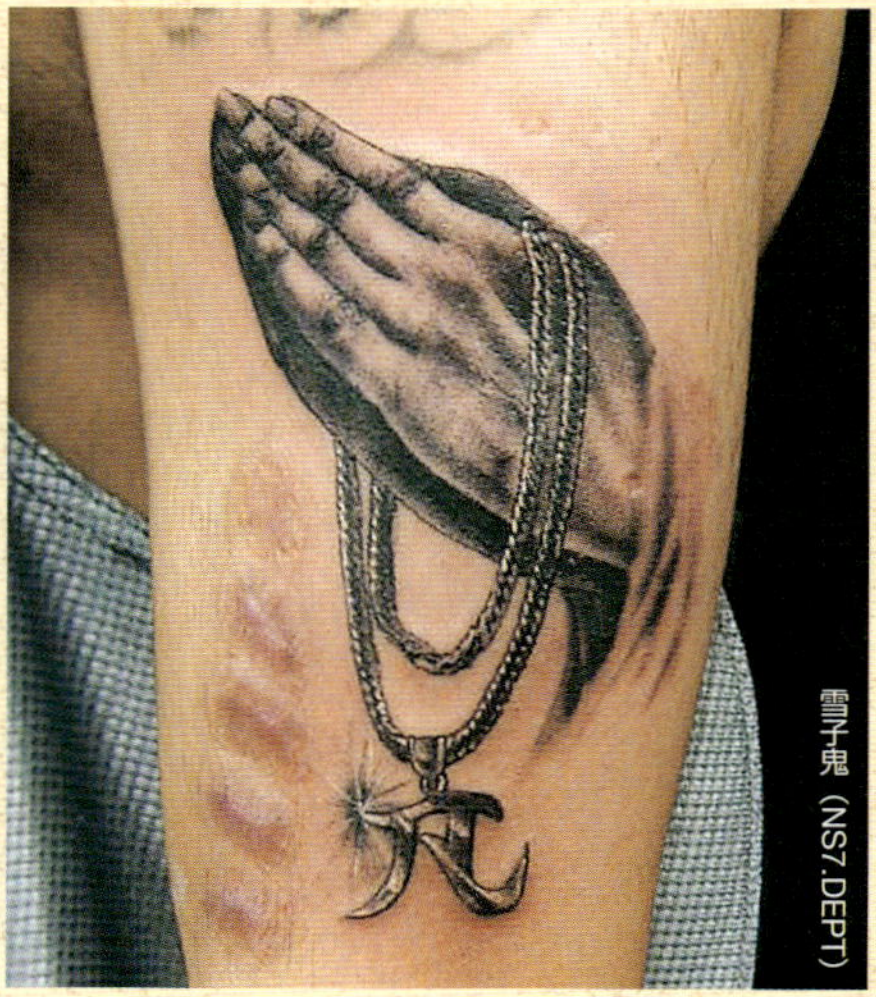
雪子鬼（NS7.DEPT）

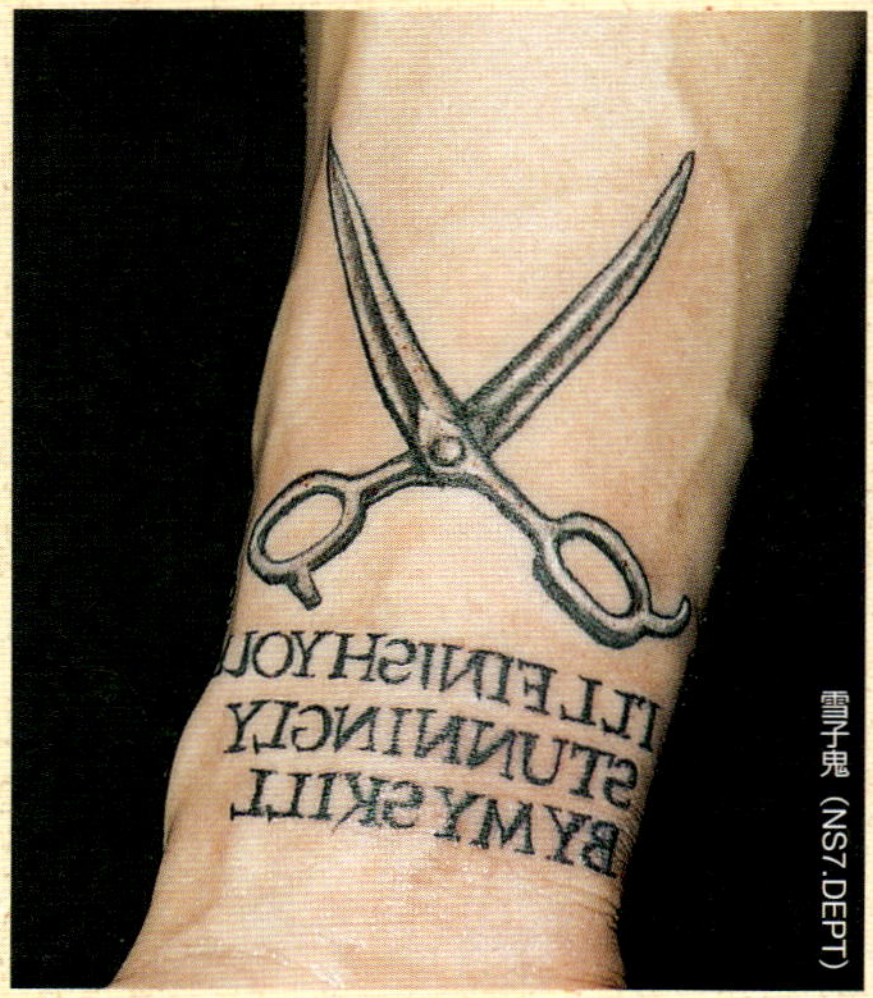

雪子鬼（NS7.DEPT）

女の名前を入れたりすることがあったのだが、辰巳芸者、深川芸者のようなイナセな女のなかでは、惚れた男の名前を入れるというのも一時期流行ったといわれている。

歌舞伎者といわれた人たちがいた。「カブく」というのは、織田信長から始まったライフスタイルと考え方だ。旗本奴なども、もともとは戦闘集団の中の手柄を立てた人たちの三代目ぐらいの人たちだ。実際には戦闘はもうないのだが、腕はたって気も荒く、カブいていた人たちである。

カブくというのは、常軌を逸した格好というような意味で、世の中をかき乱す存在である。普通では考えられないマゲを結ったり、女物の衣装をまとったりもした。

町奴のイレズミをしている鳶は、江戸の自衛の消防団だったのだが、それとは別に大名火消しというのがあった。江戸市中に住んでいる大名の藩がそれぞれの火消しを持っていたのである。しかし大名火消しは、大名屋敷の消防に専念していたためか、江戸っ子たちには、あまり人気がなかったようだ。

ただし、加賀は別である。加賀火消し、前田氏加賀藩の加賀鳶というのは、大名火消しの中でもひときわ絢爛豪華なイレズミを彫っていたといわれている。今でも、加賀の火消しは有名だ。織田信長の取り巻きの一人であった前田利家も若い頃にカブいていたのが有名なので、その流れもあるのだろう。

日本伝統刺青の源流である江戸文化の美学は、「粋」を核としている。それは、すべてを知ったうえで敢えて隠したり、崩したり、不完全な姿に

横浜・彫のぶ

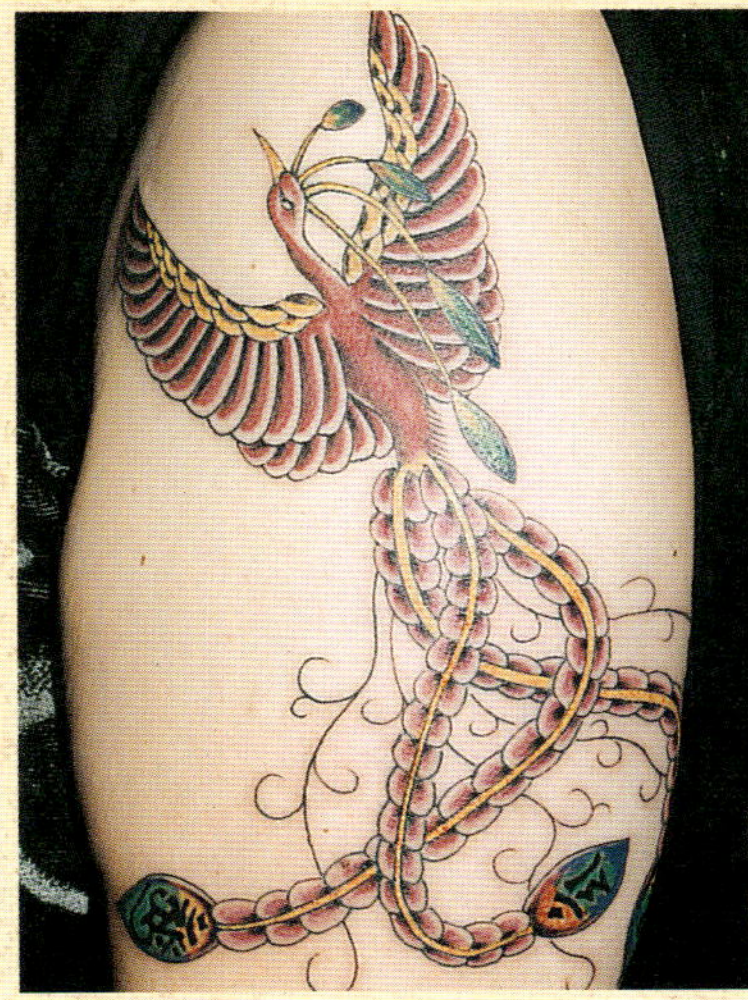

横浜・彫のぶ

見せかけた、力みを超えた世界であるといえる。

豪華に着飾ったり、色や技をこれ見よがしに押し出すような野暮なものを、徹底的に排除した「抜き」の美学といえる。その上で洒落を大事にするおおらかさも合わせ持っている。

江戸文化の中から、現在の日本伝統刺青は生まれてきたといっていいだろう。

その出発点は歌川国芳にあるといわれている。

文政10（1827）年、歌川国芳は、「通俗水滸伝豪傑百八人之一個」を発表した。

この錦絵シリーズのテーマとなっている物語は、『通俗忠義水滸伝』、一般に『水滸伝』と呼ばれている有名な物語である。

『通俗忠義水滸伝』は、17世紀に中国から伝えられた『忠義水滸伝』をもとに、宝暦7（1757）年から岡島冠山によって翻訳された。当時の流行作家である曲亭馬琴や山東京伝らは、『通俗忠義水滸伝』をモチーフに発展させた『傾城水滸伝』や『南総里見八犬伝』などのベストセラーを生んでいく。

幕末の江戸では、『水滸伝』に登場するヒーローたちを知らぬ者はいなかったという。

異形の怪僧花和尚《かおしょう》魯知深《ろちしん》、知恵者の智多星《ちたせい》呉用《ごよう》などを描いた歌川国芳のシリーズは、その力強さと華やかさで江戸っ子たちを虜にしていった。

「通俗水滸伝豪傑百八人之一個」は、江戸の髪結床の暖簾《のれん》はすべて国芳の水滸伝の絵柄となるほどの評判を呼び、鳶や火消しや博徒・侠客といった

雪子鬼（NS7.DEPT）

横浜・彫のぶ

人々が、国芳の図柄を入墨として施していく。

その後、三代目歌川豊国が、国定忠治ら日本の侠客を『水滸伝』の豪傑になぞらえた役者絵シリーズ「近世水滸伝」を世に送り出す。下総の博徒争闘をもとに大蘇《たいそ》芳年《よしとし》が発表した「近世侠儀伝」なども、アウトローたちに受け入れられ、今日の和彫の世界の礎を築いていくわけだ。

こうして、国芳たちの描く世界は、江戸の町民の肌の上で現実のものになっていった。国芳自身も望んで人々の身体をキャンバスに、彼の世界を描いていたようだ。

流行の先端にあった浮世絵に登場する人物たちは、今まで見たこともない柄の着物や髪型や帯や手ぬぐいなどの結び方をしているものもあった。

江戸の町民たちは、そこに描かれた空想の世界に夢中になり、競って、そこに描かれた着物をあつらえたりした。そんな浮世絵の世界の中でも最も人気の高かった歌川派一番の絵師である国芳の作品が、自らの身体に描かれるなどということは、当時の江戸っ子には、夢のような出来事だったろう。

着崩したり、斜に構えたり、本来あるべきものをなくしたりすることで、逆説的に様式美を成立させていくのが、江戸の美学である。しかし、それを成立させるためには、完璧な世界を描ける技術とセンスが求められる。

達人の技を超えたところに、粋は存在するのである。

トオル

横浜・彫のぶ

アメリカン・トラディショナルからニュースクールへ

南インドのゴアに行ったときに、泊まったゲストハウスにキリストやマリアの絵が飾ってあった。ゴアはカトリックが主流の街で、それはヒンドゥと融合したような絵だった。

その絵は、キリストの真ん中にハートが浮いていたり、矢が刺さっていたり、リンゴみたいにきれいなハートが象徴的に使われている図柄であった。

そして街に出ると、そういうタトゥーを入れている人が多かった。

日本では江戸時代や明治の初めには、ハートというのはなんだかよく分からなくて、そこに矢が刺さっていたりしてもよく理解されなかったようである。

ロシアやドイツの囚人を調べた人がいて、白人たちがどんなタトゥーを入れているのか実地調査をした資料がある。そのなかにハート柄が記載されている。ハートはキリスト教のなかから生まれてきたのだろう。愛、生命というのをキリスト教的に表現したもの。そのあたりのニュアンスが、日本ではぴんとこなかったのだろう。

ハートは心臓の象徴であり、生命力の一つである。ニュースクールにも、ハートの図案は存在する。

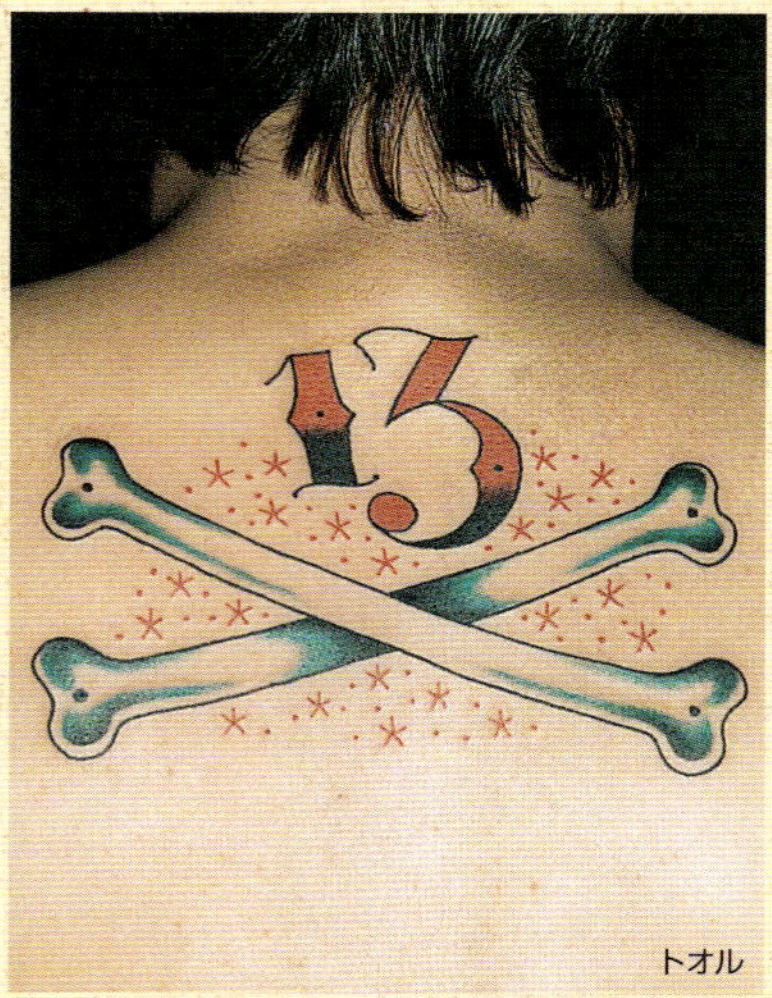

トオル

横浜・彫のぶ

ニュースクールというのは、最も新しい形のキャラクターを入れたりするものだ。

　僕が密かに思っているのは、伝統的なものに戻っていったり、日本的な和彫と洋彫が融合してニュースクールに影響を受けたものが、再びフロントに戻ってくるのではないかということだ。

　日本の美をモチーフとして、また、日本の技術を身につけることにより、日本からこの先の新しいムーブメントが生まれていく可能性があるのではないかと思う。日本のタトゥーを入れる人たちから新たなカテゴリーが生まれてくるのではないかということだ。そうなってほしいと思っている。

　そうなったときこそが、ポスト・ニュースクールの誕生なのだろう。

　浮世絵がヨーロッパに渡って印象派に影響を与えたのと同じような衝撃が、１９７０年代にあった。アメリカの雑誌『LIFE』誌に、二代目彫芳氏の作品が紹介され、世界的に絶賛されたのである。これをきっかけに、タトゥーの世界は変わっていった。だが日本はその後急速に物質主義的になっていき、この流れも沈静化してしまった。

　今、当時と同じような状況がある。過去のことを知ったうえで日本人として、和彫のテイストを入れたカテゴリーを確立していくと、その先に、ポスト・ニュースクールというものが生まれてくるのではないだろうか。

　縄文土器や着物の柄、神社、家紋などの中にも図案化できるものもあるだろう。自分に身近でルーツのはっきりしたものの中に、図案の素材を探し、新しいデザインとして入れてみるのもいいだろう。

　アメリカン・スタイルやアメリカン・トラディショナルというのは基本

トオル

トオル

的に、船乗りのタトゥーを受け継いだものである。漫画『ポパイ』のいかりが好例である。二の腕に彫ることが多かった。

これを展開していったのが、ニュースクールだ。

フラッシュという下絵の発明は、スタンダードを誕生させた。統一感のあるタトゥーを可能にしたのである。それは、今までにはなかったことであった。フラッシュを貼ってはがすと、下絵の線がついている。そこを機械で彫っていくのである。

アメリカ、ヨーロッパではほとんどが機械彫りである。今の和彫も機械彫りが増えている。フラッシュで下絵をつけてそれを機械で彫っていくので、どうしても画一的な絵柄になってしまう。こうしたディメリットを逆手にとり、コミックキャラクターなどの図案が一気に増えていった。アメリカ合衆国において、大量生産可能なT型フォードが自動車というものを一気に大衆化したのと同じことである。

アメリカン・トラディショナルには宗教的なものやキリスト教に沿った図柄もあったのだが、フラッシュの登場によってタトゥーが身近なものになった。宗教的な図柄に限定されるのではなく、もっと自由に絵を入れていこうという潮流が生まれてきたのは評価できる点である。

だが、どんな文化にも揺り戻し現象というものがある。

フラッシュを使った機械彫りで画一的な図柄を入れていくのが主流になったとき、和彫の色の細やかさ、図柄の大きさ、大胆さに、世界中の人が感銘を受けたのだ。70年代のことである。

その技術の凄さを見て、日本に修業にきた人たちがいる。そのうちの一

雪子鬼（NS7.DEPT）

雪子鬼（NS7.DEPT）

人が、エド・ハーディだ。彼は和彫でも大家といわれている。

あるいは日本人自身が、日本の文化を見直す機運が生まれたのである。

アメリカン・トラディショナルから、ニュースクールへと移行していく中で、タトゥーは大きく変化していった。それまでの宗教や身分に捕われた図柄を乗り越え、さまざまな挑戦を経て、新しい自由なスタイルを確立していった。

しかし、一方で見失いつつある部分もある。

それは、伝統的な様式の本来の意味を見直そうとする試みでもある。

例えば、僕が気に入っているエド・ハーディが生み出した和彫の世界を取り入れたスタイルは、日本の若者たちにも広く受け入れられている。僕は、日本の、いや世界に散らばっているエド・ハーディの意志を継いだ子供たちが、新たな地平線を切り開いていくことを期待している。

エド・ハーディは、刺青の中の粋の世界に惚れ込み、「粋」を追求していった芸術家の一人だったといえる。歩んできた道程は異なってはいるが、その到達点では、小泉八雲やイサム・ノグチや深川忠治などの芸術家たちと同じ風景が見えていたのだろう。

エド・ハーディは、米国の雑誌『LIFE』の表紙を飾って和彫を世界に知らしめた彫師、二代目彫芳のもとで修業を重ねていく。そして、江戸文化や和彫の精神世界を体得していった。

その結果、彼の作品は、和洋の壁を越えた、オリジナルな作品としての輝きを放つようになった。

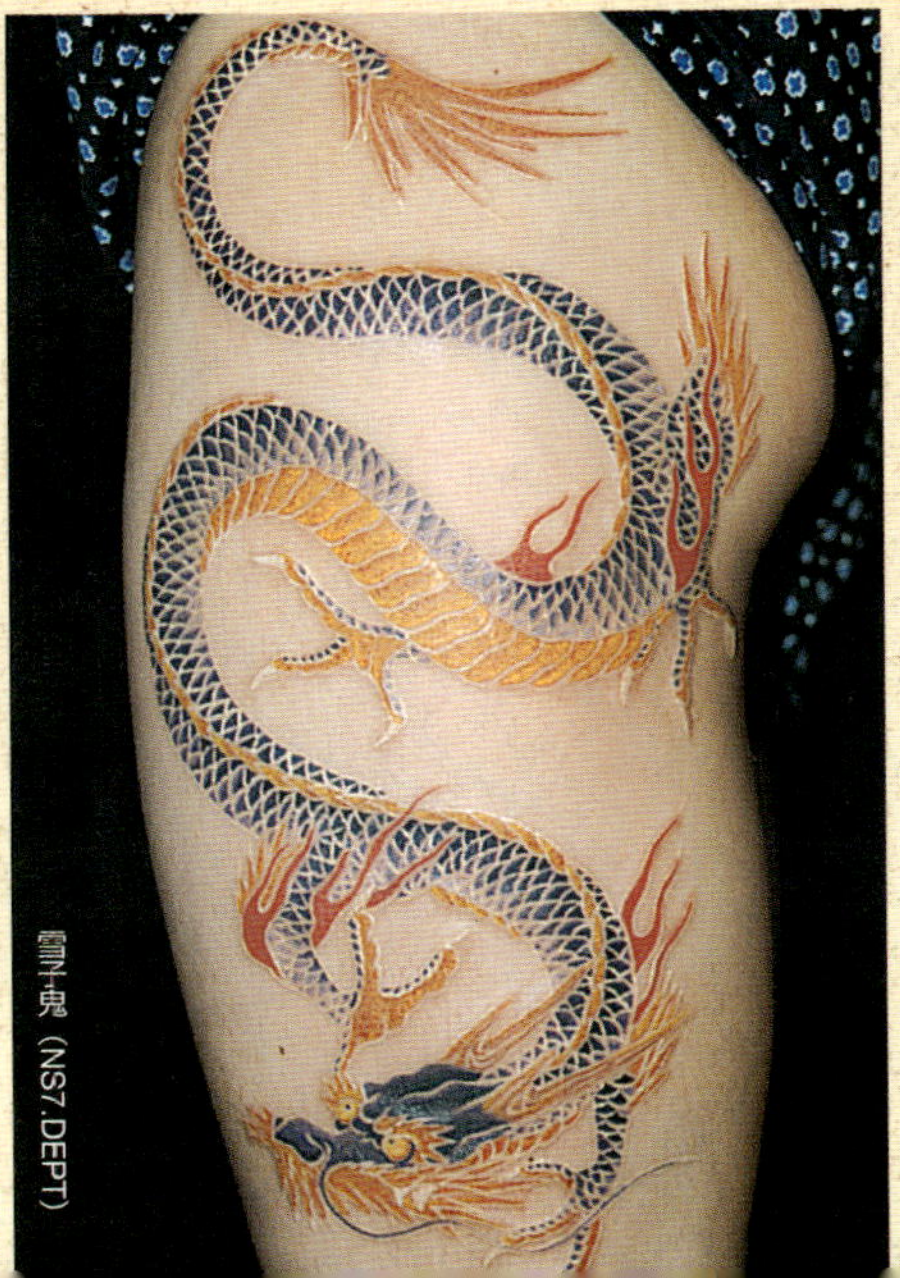
雪子鬼 (NS7.DEPT)

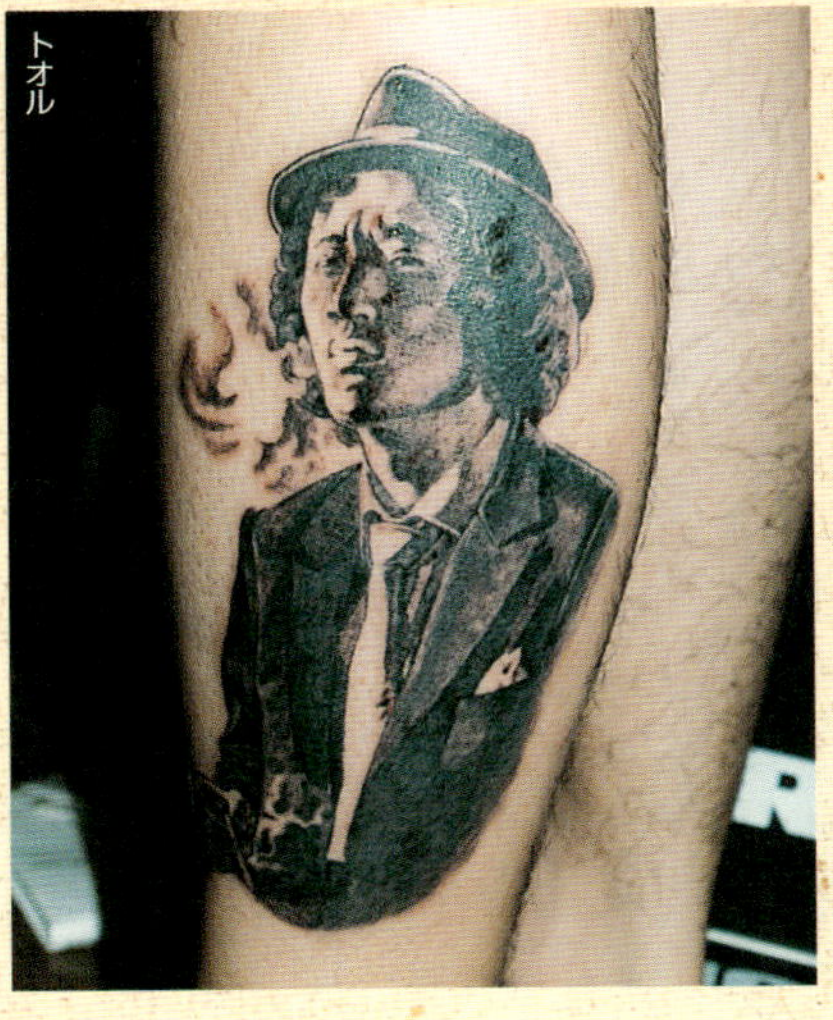
トオル

エド・ハーディの生み出したタトゥーの新しいうねりは、現在に受け継がれている。一部には、彼の作風を表面的に模倣しただけのものも存在するのも確かだ。例えば、描かれている図柄の中の登場人物の着物の着方や、文字の入れ方などが明らかに間違っていたらどうだろうか。それを意識的にやっているのであれば、あるいはそれによって表現として効果的であればよいだろう。しかし、新しいものを生み出していくには、先達の意志に真摯に向き合う必要もあるのだと僕は思う。

新しいスタイルに挑戦するとき、伝統や様式を、どこまで取り入れていくかという問題は、タトゥーに限らず、すべての表現方法にとって重要である。それこそが、大きく飛躍するチャンスのときなのだと僕は思う。

ポスト・ニュースクールになっていくだろう潮流はいくつもある。しかし、それらに共通することは、根底にトライバルや、ケルティックやアメリカン・トラディショナルから日本伝統刺青にいたるまでの、しっかりとした歴史が存在している。それらの本質を乗り越えたものが、新たな地平線を切り開くのだ。

エド・ハーディの軌跡の先にも、それは存在している。そこには、日本の美や精神とともに、西洋的なチャレンジ精神が感じられる。そして、この潮流に最も近い場所に生きているのは、現在の日本の若者に他ならない。僕は、歌川国芳から始まった粋にカブいた美の未来を見てみたい。そこには、西洋とか東洋とかというちっぽけな壁などない、力強く、艶《つや》っぽく、そしてフリーダムな世界があるはずなのだ。

横浜・彫のぶ

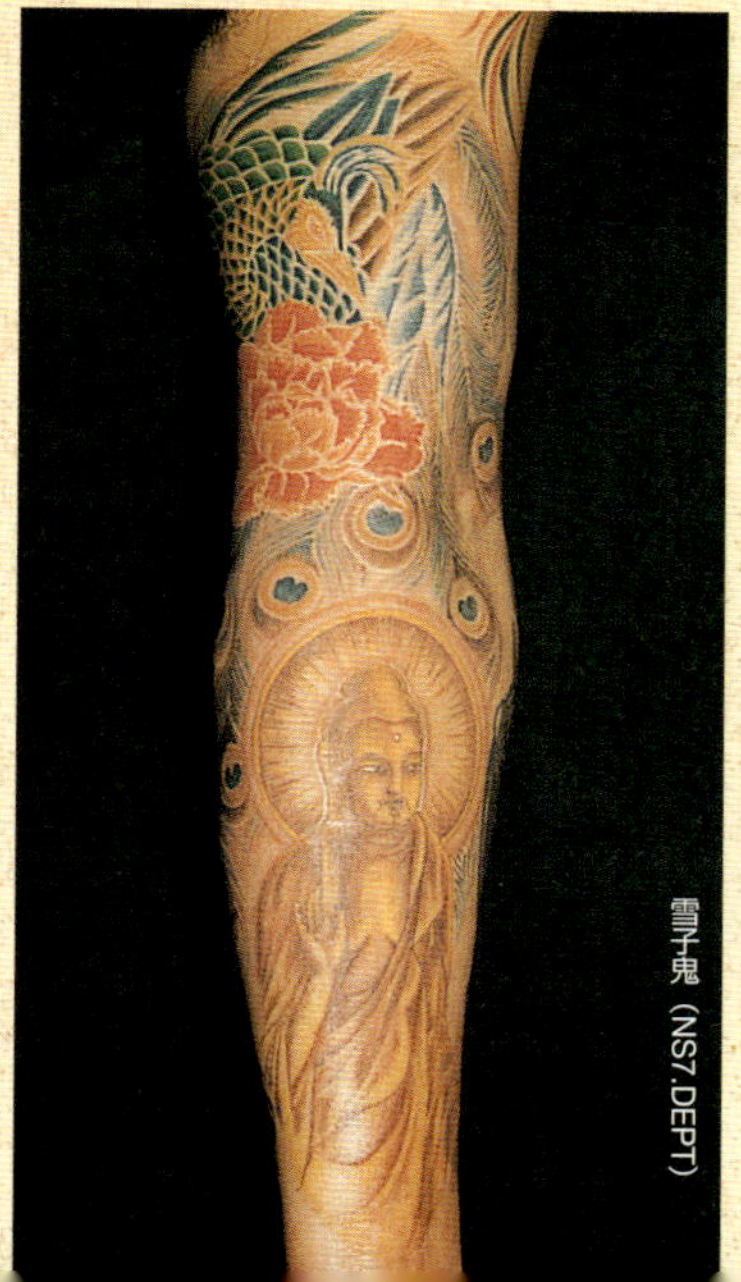
雪子鬼（NS7.DEPT）

ひとすじの灯火としてのタトゥー

最後に、僕がいちばん好きなタトゥーについて書くことを許していただきたい。それは、〈剣龍〉である。

どうにもならないことがある。堪え難い孤独に打ち拉《ひし》がれる夜がある。怒りや悲しみすら越えた心は、かすかな希望すら一瞬のうちに苦悩へと変えてしまう。何も信じられず、闇の中に立ち尽くし続けた末に、己の手のひらを見つめる瞬間がある。自分が、この世で唯一信じられることがたった一つだけあるということに気づくのだ。この手、この身体は、紛れもなく自分自身のものであるということに気づく瞬間こそが、己の魂を取り戻したいという強い意志がキラリと瞬くときなのである。

そのとき、人はタトゥーを入れようと決心する。自らの魂を取り戻すために、人はタトゥーを入れるのだ。己の肉体という契約書にタトゥーという刻印をするのである。

暗く閉ざされた己の心に再び光が差し込むよう、願いを込めてタトゥーを彫ると、魂の牢獄であった肉体は、たちまちに黄金の舟となり、龍の如く、鳳凰《ほうおう》の如く大空へと飛翔していくのである。タトゥーにはそれだけ強力な呪力が秘められている。

〈剣龍〉は、和彫の代表的なデザインである。一匹の龍が、天に向いて突

雪子鬼（NS7.DEPT）

雪子鬼（NS7.DEPT）

き立てられた一本の剣の周りに幾重にも巻きつき、大きく口を開いている図柄だ。

〈剣龍〉の中の龍は、この太く立派な、不動明王の剣を飲み込もうとしている。剣を己の中へ入れることによって、自らのステージをアップすることができるのだ。しかし、剣を飲み込むためには、想像を絶する苦痛が伴うことも知っている。上のステージへ登り続けたい、しかし、苦痛も恐ろしい。いかに勇壮な龍でさえ、決意と苦痛の間で揺れ動きながら、一本の剣の周りをぐるぐると回り続けているのである。

僕は、この〈剣龍〉が好きだ。それは、僕自身の中にも剣龍が存在するからだろう。そして、誰の心の中にも存在しているのだと思う。

飛翔するために、剣を飲み下そうと思い続ける青龍——一寸の隙もなく、勇壮な神であると思われている彼でさえ、常に悩み、恐れ続けているのだ。そのことを思ったとき、暗く閉ざされた僕の心は救われる。それと同時に、彼の限りない勇気に気づくのだ。

青龍は、剣の痛みを恐れ、悩み続けている。しかし、決して剣から逃げ出さずに巡り続ける。それこそが、大切なのだとつくづく教えられる。

やがて、青龍が剣を飲み込むときがくるだろう。それは、突然訪れるのかもしれない。冷たく光る剣の周りを回り続ける青龍は、稲妻のように氷の刃へ向かってジャンプすると、一直線にそれを飲み下す。と同時に、壮絶な雷鳴が轟くのだ。目も眩みそうな瞬間が過ぎ空を見上げると、夕焼け雲の彼方に悠々と天へ昇っていく一匹の金龍の姿が見えるはずだ。

〈剣龍〉は、人類共通の神話の一つの姿だ、と僕は信じているのだ。

横浜・彫のぶ

横浜・彫のぶ

エピローグ／白い扉を開け、新たな世界へ

　都内に何度目かの強い春風が吹き抜けていた。汗ばむほどの日差しの中、街行く人たちは一様に眩しげに目を細め、しかし、春の兆しを楽しんでいるように見える。

　待ち合わせ場所である広い公園のベンチに座りながら僕は、頭上に広がる大きな桜の木を眺めていた。この暖かさに誘われたのだろう、ぽつぽつと花が咲き始めている。思ったよりも頑丈な桜の枝には、沢山の鳩が身を寄せ合うようにとまっている。この強風から避難してきたのだろうか。

　巻き上げられる砂埃に多少辟易《へきえき》しながら、しばらくすると、公園口の石段を登ってくる彼女の姿が見えた。ベンチから立ち上がった僕のほうへ、彼女は髪の毛を左手で押さえながら小走りに近付いてきた。

「凄い風、ゴメン、待った？」

「ちょっとだけね。でも、まだ余裕で間に合うよ」

　今日は、いよいよ彼女がタトゥーを入れる日である。

　彼女から相談を受けてから、僕らはさまざまな資料を調べてみた。タトゥーを入れている人たちの意見も聞いてみた。しかし、いちばん有効だったのは、彫師の人たちのところへ足を運ぶことだった。

　広告を見て連絡をしたこともあった。タトゥーを入れている人に紹介されることもあった。偶然、街で見かけて訪れたタトゥー・スタジオもあった。

　どの彫師の方も、自分の作品を写真に撮ったファイルや図柄集を持っているものだ。そして、彼らは皆、個性を持ち、そのテイストは違う。デッサンの力にも技術力にも違いがある。そして、何よりも人間的な相性もある。

　どんなに小さなタトゥーであっても、せっかく入れるのだから、納得のいくまでリサーチすべきである。どの彫師に彫ってもらうかは、いちばん重要な要素といってよい。

　一日で彫り終わってしまう作業工程であったとしても、その後のケアや相談などもできる関係であるのがベストだろう。そのためには、臆することなく、彫師の人たちに相談することだ。気になることがあれば、何度伺っても構わない。素直な気持ちで問いかけてみ

よう。もちろん、何でもかんでも聞きまくるのではなく、十分な予習が必要であることはいうまでもない。

それらのディスカッションを通して、本当に納得できるタトゥー、自分だけのタトゥーを入れるスタートラインに立てるのだ。

タトゥーを入れるということは、彫師との一対一のコミュニケーションなのである。そして、タトゥーを入れるのは、自分自身であるということを忘れてはならない。

そして、もう一つ重要なことがある。タトゥーとは、アンダーグラウンドの世界から発生してきたカルチャーだということだ。ほとんどの彫師や彼らのプライヴェート・スタジオは、街の中や人々の関係の中だけに存在している。それらのメディアに登場していない人たちの中にも、素晴らしい力量を持っている彫師が存在する。勿論、専門雑誌やインターネットなどの情報を、積極的に取り入れていくこともお勧めする。それらの情報は、地域を越えて、タトゥーイストたちとの縁を結んでくれる大切な窓口といってよいだろう。

最初に訪れた彫師と、徹底的にディスカッションし、その上で、彼らの意見を聞き、場合によってはその彫師に別の方やショップを紹介してもらうというのも一つの方法である。アンダーグラウンドに住むアーティストたちは、こちらが真剣に、真摯に向き合えば、必ず答えてくれるはずだ。臆せずに、まずは逢ってみるのだ。

自分の納得のいった人や図柄に巡り会えたら、その人を信じることが大切だろう。

結局、彼女も人づてに巡り会ったタトゥー・スタジオで彫ってもらうことに決めた。

そのショップは、商店街と住宅地との挟間にあった。一見、洒落たショットバーのような店構えで、扉の横のウィンドウには「TATTOO」と印されたネオン管が光っている。

僕も数回、彼女とともにそのショップを訪れた。こぢんまりした店内は清潔感に溢れ、入り口を入ると、「剣龍」を描いた額が掲げられている。

彫師のJ氏は、三十代の方だった。

Tシャツを着た、細身の彼の腕や首筋には、びっしりとタトゥーが刻まれていた。そのどれからも、威圧感なく調和のとれた印象を受ける。

J氏の作品ファイルを拝見し、彼女は一目で彼のタトゥーを気に入ったようだ。どれも、デッサンに優れているし、色合いのセンスも良い。

J氏は、もともとアメリカン・トラディショナルからスタートしたという。そして、現在では、日本の古典的な作品に取り組んでいる。彼女は、何度もそのショップに足を運び、J氏とディスカッションを重ねていった。そして、その人柄を信頼できるようになったという。そこから先は、敢えて僕は立ち入らないことにした。彼女と彫師との一対一の関係性を大切にすべきだと思ったからだ。

だから、彼女が最終的にどんな図柄を入れようとしているかも、僕は聞かなかった。

タトゥーを入れる前日に、彼女から連絡があった。ショップまで送ってほしいと言う。いいよ、と僕は答えた。

僕は彼女とともに、タトゥー・スタジオへ続く道を、ゆっくりと歩いていった。

強い春風と眩しい日差しに目を細めながら、二人は無言のまま、歩いていった。しかし、彼女も僕も新たな世界を予感していた。そして、その高揚感を必死に抑えていたのだ。


やがて、J氏の待つショップが見えてきた。横断歩道の向かい側にショップの白い扉が見える。

信号が変わり、ひと呼吸すると、彼女は僕に顔を向けて言った。

「じゃあ、行ってくるね」

僕は無言でうなずいた。

彼女は横断歩道をゆったりと渡ると、扉の前で立ち止まり、振り返った。互いに手を上げ、挨拶を交わすと、彼女は白い扉を開け、新たな世界へと入っていった。

横濱 TATTOO STUDIO 登竜門
和彫り・洋彫り
彫のぶ

TATTOO STUDIO 登竜門

●アーティスト …彫のぶ
●料金……………絵柄によって相談
●メモ……………まず電話で予約のこと(絵柄相談も含めて)
●住所……………横浜市旭区市沢町 661
●電話……………090-2337-8729
090-6798-9903
●営業……………お客さんに応じて

◉アーティスト略歴
1959 年生まれ。25 歳のときに彫師として仕事を始める。99 年、現スタジオ名の「TATTOO STUDIO 登竜門」を構え、現在に至る。

◉ PR
俗に「ウロコ物」と呼ばれる龍、鯉などの絵柄を得意としますが、ワンポイントから背中一面の大きなものまで、TATTOO 全般に対応します。手彫りにも対応。自分のイメージするものがあれば、下絵や写真を持ってきてください。ただし、あくまでも持ち込まれた素材はイメージのサンプルとして参考にし、そこからオリジナルな TATTOO を完成させます。

◉注意してほしいこと
TATTOO について、ある程度の知識はつけてからきてください。また、大きな絵柄であれば、仕上げるまで時間はかかりますが、頑張って通う努力をしてください。あまり神経質なお客さんは困るかも……。

◉最近、興味がある図案
中国の古典文学「水滸伝」に登場する、梁山泊に集う好漢 108 人。

SPIRAL TATTOO

●アーティスト … TERRY
●料金…………… 3GRADE 式
（作品の繊細さにより、3 段階のグレードがあります）
●メモ…………… 完全予約制・20 歳未満不可
移転準備中。07 年 7 月より施術再開します。
（メールでの柄相談及び見積り・前金にて施術日の予約可）
● E メール …… spiraltattoo@sunny.ocn.ne.jp
● HP …………… http://www.spiraltattoo.net/

◉アーティスト略歴

国内タトゥーシーンに於いて早くからフル・オリジナルを確立。以来、変わらずこのスタイルを貫くに至る。彫り師を志す以前から、既に絵のスタイルや世界観が完成していたという、通常とは全く逆の経歴を持つ。神話・伝説獣に思い入れが深いことで知られ、本書でもこの分野をプロデュース。

PHOTO BY CONDOL PHOTO

◉ PR

他に類を見ない高級感漂う作風は、本人の感性と手クセを形にして完成させたもので、繊細さと鋭さが共存する独特な作品。既存のスタイルをベースに手を加えたようなものが多い中、珍しく絵画スタイルそのものから構築されている。龍や鳳凰といった代表的モチーフでさえも、他では見られない個性的な姿で描かれており、多数の作品群に混ざったとしても、確実にその存在を感じとることができる。

◉注意してほしいこと

・（本書の作品写真などで）当方の作風を十分理解したうえで、まず絵柄の相談から入ってください。
・プライヴェート・スタジオのため、事前連絡にて相談の日時を決めましょう（本書第 7 章参照）。

NS7 DEPT

●アーティスト … 雪子鬼（せずき）
●料金…………… 15000 円／ 1h
●メモ …………… 予約制
●住所…………… 東京都新宿区西新宿 7-19-11　小玉ビル 202
●電話…………… 03-5386-5518
●営業…………… 13 時〜 21 時
● HP …………… http://www.ns7dept.com/

◉アーティスト略歴

1971 年神奈川県出身。20 代前半は雑貨屋でマネージャーを務めながらバンドで鍵盤を担当。97 年から全てをやめて彫師としての活動を始める。98 年、2000 年に仕事で渡米経験あり。TATTOO のほか、CD 等のイラストも手掛けています。

◉ PR

お客さんと直にお話をして下絵を作っています。一度彫った同じ絵柄を、他の人に彫ることはありません。

◉注意してほしいこと

日焼けや乾燥を避け、肌のコンディションを良くしておいて下さい。

◉一度は彫ってみたい図案

男性には、背中一面に炎から飛び立つ鳳凰を黒バックで。
女性には、全身にトータルデザインでアールヌーボー調の柄を何箇所か彫ってみたいです。

STUDIO BIG SEVEN

●アーティスト … トオル
●料金…………… 12000 円／ 1h
●メモ …………… 18 歳未満不可、未成年は親の承諾が必要です。
要身分証明書、完全予約制
●住所…………… 東京都新宿区西新宿 3-5-3-607
●電話…………… 03-3342-0535
●営業…………… 13 時〜 21 時

◉アーティスト略歴

1972 年東京都生まれ。雪子鬼氏に師事し、99 年より刺青師としての仕事を始める。NS7 DEPT にて雪子鬼氏と約 4 年間、共に働く。2005 年 2 月より独立し、新しいスタジオをオープン。

◉ PR

カスタムワーク中心ですので、イメージを伝えていただければオリジナルの下絵を作ります。持込みの図柄でも受け付けております。スタイルは問わず、お客様に満足していただけるような作品を心がけております。

◉注意してほしいこと

極端な日焼けは肌への負担を大きくし、発色も悪くなるので控えて下さい。18 歳未満不可。相談は無料です。

◉一度は彫ってみたい図案

お客様のアイデアと自分のアイデアが融合した作品が面白いと思います。具体的ではありませんが、自分でも新鮮に感じることのできる作品が彫れたら嬉しいです。

あとがき

この本を執筆するにあたり、実に多くの出会いがあった。それはタトゥーを巡る旅そのものだった。そして僕は、この旅こそ、タトゥーに関わって来た多くの魂たちの、数千年に渡る歳月の積み重ねなのだということを思い知らされた。同時に、タトゥーの歴史は、この世から人類が消え失せるまで脈々と受け繋がれ、表現方法を変化させ続けてゆくだろうということを確信した。将来、例えばDNAに手を加えて、自らの意志によって発光させることが出来たり、カメレオンのように色が変化するタトゥーが登場するかもしれない。皮膚下に染料を刻み込む行為をタトゥーと呼ぶのであれば、それらはすでにその範疇を越えている。しかし、それらがタトゥーではないのだとしても、その自己表現のすべては、最初にタトゥーを入れようと思った人々の思いと、何の隔たりも無い。

人間には、自分の一生を、自分自身のものとして生きてゆく権利がある。それは、自分が授かった魂を、いかに高めてゆくかという旅でもある。その旅の伴侶の一つとして、タトゥーは存在しているのだ。

僕は、タトゥーに関わる全ての人々をリスペクトする。

この本を書くにあたり、多くの人々の力をお借りした。

彫のぶ氏、雪子鬼氏、テリー氏、そして多くの彫師の皆さんに、貴重な時間を体験させていただいた。『FLASIN' SKIN』の編集者でもある井上由里さんには、タトゥーについてのお話を聞かせて頂いただけではなく、海外のタトゥー・アーティスト達とコンタクトを取って頂くとともに、彼らの作品を提供して頂いた。また、『タトゥー・バースト』の川崎編集長や編集部の皆さんにも大変お世話になった。この本の担当編集者として伴走してくれた、幻冬舎の茅原秀行氏、能勢亜希子さん、本当にお疲れさまでした。素晴らしいデザインに仕上げてくれた米谷テツヤ氏にも感謝している。そして、ソウル・メイトとも言うべき、多くの友人達の力なくして、この本は完成しなかったと思っている。

すべての皆さんに、この場をお借りして、お礼を申し上げます。

最後に、何よりも、タトゥーの世界へ旅立とうと、この本を手にしてくれたあなたに、心から感謝しています。ありがとうございました。

2005年1月　長吉秀夫

Tattoo Age

Text ________________ 長吉秀夫

Art Direction ________ 米谷テツヤ（PASS）

Design ______________ 藤野立来（PASS）

Illustration ________ 武内未英

Photograph __________ 竹澤宏

Editor ______________ 茅原秀行（幻冬舎）

能勢亜希子（幻冬舎）

Cooperation _________ 井上由里

Reference ___________『ヒンドゥー教の本　NEW SIGHT MOOK Books Esoterica 12号』（学習研究社）

『インドの神々』（ジャパン・ミックス）

『日本伝統刺青』（コアマガジン）

『西洋神名事典』（新紀元社）

TATTOO AGE　タトゥー・エイジ

2005年2月25日　第1刷発行

2013年4月15日　第5刷発行

著者　長吉秀夫

発行者　見城 徹

発行所　株式会社 幻冬舎

〒151-0051東京都渋谷区千駄ヶ谷4-9-7

電話　03(5411)6211（編集）

03(5411)6222（営業）

振替　00120-8-767643

印刷・製本所　株式会社 光邦

検印廃止

Printed in Japan

ISBN4-344-00742-5　C0095

幻冬舎ホームページアドレス　http://www.gentosha.co.jp/

この本に関するご意見・ご感想をメールでお寄せいただく場合は、

comment@gentosha.co.jpまで。